Das ökonomische System der DDR
nach dem Anfang der siebziger Jahre

WIRTSCHAFT UND GESELLSCHAFT IN MITTELDEUTSCHLAND

Herausgegeben vom Forschungsbeirat für Fragen der Wiedervereinigung Deutschlands beim Bundesminister für innerdeutsche Beziehungen

Band 9

Das ökonomische System der DDR
nach dem Anfang der siebziger Jahre

Von

Bruno Gleitze, Karl C. Thalheim
Hannsjörg Buck, Wolfgang Förster

DUNCKER & HUMBLOT / BERLIN

Alle Rechte vorbehalten
© 1971 Duncker & Humblot, Berlin 41
Gedruckt 1971 bei Berliner Buchdruckerei Union GmbH., Berlin 61
Printed in Germany
ISBN 3 428 02636 5

Inhalt

Vorwort 7

Prof. Dr. *Bruno Gleitze*, Berlin:
Planvollzug der abgelaufenen Perspektivpläne der DDR und die
Zielsetzungen des Fünfjahrplans 1971 bis 1975 9

Prof. Dr. *Karl C. Thalheim*, Berlin:
Die neue Phase des ökonomischen Systems des Sozialismus. Gesamtwirtschaftliche Würdigung 53

Dr. *Hannsjörg Buck*, Bonn:
Umkehr zur administrativen Befehlswirtschaft als Folge nicht behobener Steuerungsdefekte der Wirtschaftsreformkonzeption 77

Prof. Dr. *Wolfgang Förster*, Berlin:
Das ökonomische System der DDR nach dem Anfang der siebziger Jahre. Betriebswirtschaftliche Konsequenzen 109

Anhang: Beschluß über die Durchführung des ökonomischen Systems des Sozialismus im Jahre 1971 vom 1. Dezember 1970 — GBl. der DDR, Teil II, Nr. 100, S. 731 — 125

Vorwort

Der vorliegende Band enthält 4 Referate, die vor dem Plenum des Forschungsbeirates für Fragen der Wiedervereinigung Deutschlands gehalten wurden; sie sind für die Drucklegung überarbeitet und ergänzt worden.

Wenn diesem Bande der zusammenfassende Titel:

„Das ökonomische System der DDR
nach dem Anfang der siebziger Jahre"

gegeben wurde, so bedeutet das mehr als eine bloße chronologische Fixierung. Es geht in der DDR gegenwärtig um eine neue Weichenstellung für das System der Planung und Leitung der Wirtschaft, das seit dem VIII. Parteitag der SED — eine kleine, aber sachlich nicht unbedeutende Änderung — konsequent in „Leitung und Planung der Wirtschaft" umbenannt worden ist. Seit dem Beginn des „Neuen Ökonomischen Systems der Planung und Leitung der Volkswirtschaft" im Jahre 1963 waren die Wirtschaftspolitiker, Wirtschaftsplaner und Politökonomen der SED darum bemüht, neue, elastischere und effizientere Formen der Planung und Leitung zu finden. Angestrebt wurde nach den ursprünglichen Vorstellungen, die dem Neuen Ökonomischen System zunächst (auch noch nach seiner Umbenennung in „Ökonomisches System des Sozialismus" auf dem VII. Parteitag der SED im April 1967) zugrundelagen, eine Einschränkung der zentralen Planung, ein größerer Entscheidungsspielraum für die mittlere und untere Ebene der Entscheidungsträger (besonders VVB und VEB) sowie die Ersetzung des „bloßen Administrierens", wie Ulbricht die frühere Methode selbstkritisch nannte, durch die Anwendung „ökonomischer Hebel", d. h. vor allem finanzieller Steuerungsmittel. Damit sollte eine „Verbindung von Plan und schöpferischer Initiative", von „zentraler staatlicher Planung und Leitung der ökonomischen Hauptprozesse und der eigenverantwortlichen Planung und Leitung der VVB und der Betriebe" (so Ulbricht im Vorwort zu dem 1969 erschienenen Lehrbuch „Politische Ökonomie des Sozialismus und ihre Anwendung in der DDR") erreicht werden. Jedoch wurden Vorstellungen einer „sozialistischen Marktwirtschaft", wie sie in Jugoslawien und von der tschechoslowakischen Reformergruppe entwickelt worden waren, mit aller Entschiedenheit abgelehnt.

Ohne Zweifel haben die 1963 begonnenen und in den folgenden Jahren weitergeführten und vervollständigten Reformen positive Wirkungen gehabt; sie haben wesentlich dazu beigetragen, daß die wirtschaftliche Stagnation, die die DDR in den Jahren 1961—1964 erleben mußte, überwunden werden konnte. Den durchschlagenden Erfolg, den die SED-Führung von ihnen erwartete, haben sie jedoch nicht gebracht. Er konnte auch nicht durch die mancherlei Veränderungen, die in den späteren Phasen vorgenommen wurden, erreicht werden, so z. B. durch die Verlagerung der Planungsschwerpunkte auf die „strukturbestimmenden Aufgaben" im Jahre 1968, die durch die unangenehmen Disproportionen entstanden waren. Im Jahre 1970 traten mit aus diesem Grunde, wie *Bruno Gleitze* in seinem Beitrag in diesem Bande nachweist, erneut beträchtliche Störungen auf. Sie veranlaßten die Planer der DDR einmal dazu, die Planziele für den neuen Perspektivplanzeitraum 1971—1975 vorsichtiger aufzustellen. Zum anderen führten sie zu einer erneuten Wendung in den Methoden der Planung und Lenkung, gekennzeichnet durch Rezentralisierung und verringerte Bedeutung der „ökonomischen Hebel" zugunsten der wieder stärker betonten güterwirtschaftlichen Lenkungsmethoden. Nachdem Anzeichen einer solchen Veränderung bereits seit 1968 feststellbar waren, dürften Beschlüsse des Politbüros vom 8. September 1970 den entscheidenden Wendepunkt bedeuten; sie sind kennzeichnenderweise nie veröffentlicht worden. Diese erneute Wendung des Planungs- und Lenkungssystems, ihre Ursachen und Hintergründe werden in dem vorliegenden Bande von *Karl C. Thalheim* und *Hannsjörg Buck* analysiert.

Allerdings bedeutet diese neue Phase des Wirtschaftssystems der DDR nicht den Verzicht auf alle die Methoden und Instrumente, die in den vorhergehenden Etappen der Wirtschaftsreformen zur Anwendung gekommen waren. Dazu gehört besonders auch die Entwicklung einer „sozialistischen Betriebswirtschaftslehre", die in dem Beitrag von *Wolfgang Förster* behandelt wird. Auch dabei ergeben sich jedoch, wie der Verfasser nachweist, durch die neue Wendung nicht nur Akzentverschiebungen, sondern auch veränderte Sachverhalte.

Die Reden und Diskussionsbeiträge des VIII. Parteitages der SED im Juni 1971, die in den Beiträgen dieses Bandes bereits berücksichtigt werden konnten, haben die Thesen über erneute wesentliche Veränderungen des Planungs- und Lenkungssystems in der DDR einwandfrei bestätigt.

Planvollzug der abgelaufenen Perspektivpläne der DDR und die Zielsetzungen des Fünfjahrplans 1971 bis 1975

Von Prof. Dr. Bruno Gleitze, Berlin

Vor zwanzig Jahren, als sich im separierten Mitteldeutschland eine verselbständigte Volkswirtschaft zu formieren begann, war es den einschlägig forschenden Wissenschaftlern aus den Erfahrungen in der Beobachtung der in der Besatzungszeit entstandenen Zonenwirtschaften klar geworden, daß Vergleiche der regional sehr differenzierten Entwicklungen im geteilten Deutschland nicht mit den Mitteln der international allgemein geübten naiven Vergleichsstatistik ausreichend gemeistert werden können. Hier liegt das Feld der statistischen Dunkelziffern, es kann nur durch sorgfältige Analysen aufgehellt werden.

Bei Aufnahme der Arbeiten des Forschungsbeirates entschlossen wir uns deshalb, die damals schon genügend entwickelte statistische Schätzungsmethodik der volkswirtschaftlichen *Bilanzierung* systematisch für die Beobachtung der Entwicklungprozesse im mitteldeutschen Raume anzuwenden. Diese Aufgabe fiel dem sogenannten Bilanzierungsausschuß mit seinen zeitweise bis zu 15 aktiven Arbeitsgruppen zu. Sie haben insgesamt in den beiden abgelaufenen Jahrzehnten in fast 500 Sitzungen getagt und beraten, vor wenigen Tagen allein in der 125. Arbeitsstabsitzung des Bilanzierungsausschusses. Seine Arbeitsweise ist vor dem Plenum am 7. 7. 1959 vertreten und akzeptiert worden.

Seither konnten wir in elf ausführlichen Berichten vor dem Plenum des Forschungsbeirates die Ergebnisse der gründlichen Analysen der Perspektivpläne und der Planvollzugsdiagnosen vortragen; sie kamen allerdings nur in bescheidenem Ausmaße in die Öffentlichkeit. Heute will ich mich zum zwölften Male dieser Aufgabe unterziehen.

I. Der Planvollzug des Fünfjahrplans 1966—1970

Der Fünfjahrplan 1966 bis 1970 war — wie wir bereits zum Zeitpunkt der Veröffentlichung des Planes im Jahre 1967 im Plenum des Forschungsbeirates festgestellt haben — wesentlich realistischer konzipiert worden als der vorangegangene und gescheiterte erste Siebenjahrplan

(1959 bis 1965)[1]. Die Ziele des Ende 1970 abgelaufenen Fünfjahrplans waren ganz allgemein wesentlich niedriger und entsprachen annäherungsweise den tatsächlichen Entwicklungmöglichkeiten, wie der Planvollzug inzwischen gezeigt hat. Bereits nach der Halbzeit der Fünfjahrplanperiode war zu erkennen, daß das Ausmaß der Planabweichungen geringer war als in früheren Planperioden; — wir haben das im Fünften Tätigkeitsbericht dargelegt[2]. Erst gegen Ende der abgelaufenen Planperiode haben sich ernstere Disproportionen und klaffende Versorgungslücken ergeben, die schließlich eine generelle Wachstumsabschwächung zur Folge hatten. Trotzdem sind jedoch die Planziele bei den globalen Größen im wesentlichen annähernd erreicht worden.

Es war die vierte mittelfristige Perspektivplanperiode der DDR, die zur Jahreswende 1970/71 ausgelaufen ist, wenn man den Zweijahrplan 1949/50 als experimentierenden Anlaufplan außer Betracht läßt.

Zeitliche Folge der Perspektivplanperioden der DDR

Zweijahrplan (Anlaufplan) 1949—1950; Direktive der Sowjetischen Militäradministration (SMA).

I. *Perspektivplanperiode:* Erster Fünfjahrplan 1951 bis 1955; „Gesetz über den Fünfjahrplan zur Entwicklung der Volkswirtschaft der Deutschen Demokratischen Republik (1951—1955)", vom 1. November 1951[3].

II. *Perspektivplanperiode:* Zweiter Fünfjahrplan 1956 bis 1960; „Gesetz über den 2. Fünfjahrplan zur Entwicklung der Volkswirtschaft der Deutschen Demokratischen Republik für die Jahre 1956—1960", vom 9. Januar 1958[4].

III. *Perspektivplanperiode:* Erster Siebenjahrplan 1959 bis 1965; „Gesetz über den Siebenjahrplan zur Entwicklung der Volkswirtschaft der Deutschen Demokratischen Republik in den Jahren 1959 bis 1965", vom 1. Oktober 1959[5].

IV. *Perspektivplanperiode:* Dritter Fünfjahrplan 1966 bis 1970; „Gesetz über den Perspektivplan zur Entwicklung der Volkswirtschaft der Deutschen Demokratischen Republik bis 1970", vom 26. Mai 1967[6].

---

[1] *Bruno Gleitze:* Die Industrie der Sowjetzone unter dem gescheiterten Siebenjahrplan. — Band 2 der Schriftenreihe des Forschungsbeirates: „Wirtschaft und Gesellschaft in Mitteldeutschland", Berlin 1964.
[2] Fünfter Tätigkeitsbericht 1965/1969 des Forschungsbeirates für Fragen der Wiedervereinigung Deutschlands, hrsg. vom Bundesministerium für gesamtdeutsche Fragen, Bonn und Berlin 1969, S. 169.
[3] GBl. der DDR 1951/Nr. 128, S. 973 ff.
[4] GBl. der DDR, Teil I, 1958/Nr. 5, S. 41 ff.
[5] GBl. der DDR, Teil I, 1959/Nr. 56, S. 703 ff.
[6] GBl. der DDR, Teil I, 1967/Nr. 8, S. 65 ff.

V. *Perspektivplanperiode:* Vierter Fünfjahrplan 1971 bis 1975; („Entwurf der Direktive des ZK der SED zum Fünfjahrplan für die Entwicklung der Volkswirtschaft der DDR 1971 bis 1975")[7].

Alle diese *Perspektivpläne* sind Pläne in nominaler Rechnung, darin unterscheiden sie sich nicht von den Haushaltsplänen in westlichen Ländern. Ihre jeweilige Abrechnung ignoriert die während der Abrechnungsperiode eingetretenen Preisveränderungen. Das ist in West und Ost gleichermaßen üblich. Insofern handelt es sich beim Soll- und Ist-Vergleich keineswegs um eigentliche strenge statistische Vergleiche, sondern um buchhalterische Abrechnungen, deren Größenordnungen aber in zweifacher Hinsicht aufschlußreich sind:

a) Da die Perspektivpläne — anders als im Westen die Haushaltspläne — fast die ganzen wirtschaftlichen Kreisläufe disponierend erfassen, lassen die Planabrechnungen die planwirtschaftlichen Konzeptionen im Produktionsbereich und bei den Anlageinvestitionen deutlich erkennen.

b) Weil die unbereinigte Bruttorechnung sowohl für die Sollfestsetzung als auch für die Istfestsetzung gilt, vollzieht sich der Soll-Ist-Vergleich im sowjetischen System gewissermaßen auf gleicher Ebene. Die zwangsläufigen Fehlerquellen der Bruttorechnung wirken auf beide Seiten ein, denn sie müssen bei sorgfältiger Planung bereits im Soll konzipiert sein. Die Planrückstände sind ebenso wie die Planüberschreitungen angenäherte reale Meßgrößen, solange sie nicht auf gefälschten Abrechnungen beruhen, was aber nicht die Regel sein kann.

Der Ausschuß für volkswirtschaftliche Bilanzierung beim Forschungsbeirat hat deshalb schon seit Anfang der sechziger Jahre *Planvollzugs-Diagramme* entwickelt[8]. Eine solche systematische Planvollzugsrechnung gibt es im sowjetischen Bereich nicht, obwohl sie sich wissenschaftlich wie administrativ geradezu anbietet. Sie ist deshalb von uns unter Auswertung ausschließlich amtlicher Berichtszahlen der DDR-Statistik und der jährlichen Planerfüllungsberichte der DDR ohne jede eigenmächtige Korrektur nachvollzogen worden. Sie demonstriert den Zusammenbruch des Siebenjahrplans 1962/63 und die darauffolgende Phase ohne gesetzlich geregelten Perspektivplan ebenso wie den Planvollzug des Fünfjahrplans von 1966 bis 1970. Sachlich gliedert sich die vorgelegte Planvollzugsrechnung in jene fünf *Industriebereiche* der traditionellen deutschen Statistik, die über die güterwirtschaftliche Erzeugung von Grundstoffen, Investitionsgütern und Gütern des privaten Verbrauchs die Entwicklung der Versorgungsmöglichkeiten erkennen lassen.

---
[7] Beilage 6/1971 zu „Die Wirtschaft".
[8] Erstmals vorgelegt in Band 2 der Schriftenreihe des Forschungsbeirates.

Tabelle 1
Industrieproduktion der DDR (ohne Bauindustrie)
Planung und effektive Entwicklung in den Jahren 1958 bis 1975
(Bruttorechnung)

Jahr	Soll nach Perspektivplänen*				
	Siebenjahrpläne — Soll		Fünfjahrpläne — Soll bei konstanten Zuwachsraten[a]		
	bei linearer Entwicklung	bei konstanten Zuwachsraten			
	1958 = 100		1958 = 100	1965 = 100	1970 = 100
1958	100	100	—	—	—
1959	113	110	—	—	—
1960	125	120	—	—	—
1961	138	131	—	—	—
1962	151	143	—	—	—
1963	164	157 142[b]	—	—	—
1964	176	172 152[b]	—	—	—
1965	188	188 162[b]	—	100	—
1966	201[c]	— 173[b]	172,5 – 173	106,5 – 107	—
1967	213[c]	— 185[b]	184 – 185	113 – 114	—
1968	226[c]	— 198[b]	195 – 198	111 – 123	—
1969	238[c]	— 212[b]	208 – 212	129 – 131	—
1970	251[c]	— 227[b]	222 – 227	137 – 140	100
1971	.	.	234 – 235	—	106 – 107
1972	.	.	249 – 250	—	113 – 114
1973	.	.	264 – 267	—	120 – 121
1974	.	.	281 – 284	—	128 – 129
1975	314[c]	.	299 – 303	—	136 – 138[d]

Jahr	Jahresvolkswirtschaftspläne (Soll)	Tatsächliche Entwicklung (Ist)			Siebenjahrplan-Rückstand (−) in vH
	1958 = 100	1958 = 100	1965 = 100	1970 = 100	
1958	100	100	—	—	± 0,0
1959	111	112	—	—	− 0,6
1960	.	122	—	—	− 2,7
1961	131	128	—	—	− 7,3
1962	137	137	—	—	− 9,2
1963	145	143	—	—	−12,9
1964	151	152	—	—	−13,6
1965	160	162	100	—	−13,8
1966	168	172	106	—	—
1967	183	184	114	—	—
1968	196	195	121	—	—
1969	207	208	129	—	—
1970	225	220[e]	137[e]	100	—
1971	232[f]	.	.	.	—

* Perspektivplanfolge: I 1951 - 1955; II 1956 - 1960; III 1959 - 1965; IV 1966 - 1970; V 1971 bis 1975. — a) Gleichbleibende jährliche Zuwachsraten von 6,5 bis 7 vH in der Planperiode 1966 - 1970 (berechnet nach Angaben im „Gesetz über den Perspektivplan zur Entwicklung der Volkswirtschaft der DDR bis 1970", in GBl. I, Nr. 8/1967) und von 6,3 bis 6,6 vH in der Planperiode 1971 - 1975 (berechnet nach Angaben im Entwurf der Direktive zum Fünfjahrplan 1971 - 1975, in: Beilage 6/1971 zu „Die Wirtschaft", S. 11). — b) Konzeption eines zweiten Siebenjahrplans (Direktive), in: Sozialistische Demokratie vom 18. 1. 1963, Beilage, S. 23. — c) Berechnet unter Zugrundelegung der linearen Steigerung des 1. Siebenjahrplans. — d) Industrieproduktion im Bereich der Industrieministerien. — Die industrielle Warenproduktion ist mit 2 Punkten geringer projektiert. — e) Errechnet aus Angaben im „Statistischen Jahrbuch" 1971, S. 100. — f) GBl. I, Nr. 23/1970.

Industrieproduktion insgesamt in der DDR
(ohne Bauindustrie)

Planziel und Planerfüllung 1958/75
- Bruttoproduktion nach Planrechnung¹) -
1958 = 100

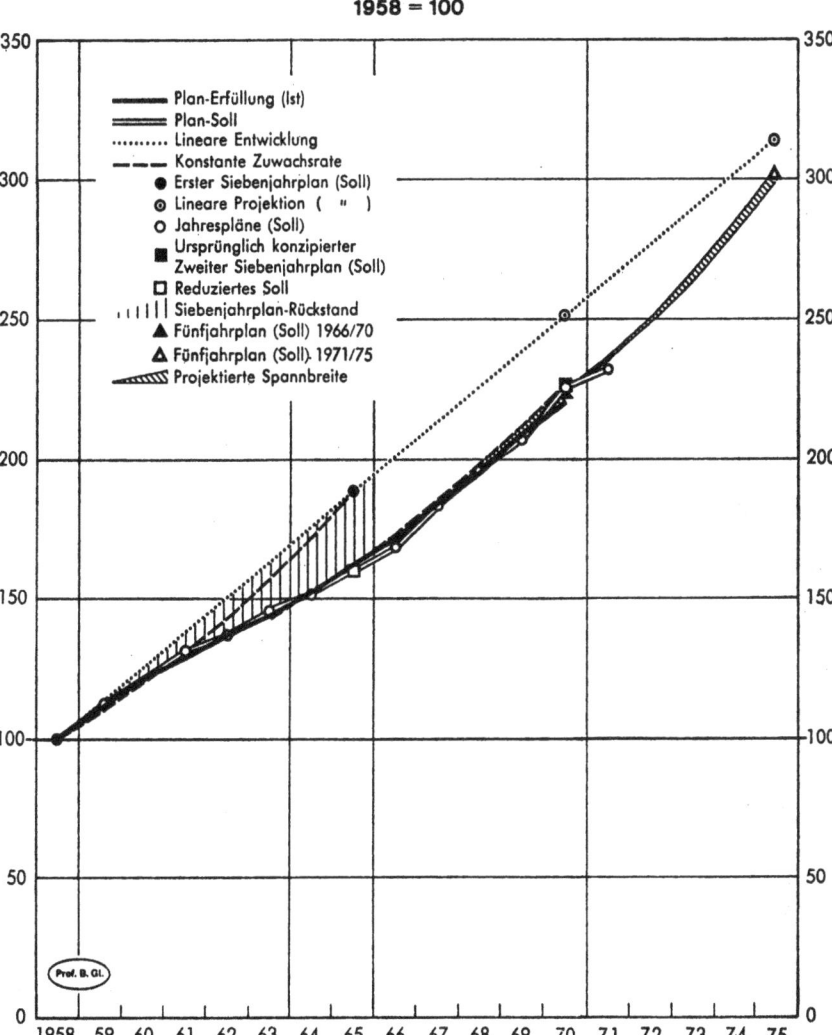

¹) Die Bruttorechnung ist generell überhöht. - Die effektiven Netto-Zuwachsraten liegen in der Regel niedriger.

In nebenstehender Tabelle und im Schaubild gilt als Perspektivplanbasis jeweils das „Ist" des letzten Jahres der vorausgegangenen Perspektivplanperiode.

1. Industriewirtschaft 1966—1970

Die industrielle *Warenproduktion* als Gesamtheit ist 1966 bis 1970 im Durchschnitt um jährlich 6,5 v.H. angestiegen. Die Jahreszuwachsrate der Arbeitsproduktivität betrug durchschnittlich 6 v.h., weil die Zahl der Arbeitskräfte in der Industrie sich in dieser Zeit nur geringfügig erhöht hat.

Insgesamt wuchs die Warenproduktion in der Planperiode um 37 v.H. gegenüber einem Soll, das eine Bandbreite von 37 bis 40 v.H. vorgesehen hatte. Diese knappe Planerfüllung hat auch nicht die erhoffte Harmonisierung der Entwicklung in den verschiedenen Industriezweigen gebracht. Disproportionen zwischen den Kapazitäten der Zulieferer und der Endproduzenten führten besonders in den Jahren 1969 und 1970 zu beträchtlichen Störungen in den volkswirtschaftlichen Kreisläufen.

Extreme Witterungsbedingungen in den Wintermonaten 1969/70 haben besonders zu Produktionsausfällen in der Energie- und Brennstoffindustrie geführt und damit die industrielle Entwicklung stark gehemmt. Sonderschichten und Überstunden konnten die Rückschläge nicht gutmachen.

Die *Vertragsrückstände* allein der zentralgeleiteten Industrie sind im Laufe des Jahres 1970 auf 2,2 Milliarden Mark angewachsen. Erst im November konnte die Spitze um 0,2 Milliarden Mark abgebaut werden.

Der bisher relativ hohe Materialverbrauch, jeweils bezogen auf die Einheit „Nationaleinkommen", ist in der Planperiode 1966 bis 1970 angeblich um etwa 12 v.H. vermindert worden[9], und zwar

1. durch vorrangige Entwicklung von Industriezweigen mit relativ geringer Materialintensität (z. B. Elektronik, Meß-, Steuerungs- und Regelungstechnik, Kunststoffe, Chemiefasern, Werkzeugmaschinen);
2. durch Veränderungen der Materialstruktur, insbesondere der Erhöhung des Anteils der Kunststoffe und des Walzstahls der zweiten Verarbeitungsstufe.

Andererseits ist im Schwermaschinenbau und Anlagenbau im Jahre 1970 mit der Produktionsaufnahme neuer Erzeugnisse der Walzstahlverbrauch schneller als die Warenproduktion gestiegen.

In den Jahren 1969 und 1970 hat sich das Tempo in der Senkung der sogenannten *Materialintensität* dadurch wieder verringert, daß Roh- und Werkstoffe weder termin- noch sortimentgerecht bereitgestellt werden konnten, was die Betriebe zu unökonomischen Ausweichlösungen veranlaßte.

---
[9] „Die Wirtschaft", Nr. 17/1971, S. 19.

a) Kohle und Energiewirtschaft

Das Primärenergieaufkommen reichte in der abgelaufenen Planperiode zur Deckung des Bedarfs nicht aus, und zwar teils infolge der witterungsbedingten Produktionsausfälle im Braunkohlenbergbau, teils deshalb, weil der spezifische Primärenergieverbrauch je Produktionseinheit nicht im geplanten Ausmaß gesenkt werden konnte.

Insbesondere wurde der Planvollzug durch die beiden strengen Frostperioden 1968/69 und 1969/70, die in der DDR einen spürbaren Mangel an Elektroenergie, Gas und festen Brennstoffen verursachten, erheblich gestört.

Die Zunahme der installierten *Kraftwerksleistung* blieb seit dem Jahre 1968 hinter den Planzielen weit zurück, was auch durch die notwendige Stillegung überalterter Kapazitäten bedingt war. Der Nettozuwachs betrug im Jahre 1968 1,3 v.H., im folgenden Jahr 1,8 v.H. Erst 1970 wurden 6,4 Prozent Zuwachs erreicht.

Es gibt keine Kapazitätsreserven, auf die die Elektrizitätswirtschaft in kritischen Situationen zurückgreifen könnte. Auch erwies sich die Bevorratung der Kraftwerke mit Rohbraunkohle völlig unzureichend. In der Bundesrepublik dagegen verfügten die öffentlichen Steinkohlenkraftwerke im Winter 1969/70 über eine Kohlenbevorratung für 40 Tage.

Die Erzeugung von Elektroenergie, die in der DDR während der Planperiode von 53,5 Mrd. kWh auf 70,7 Mrd. kWh gesteigert werden sollte, erreichte nur 67,7 Mrd. kWh[10]. Dabei ist der Elektroenergieverbrauch der privaten Haushalte in der DDR stärker als geplant gestiegen, was in den Spitzenzeiten die Versorgung der Industrie mit Elektroenergie zusätzlich, d. h. über die übliche Kontingentierung hinaus, beeinträchtigte.

Dennoch belief sich der durchschnittliche Elektroenergieverbrauch in den privaten Haushalten Mitteldeutschlands im Jahre 1969 nur auf genau Zweidrittel desjenigen in der Bundesrepublik.

b) Grundstoffbereich

Im Bereich der Grundstoffindustrie wurde im Perspektivplanzeitraum 1966 bis 1970 das Wachstumsziel nicht voll erreicht.

Für den gesamten Grundstoffbereich (einschl. Kohle- und Energiewirtschaft) ergab sich aus den Zielen des Fünfjahrplans ein geplantes Wachstum von etwa 7 v.H. pro Jahr; das entspricht einer Gesamtsteigerung in den Jahren 1966 bis 1970 von 40 v.H. Tatsächlich erreicht wurde eine Produktionszunahme um 37 v.H.

---

[10] „Statistisches Taschenbuch 1971", S. 63. — Ostberlin.

Tabelle 2
Grundstoffindustrie der DDR
Planung und effektive Entwicklung (einschließlich Bergbau und Energie)
in den Jahren 1958 bis 1975
(Bruttorechnung)

Jahr	Soll nach Perspektivplänen*				
	Siebenjahrpläne — Soll		Fünfjahrpläne — Soll bei konstanten Zuwachsraten[a]		
	bei linearer Entwicklung	bei konstanten Zuwachsraten			
	1958 = 100		1958 = 100	1965 = 100	1970 = 100
1958	100	100	—	—	—
1959	113	110	—	—	—
1960	126	120	—	—	—
1961	139	132	—	—	—
1962	151	144	—	—	—
1963	164	158 142[b]	—	—	—
1964	177	173 153[b]	—	—	—
1965	190	190 165[b]	—	100	—
1966	203[c]	— 177[b]	172	107	—
1967	216[c]	— 191[b]	184	114	—
1968	229[c]	— 206[b]	197	123	—
1969	241[c]	— 222[b]	211	131	—
1970	254[c]	— 239[b]	225	140	100
1971	.	.	236—237	—	107
1972	.	.	252—253	—	114—115
1973	.	.	268—271	—	122—123
1974	.	.	286—291	—	130—132
1975	318[c]	.	306—311	—	139—141

Jahr	Jahresvolkswirtschaftspläne (Soll)	Tatsächliche Entwicklung (Ist)			Siebenjahrplan-Rückstand (—) in vH
	1958 = 100	1958 = 100	1965 = 100	1970 = 100	
1958	100	100	—	—	± 0,0
1959	109	110	—	—	— 2,6
1960	.	118	—	—	— 6,1
1961	125	126	—	—	— 9,1
1962	133	134	—	—	—11,5
1963	142	140	—	—	—14,8
1964	151	151	—	—	—14,9
1965	—	161	100	—	—15,5
1966	—	172	107	—	—
1967	—	183	114	—	—
1968	—	195[d]	121[d]	—	—
1969	—	208[d]	129[d]	—	—
1970	—	221[d]	137[d]	100	—

* Perspektivplanfolge: I 1951-1955; II 1956-1960; III 1959-1965; IV 1966-1970; V 1971 bis 1975. — a) Jährliches Wachstum, geschätzt aus den Zielen der einzelnen Zweige des Grundstoffbereiches laut „Gesetz über den Perspektivplan zur Entwicklung der Volkswirtschaft der DDR bis 1970", in GBl. I, Nr. 8/1967 und laut Entwurf der Direktive zum Fünfjahrplan 1971-1975, in: Beilage 6/71 zu „Die Wirtschaft", S. 12-14, 24. — b) Konzeption eines zweiten Siebenjahrplans (Direktive), in: Sozialistische Demokratie vom 18. 1. 1963, Beilage, S. 24. — c) Berechnet unter Zugrundelegung der linearen Steigerung des 1. Siebenjahrplans. — d) Errechnet aus den Angaben in den Statistischen Jahrbüchern der DDR, Jg. 1969, 1970 und 1971.

Grundstoffindustrie in der DDR
Planziel und Planerfüllung 1958/75
– Bruttoproduktion nach Planrechnung ¹) –
1958 = 100

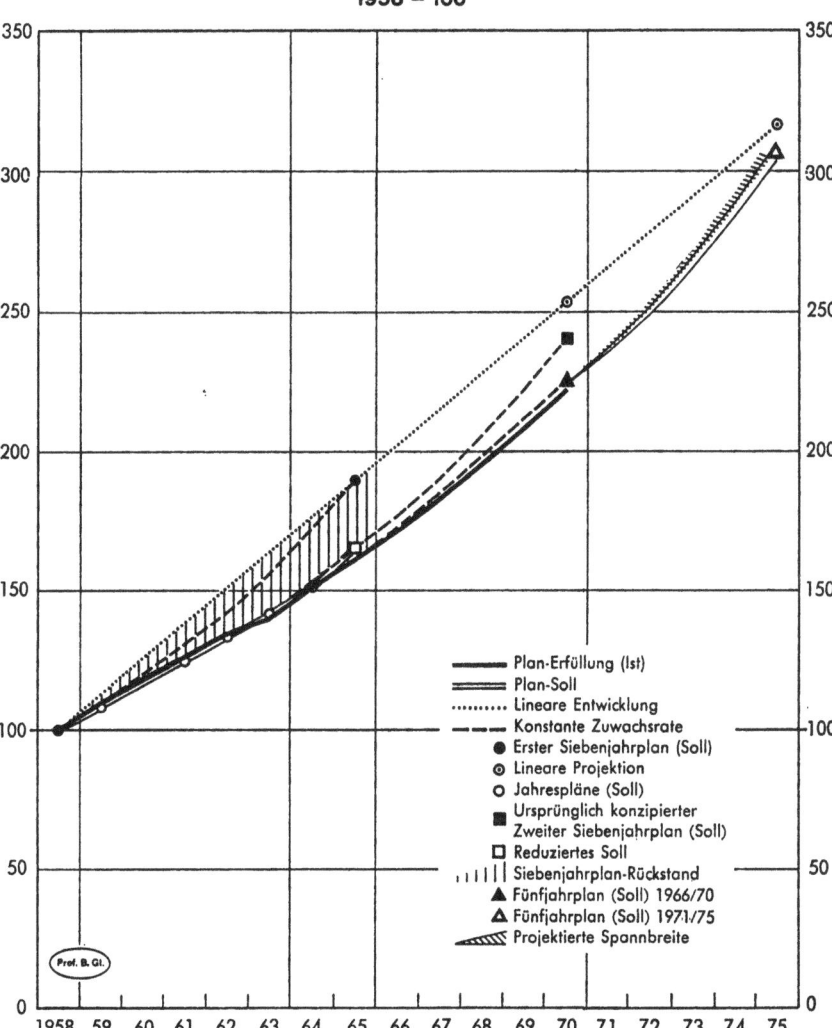

¹) Die Bruttorechnung ist generell überhöht. – Die effektiven Netto-Zuwachsraten liegen in der Regel niedriger.

In nebenstehender Tabelle und im Schaubild gilt als Perspektivplanbasis jeweils das „Ist" des letzten Jahres der vorausgegangenen Perspektivplanperiode.

Im einzelnen ist die Produktion der *Metallurgie* mit einem Wachstum von 36 v.H. stärker gestiegen als es den Planzielen[11] entsprach; dies ist vor allem auf die überplanmäßige Steigerung der Produktion metallurgischer Erzeugnisse der zweiten Verarbeitungsstufe zurückzuführen, die zwischen 1966 und 1970 mehr als verdoppelt wurde.

Den stärksten Rückstand gegenüber den Planzielen hatte die *Baumaterialindustrie* zu verzeichnen, die nach den Zielen des Fünfjahrplans zwischen 1966 und 1970 ein Wachstum um 48 v.H. erreichen sollte, tatsächlich jedoch nur eine Produktionssteigerung um 34 v.H. erzielte.

Planwidrig verlief auch die Entwicklung in der *Chemischen Industrie*, die mit einer Produktionszunahme um 45 v.H. zwar weit überdurchschnittlich gesteigert wurde, jedoch um mehr als 3 v.H. hinter dem Planziel zurückblieb. Verantwortlich dafür waren vor allem technologische Schwierigkeiten und Planrückstände beim Investitionsprogramm.

c) Investitionsgüterbereich

Im Gesetz über den Perspektivplan 1966 bis 1970 war weder für den gesamten Investitionsgüterbereich noch für die drei betroffenen Industrieministerien ein Produktionssoll veröffentlicht worden. Zielsetzungen wurden lediglich für einzelne Industriezweige oder Industriegruppen spezifiziert. Darüber hinaus enthielt der Plan Auflagen zur überproportionalen Steigerung der Exporte von Investitionsgütern sowie zur Bereitstellung von Ausrüstungen für die eigenen Investitionen. Aus allen diesen Angaben wurde von uns eine zur Planerfüllung notwendige Zuwachsrate der Bruttoproduktion des Investitionsgüterbereichs von jährlich 8 v.H. angenommen. Dieser Zuwachs ist jedoch nur in einigen Jahren tatsächlich erreicht worden, so daß insgesamt mit einer Produktionssteigerung von brutto etwa 45 v.H. ein geringfügiger Rückstand gegenüber dem angenommenen Plansoll von plus 47 v.H. zu verzeichnen ist.

Global wurde die Zielsetzung des Plans — soweit sich das übersehen läßt — sowohl hinsichtlich der *Exportsteigerung* bei den Investitionsgütern als auch bezüglich der Bereitstellung von *Ausrüstungen* für Investitionen erreicht. Allerdings war die Planerfüllung dabei keineswegs sortimentsgerecht, das zeigt sich im Mangel an Chemieanlagen und im Fehlen an Zulieferteilen wie Guß, Armaturen, Wälzlager. Die global sogar überplanmäßige Investitionssteigerung wurde erst durch

---

[11] Für die Metallurgie war im Plan kein Wachstumsziel direkt genannt worden; aus Einzelangaben ließ sich jedoch ein objektives Wachstum von etwa 31 v.H. abschätzen.

eine überplanmäßige Importsteigerung auf Kosten der ausländischen Gläubiger ermöglicht. Rückstände dürfte es demgegenüber bei der sortimentsgerechten Versorgung der Bevölkerung mit technischen Konsumgütern gegeben haben.

Soll-Ist-Vergleiche sind im einzelnen für die Planperiode 1966/70 nahezu unmöglich, da die Abrenzung der Erzeugnisgruppen im Plan meist anders ist als in den statistischen Jahrbüchern. Hinzu kommt die Veränderung vieler Relationen durch die *Preisreform*. Erreicht wurde das Planziel hinsichtlich der Produktion der mittleren elektronischen Datenverarbeitungsanlage Robotron 300. Laut Erfüllungsbericht sollen davon in der Zeit von 1967 bis 1970 mehr als 200 Stück produziert worden sein. Es scheint jedoch, daß der Investitionsaufwand dafür unverhältnismäßig hoch war. Jedenfalls soll ohne zusätzliche Investitionen „durch eine effektive Auslastung der Produktionskapazitäten" die Produktion dieser Anlagen nach den Zielen des neuen Perspektivplans 1975 gegenüber 1970 auf 250 bis 300 Prozent gesteigert werden.

Insgesamt dürfte die Produktion der dem Ministerium für *Elektrotechnik* und Elektronik unterstellten Betriebe mit einem Produktionszuwachs von 58 v.H. während des Planzeitraums jedoch beträchtlich hinter dem Plansatz zurückgeblieben sein, denn schon allein die Elektroindustrie sollte einen Zuwachs von 64 bis 67 v.H. erfahren, während der geplante Zuwachs bei der Elektronik noch größer war. Demgegenüber scheint die Produktionssteigerung bei einigen Zweigen des Verarbeitungsmaschinenbaus überplanmäßig ausgefallen zu sein.

d) Verbrauchsgüterbereich

Für die Verbauchsgüterproduktion war im Fünfjahrplan 1966 bis 1970 mit einem Wachstum von 7,3 bis 7,7 v.H. zum erstenmal eine überdurchschnittliche Produktionssteigerung vorgesehen. Die geplante Zuwachsrate der Produktion wurde jedoch in keinem Planjahr erreicht. Insgesamt blieb die Verbrauchsgüterproduktion im Zeitraum 1966 bis 1970 mit einer Steigerung um 30 v.H. um ein volles Jahreswachstum hinter den Planzielen zurück und hat wiederum eine wesentlich geringere Produktionssteigerung erreicht als der Durchschnitt der Industrie (+ 37 v.H.).

Zwar sind seit Beginn der Planperiode die Investitionen im Verbrauchsgüterbereich stark gesteigert worden, doch waren wegen der starken Überalterung des Produktionsapparates auch hohe Stillegungen notwendig geworden. Die Kapazitätsverbesserungen reichten deshalb bei gleichzeitig sinkender Zahl der Arbeitskräfte nicht aus, um den geplanten Produktionszuwachs zu erreichen.

Tabelle 3
Investitionsgüterindustrie der DDR
Planung und effektive Entwicklung in den Jahren 1958 bis 1975
(Bruttorechnung)

Jahr	Soll nach Perspektivplänen*				
	Siebenjahrpläne — Soll		Fünfjahrpläne — Soll bei konstanten Zuwachsraten[a]		
	bei linearer Entwicklung	bei konstanten Zuwachsraten			
	1958 = 100	1958 = 100	1958 = 100	1965 = 100	1970 = 100
1958	100	100	—	—	—
1959	117	112	—	—	—
1960	134	125	—	—	—
1961	151	140	—	—	—
1962	167	156	—	—	—
1963	184	175	165[b]	—	—
1964	201	195	181[b]	—	—
1965	218	218	197[b]	—	100
1966	235[c]	—	216[b]	202	108	—
1967	252[c]	—	236[b]	218	117	—
1968	269[c]	—	259[b]	235	126	—
1969	285[c]	—	283[b]	254	136	—
1970	302[c]	—	309[b]	275	147	100
1971	—	.	291–292	—	108–109
1972	—	.	314–317	—	117–118
1973	—	.	340–345	—	126–128
1974	—	.	367–374	—	136–139
1975	387[c]	.	397–406	—	147–151

Jahr	Jahresvolkswirtschaftspläne (Soll)	Tatsächliche Entwicklung (Ist)			Siebenjahrplan-Rückstand (—) in vH
	1958 = 100	1958 = 100	1965 = 100	1970 = 100	
1958	100	97	—	—	− 3,0
1959	111	116	—	—	− 0,8
1960	.	129	—	—	− 3,5
1961	141	138	—	—	− 8,4
1962	151	151	—	—	− 9,8
1963	165	162	—	—	−12,0
1964	178	174	—	—	−13,3
1965	192	187	100	—	−14,3
1966	202[d]	200	107	—	—
1967	214[d]	215	115	—	—
1968	.	232[e]	124[e]	—	—
1969	254[d]	252[e]	135[e]	—	—
1970	277[d]	269[e]	144[e]	100	—
1971	292[d]	.	.	.	—

* Perspektivplanfolge: I 1951-1955; II 1956-1960; III 1959-1965; IV 1966-1970; V 1971 bis 1975. — a) Geschätzt laut „Gesetz über den Perspektivplan zur Entwicklung der Volkswirtschaft der DDR bis 1970", in GBl. I, Nr. 8/1967 und laut Entwurf der Direktive zum Fünfjahrplan 1971-1975, in: Beilage 6/71 zu „Die Wirtschaft", S. 15/16. — b) Konzeption eines zweiten Siebenjahrplans (Direktive), in Sozialistische Demokratie v. 18. 1. 1963, Beilage S. 24. — c) Berechnet unter Zugrundelegung der linearen Steigerung des 1. Siebenjahrplans. — d) Für 1966 bis 1971 aus Einzelangaben geschätzt. — e) Errechnet aus Angaben im Statistischen Jahrbuch der DDR, Jg. 1969 bis 1971.

Investitionsgüterindustrie in der DDR
Planziel und Planerfüllung 1958/75
– Bruttoproduktion nach Planrechnung ¹) –
1958 = 100

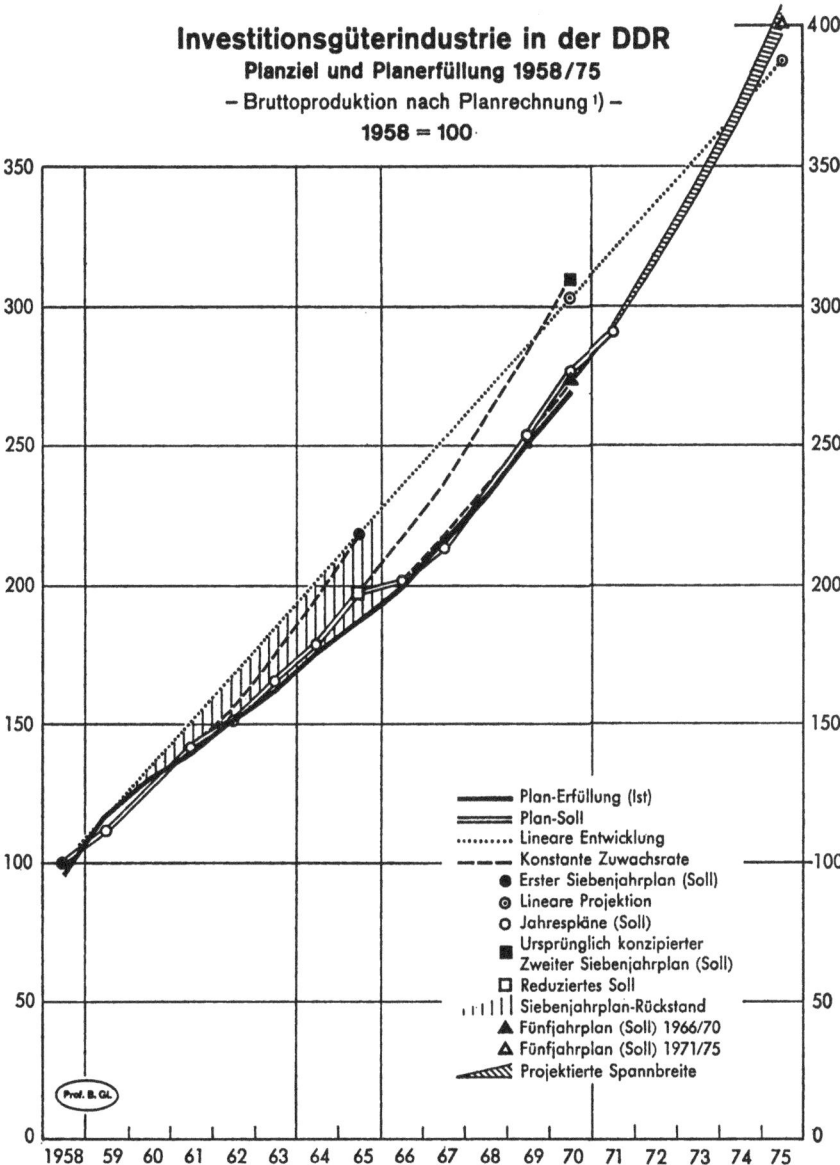

¹) Die Bruttorechnung ist generell überhöht. – Die effektiven Netto-Zuwachsraten liegen in der Regel niedriger.

In nebenstehender Tabelle und im Schaubild gilt als Perspektivplanbasis jeweils das „Ist" des letzten Jahres der vorausgegangenen Perspektivplanperiode.

22 Bruno Gleitze

e) Nahrungs- und Genußmittelindustrie

Die Nahrungs- und Genußmittelindustrie ist seit jeher von der Planung vernachlässigt worden. Allerdings hat sie das bescheidene Wachstumsziel des Fünfjahrplans 1966 bis 1970, das eine Produktionssteigerung von 20 bis 25 v.H. vorsah, voll erfüllt, denn es wurde ein Ansteigen um 24 v.H. erreicht.

Dies im Verhältnis zu den Planzielen relativ günstige Ergebnis ist unter anderem auf die offenbar stark nachgeholten Investitionen in der Nahrungs- und Genußmittelindustrie zurückzuführen sowie auf die seit 1967 steigende Zahl der in den Nahrungsmittelbranchen Beschäftigten.

f) Bauwirtschaft

Auch bei der Bauproduktion wurden die Ziele des Perspektivplans global leicht übererfüllt, wobei das Zurückbleiben der volkseigenen Bauindustrie durch Mehrleistungen des Bauhandwerks und vor allem der genossenschaftlichen Baueinrichtungen der Landwirtschaft überkompensiert wurde. Die Steigerung des gesamten Bauvolumens um rd. 42 v.H.[12] konnte jedoch nur mit einer Zunahme der Beschäftigten um etwa 20 v.H. erreicht werden, so daß die Arbeitsproduktivität im Durchschnitt der gesamten Bauwirtschaft nur um rd. 21 v.H. und in der Bauindustrie allein sogar nur um rd. 16 v.H. anstieg, während der Plan eine Zunahme der Arbeitsproduktivität in der Bauindustrie um 35 bis 40 v.H. vorgeschrieben hatte.

Im einzelnen entsprach die Bauproduktion nur zum Teil den spezifizierten Planzielen. Auch ist die vergleichsweise imposante und nominell überplanmäßige Steigerung der *Bauinvestitionen* um rd. 57 v.H. während des Perspektivplanzeitraums teilweise auf Kosten dringend notwendiger Reparaturarbeiten gegangen. So lag das Volumen der von der Bauwirtschaft durchgeführten Reparaturen 1970 nur um 19 v.H. höher als 1965, nach rd. 13 v.H. im Vorjahr. Die Reparaturen an *Wohnbauten* waren bis 1970 gegenüber 1965 sogar nur um 11 v.H. angestiegen. Angesichts des stark überalterten Wohnungsbestandes muß bei dem gegenwärtigen Reparaturvolumen ständig eher mehr Bausubstanz verfallen als neue geschaffen wird.

Insgesamt ist der Anteil der *Baureparaturen* am gesamten Bauvolumen mit 20 bis 25 v.H. verständlicherweise höher als in der Bundesrepublik. Hinzu kommt, daß die Arbeitsproduktivität — ge-

---

[12] „Statistisches Jahrbuch der DDR 1970", S. 133, Methodische Hinweise betreffend Abgrenzungsänderungen bei der Bauproduktion.

messen an der Bruttoproduktion — sehr viel niedriger ist, als die Planer in der DDR anstreben und für möglich halten. In der Sowjetunion liegt die Arbeitsproduktivität bei Reparaturarbeiten angeblich um ein Mehrfaches höher[13].

Nicht erfüllt wurde auch das *Wohnungsbauprogramm*, denn statt 400 000 neu- bzw. um- oder ausgebauter Wohnungen wurden nur 364 000 Wohnungen während des Planjahrfünfts fertiggestellt. 1970 gab es einen Zugang von rd. 76 000 Einheiten, davon rd. 10 000 durch Um- oder Ausbau.

2. Bruttoanlageinvestitionen 1966—1970

Nach dem Perspektivplan sollten während der Planperiode die Investitionen um 48 bis 52 v.H. oder rd. 8,5 v.H. pro Jahr gesteigert werden. Dieses Ziel wurde laut Erfüllungsbericht mit einem Investitionswachstum von 59 v.H. sogar übertroffen.

Auffallend ist der während der Jahre 1966 bis einschließlich 1970 zu verzeichnende Rückgang des Anteils der *Industrieinvestitionen* am gesamten Investitionsvolumen. Dadurch wurde eine stärkere Berücksichtigung der bisher zu sehr vernachlässigten übrigen Wirtschaftsbereiche — dazu gehören das Verkehrswesen, der Handel und die Bauwirtschaft — ermöglicht. Allerdings war der unterproportionale Anstieg der Industrieinvestitionen nur zum Teil planmäßig, da sowohl in der Chemie als auch in der Energiewirtschaft bei den Investitionen Rückstände entstanden sind. Obwohl es möglich wurde, daß vor allem in der Landwirtschaft und in der Bauwirtschaft die Investitionen weit über das Plansoll hinaus anstiegen, besteht in diesen Bereichen hinsichtlich der *Kapitalausstattung* je Arbeitsplatz im Vergleich zur Bundesrepublik immer noch ein übermäßig großer Abstand.

Trotz der in den letzten Jahren im Vergleich zum Wachstum des Sozialprodukts weit überdurchschnittlichen Zunahme der Anlageinvestitionen ist die *Investitionsquote* in der DDR 1966 bis 1970 aber nur unterplanmäßig angestiegen, weil die relative Zunahme der Anlageinvestitionen an der Verwendung des Sozialprodukts durch den Rückgang der bisher weit überhöhten *Vorratsinvestitionen* teilweise kompensiert wurde. Aber selbst bei einer nominalen Angleichung des Anteils der Anlageinvestitionen am Sozialprodukt in beiden Teilen Deutschlands muß der *Produktivitätseffekt* der Investitionen in der DDR schon allein deshalb niedriger sein, weil die Investitionsgüter in der DDR im Vergleich zur Bundesrepublik meist sehr viel teurer und gleichzeitig in der Regel technisch weniger vollkommen sind.

---

[13] *Rudolf Eichhorn:* „Deckung des volkswirtschaftlich begründeten Reparaturbedarfs", in: „Die Wirtschaft", Nr. 51/52 (Ostberlin), 1969, Beilage, S. 3.

Tabelle 4
Verbrauchsgüterindustrie (Leichtindustrie der DDR)
Planung und effektive Entwicklung in den Jahren 1958 bis 1975
(Bruttorechnung)

Jahr	Soll nach Perspektivplänen*			
	Siebenjahrpläne — Soll		Fünfjahrpläne — Soll bei konstanten Zuwachsraten[a)]	
	bei linearer Entwicklung	bei konstanten Zuwachsraten		
	1958 = 100	1958 = 100	1965 = 100	1970 = 100
1958	100	100	—	—	—
1959	112	109	—	—	—
1960	124	119	—	—	—
1961	136	130	—	—	—
1962	148	142	—	—	—
1963	160	154 133[b)]	—	—	—
1964	172	168 137[b)]	—	—	—
1965	184	184 141[b)]	—	100	—
1966	196[c)]	— 145[b)]	151—152	107—108	—
1967	208[c)]	— 150[b)]	162—163	115—116	—
1968	220[c)]	— 154[b)]	174—176	124—125	—
1969	232[c)]	— 158[b)]	186—189	133—135	—
1970	244[c)]	— 163[b)]	200—204	142—145	100
1971	.	.	192	—	106
1972	.	.	203	--	112
1973	.	.	215	—	118
1974	.	.	227	—	125
1975	304[c)]	.	240	—	132

Jahr	Jahresvolkswirtschaftspläne (Soll)	Tatsächliche Entwicklung (Ist)		Siebenjahrplan-Rückstand (—) in vH
	1958 = 100	1958 = 100	1965 = 100	1970 = 100	
1958	100	100	—	—	± 0,0
1959	111	112	—	—	± 0,0
1960	.	118	—	—	— 4,8
1961	124	123	—	—	— 9,6
1962	131	130	—	—	—12,1
1963	133	129	—	—	—19,5
1964	136	134	—	—	—22,5
1965	.	141	100	—	—23,9
1966	146	148	106	—	—
1967	159	158	112	—	—
1968	.	163[d)]	116[d)]	—	—
1969	173	172[d)]	123[d)]	—	—
1970	183	182[d)]	130[d)]	100	—
1971	192[e)]	.	.	.	—

* Perspektivplanfolge: I 1951-1955; II 1956-1960; III 1959-1965; IV 1966-1970; V 1971 bis 1975. — a) Gleichbleibende jährliche Zuwachsraten von 7,3 bis 7,7 vH in der Planperiode 1966-1970 (berechnet nach Angaben im „Gesetz über den Perspektivplan zur Entwicklung der Volkswirtschaft der DDR bis 1970", in GBl. I, Nr. 8/1967) und von 5,7 vH in der Planperiode 1971-1975 (berechnet nach Angaben im Entwurf der Direktive zum Fünfjahrplan 1971-1975, in Beilage 6/71 zu „Die Wirtschaft", S. 18). — b) Konzeption eines zweiten Siebenjahrplans (Direktive), in: Sozialistische Demokratie vom 18. 1. 1963, Beilage, S. 24. — c) Berechnet unter Zugrundelegung der linearen Steigerung des 1. Siebenjahrplans. — d) Errechnet aus den Angaben in den Statistischen Jahrbüchern der DDR, Jg. 1969, 1970 und 1971. — e) GBl. I, Nr. 23/1971.

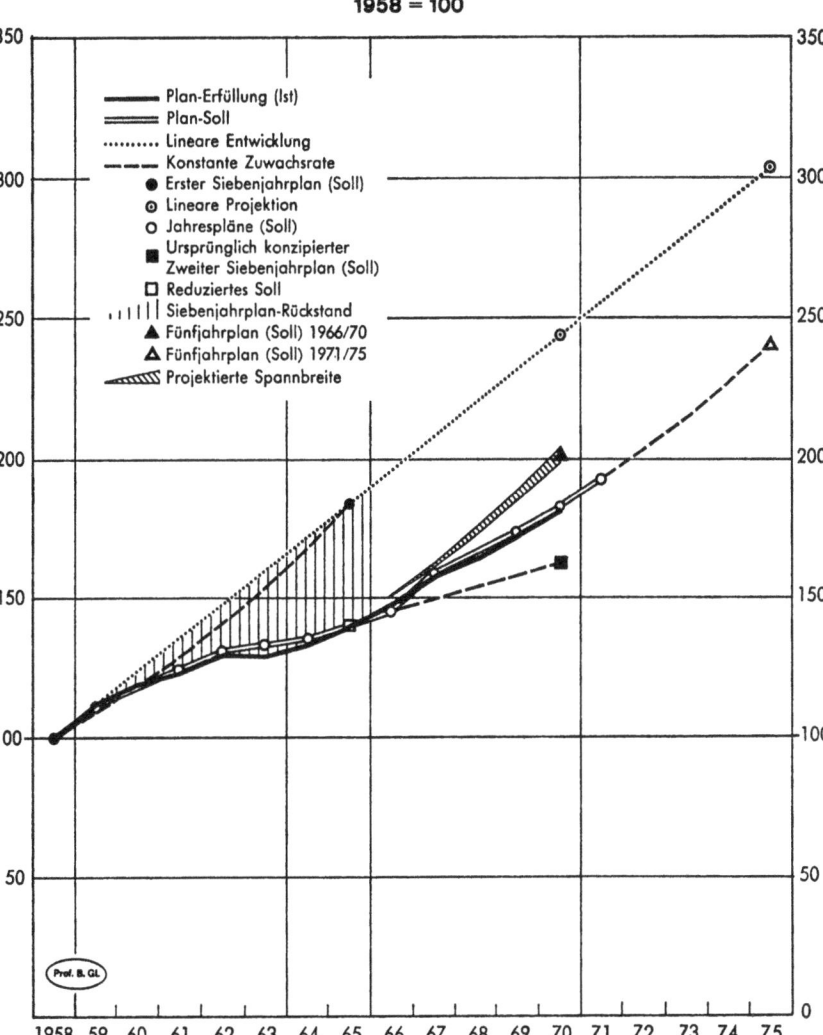

1) Die Bruttorechnung ist generell überhöht. - Die effektiven Netto-Zuwachsraten liegen in der Regel niedriger.

In nebenstehender Tabelle und im Schaubild gilt als Perspektivplanbasis jeweils das „Ist" des letzten Jahres der vorausgegangenen Perspektivplanperiode.

II. Die Übergangsphase 1970/71

Konjunkturschwankungen ähnlich denjenigen in der Marktwirtschaft gibt es im sowjetischen Wirtschaftssystem nicht. Es gibt aber Phasen zeitweiser Produktionshemmungen, daraus resultierende Versorgungsschwierigkeiten und Phasen größerer Kraftanstrengungen mit nachfolgenden Ermüdungserscheinungen. Diese Phasen partieller Störungen greifen zeitlich selten über ein Jahr hinaus, sie hemmen aber beträchtlich das generelle Entwicklungstempo, weil sie in ständiger Wiederholung wie eine Kettenreaktion sich kumulierend gesamtwirtschaftlich auswirken. Optisch erzeugt das eine gewisse Stetigkeit im statistischen Kurvenverlauf, wobei die manipulierende Rechnungsabgrenzung in der betrieblichen *Planerfüllungsabrechnung* notfalls beiträgt. Solche Manöver gibt es allerdings auch in der marktwirtschaftlichen Konzernstatistik. Erst wenn die partiellen Störungen in der DDR mehr oder weniger überwunden werden könnten, wäre ein gewisser Abbau des *Rückstandes* der DDR-Wirtschaft gegenüber dem volkswirtschaftlichen Leistungsstand der Bundesrepublik zu erwarten.

Diese Wachstumsstörungen verursachen wohl im sowjetischen Planungskorsett in den volkswirtschaftlichen Kreisläufen meist geringere *rhythmische Ausschläge* als in der Marktwirtschaft, wie der langfristige Kurvenverlauf in der Produktions- und Distributions-Entwicklung der DDR-Wirtschaft bestätigt. Die regionalen und lokalen Störeffekte sind aber um so heftiger und die witterungsabhängigen Saisoneinflüsse sind weitaus stärker als in der Marktwirtschaft mit ihren sehr reagiblen Marktreaktionen, die stets einen schnellen Ausgleich ermöglichen, und zwar über konkurrierende Betriebe oder über den Handel.

Auf der letzten Plenarsitzung habe ich in meinem Bericht über das Spannungsfeld der *Versorgungsschwierigkeiten* in der DDR während der Endphase des vergangenen Fünfjahrplans gesprochen. Die Diagnosen und Prognosen, die ich vortragen konnte, sind inzwischen vollauf bestätigt worden[14]. Ich brauche mich nicht zu wiederholen.

Mitte vorigen Jahres zeigte sich in allen Zweigen der DDR-Wirtschaft eine depressive Reaktion auf den strengen Winter 1969/70. Die dadurch verursachten Produktionsausfälle bezifferte das Zentralorgan der SED auf 3,6 Milliarden Mark[15]. Schon vorher, im Sommer 1969,

---

[14] *Bruno Gleitze:* „Versorgungslücken, Planrückstände, Engpässe (Die wirtschaftlichen Schwierigkeiten der SED)", in: „Frankfurter Allgemeine Zeitung" vom 4. 8. 1970 und „Investitionen und Versorgung unter dem Ende 1970 auslaufenden Fünfjahrplan der DDR", in: WWI-Mitteilungen" (Wirtschaftswissenschaftliches Institut der Gewerkschaft), 23. Jg., Heft 12/1970.
[15] „Neues Deutschland" vom 15. 6. 1970, S. 3.

hatte die Landwirtschaft witterungsbedingte Ernteverluste, die im Jahr darauf keineswegs ausgeglichen wurden.

Die Ausfälle gingen auf Kosten der Lagerbildung. Nach der leider nur in Prozenten spezifizierten DDR-Statistik über die Verwendung des sogenannten Nationaleinkommens verringerte sich der Zuwachs an Beständen von 4,6 Milliarden Mark im Jahre 1966 über 3,7 Milliarden Mark im folgenden Jahre auf jeweils rund 1 Milliarde Mark in den Jahren 1968 und 1969. Erst 1970 war der Zuwachs in der Lagerbildung mit 2,7 Milliarden Mark wieder stärker, doch handelt es sich natürlich auch hier wie in den Vorjahren um den Saldo aus Überplanbeständen und fehlenden Rohstoffen sowie Halbfabrikaten[16].

Die kritische Situation von 1969/70, also zum Ende der vorigen Planperiode, stimulierte den *Außenhandel* der DDR: Die Importe nahmen in den beiden Jahren um 21 und 18 Prozent zu, zu einem hohen Teile außerplanmäßig. Sie erhöhten die Außenhandelsverschuldung, denn die Exportsteigerungen waren etwa halb so hoch. Für Ende November 1970 wurde der Planrückstand im Export der zentralgeleiteten Industrie mit etwa einer dreiviertel Milliarde Valutamark vom „Neuen Deutschland"[17] geschätzt.

Die Metallverarbeitung hat im DDR-Export einen überragenden Anteil, und zwar 1969 mit 57,0 v.H., 1970 mit 56,2 v.H.

Während die *Handelsbilanz* 1969 noch einen Exportüberschuß von 125 Millionen Valutamark aufwies, schloß das Jahr 1970 mit einem Defizit von 1,1 Milliarden Valutamark ab[18].

Trotz der Expansion des Außenhandels der DDR ist die *Außenhandelsverflechtung*, umgerechnet auf den Kopf der Bevölkerung, nur gerade halb so groß wie die der Bundesrepublik. Nur die Einbeziehung des zwischendeutschen „Interzonenhandels", der in den letzten Jahren um die zehn Prozent des echten DDR-Exports schwankte, läßt die Quote entsprechend ansteigen.

Von der *Devisenseite* her war die DDR-Führung in der kritischen Übergangssituation 1970/71 wenig dispositionsfähig. Das galt auch für den zwischendeutschen Handel in der Form des sogenannten Interzonenhandels.

Wenn sich auch die gelähmte DDR-Wirtschaft nach einer selbst in der Bruttorechnung bloß 4,8 Prozent betragenden industriellen Jahreszuwachsrate im ersten Quartal 1970 im folgenden Quartal durch höchste Aktivierung der Betriebe, durch Überstunden und Zusatzschichten er-

---
[16] „Statistisches Jahrbuch der DDR 1971", S. 42.
[17] Vom 10. 12. 1970, S. 5.
[18] „Statistisches Taschenbuch 1971", S. 118. — Ostberlin.

holte und die Zuwachsrate auf das Doppelte hochgetrieben wurde, so sackte dieser Zuwachs unter natürlichen Ermüdungserscheinungen auf 3,0 Prozent im dritten und 5,2 Prozent im letzten Quartal 1970 ab. Erst für die Monate Januar/März 1971 errechnet sich durch die gedrückte Vergleichsbasis von Anfang 1970 eine beachtliche Zuwachsrate der DDR-Industrie von 8,8 Prozent.

Beschränkt man den Ost-Westvergleich auf einen Zehnjahr-Vergleich der *Industrieentwicklung* in der DDR und der Bundesrepublik, so zeigt sich im Nettovergleich, selbst wenn die Überhöhungen der jährlichen Bruttozuwachsraten in der Bruttorechnung der DDR nur mit einem Prozent jährlich angenommen werden, daß der *Abstand der DDR-Industrieproduktion* im Laufe des letzten Jahrzehnts nur während der konjunkturellen Krisenperiode Westdeutschlands kurzfristig 1966/67 geringer wurde, jedoch vorher und besonders seit 1969 bis heute sich ständig vergrößert hat.

In mittelfristiger Betrachtung erweiterte sich auch die Schere in der *Elektrizitätsversorgung* der DDR gegenüber der Bundesrepublik immer stärker. Im Spitzenmonat Januar lag die Elektrizitätserzeugung 1970 in der Bundesrepublik über 11 Prozent höher als im Vorjahr, 1971 um rd. 7 Prozent. In der DDR lag das Niveau der Spitzenerzeugung im Januar in allen drei Jahren 1969/70/71 etwa gleich hoch. Es gelang keine Steigerung der *Spitzenauslastung*. Die Energiesituation demonstriert die schwache Ausgangsbasis des neuen konzipierten Fünfjahrplans 1971 bis 1975.

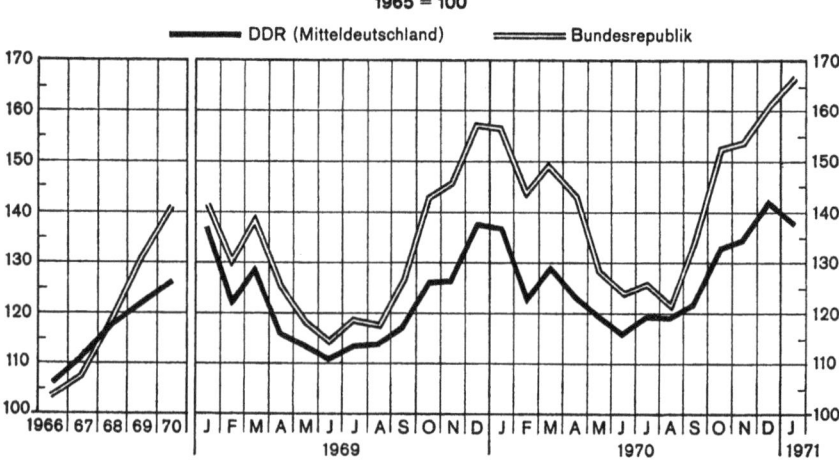

III. Die Direktiven zum vierten Fünfjahrplan der DDR 1971—1975

Die dem Plenum vorgelegten *Plan-Diagramme* umfassen zeitlich die drei Planperioden von 1958 bis 1975. Damit entsprechen sie in der Wiedergabe der prognostischen Zielsetzungen für die Zeit bis Ende 1975 den DDR-Angaben im Gesetz über den Volkswirtschaftsplan 1971 und den Direktiven, die dem VIII. Parteitag der SED (Mitte Juni 1971) vorgelegen haben. Die durch Parteitagsbeschluß akzeptierten Modifikationen der Zielsetzungen im neuen Fünfjahrplan durch die neue kommunistische Parteispitze sind in den einzelnen Diagrammen und den beigefügten Tabellen jeweils eingearbeitet.

Die *Konzeption* der DDR-Planer für den Fünfjahrplan 1971 bis 1975 — der fünften Perspektivplanperiode in der DDR — geht davon aus, daß keine Sprünge in der Industrieentwicklung möglich sind, selbst wenn die Festigkeit der Absprungbasis besser wäre. Es genügt ihnen, das lehrt ein Blick in die Plan-Diagramme mit den Zielsetzungen für 1975, in der industriellen Gesamtentwicklung mit etwa gleichen Schritten wie im letzen Jahrfünft voranzukommen. Das bedeutet, daß man mit dem Gleichmaß des absoluten Zuwachses, also in angenähert linearer Entwicklung, die damit zwangsläufig verbundene Abschwächung der *relativen* Zuwachsrate in Kauf nimmt. Ausgenommen von dieser faktisch so gut wie linearen Disposition ist allerdings die exportintensive Investitionsgüterindustrie, worauf wir noch zu sprechen kommen.

Ich halte das *Absinken* der prozentualen Zuwachsraten für eine unvermeidbare Erscheinung in der Entwicklung aller industriellen Volkswirtschaften, die aus den Entwicklungsstadien heraus sind und die keiner Bevölkerungsexplosion ausgesetzt sind. Volkswirtschaftliche Zuwachsraten wie bisher werden bald unrealistisch: Bei konstanter jährlicher Zuwachsrate von fünf Prozent müßten sich Produktion und Versorgung von 1971 bis 1999 real vervierfachen, bei zehnprozentiger Jahreszuwachsrate sogar mehr als verfünfzehnfachen! Das Fernziel, bis Ende des zwanzigsten Jahrhunderts das Zweieinhalbfache der heutigen Volumina zu erreichen, würde bei konstantem absoluten Wachstum ein gleichmäßiges Absinken der relativen Wachstumsrate von jetzt 5 Prozent jährlich auf 2 Prozent im Jahre 2000 voraussetzen. Das gilt für den Osten wie für den Westen.

Der neue Fünfjahrplan sieht ein Absinken der jährlichen Zuwachsrate des produzierten Nationaleinkommens der DDR gegenüber dem vergangenen Jahrfünft bis um etwa *ein Zehntel* vor. Das scheint realistisch zu sein, verlangt aber, daß das bisherige Entwicklungstempo durchschnittlich beibehalten wird und nicht nachläßt, etwa durch

Rückgang der Beschäftigungszahl. Sonst würden die Zuwachsraten schneller fallen.

Während die *Arbeitsproduktivität* im volkswirtschaftlichen Durchschnitt jährlich um 4,9 v.H. steigen soll, ist die Steigerung der Nettoeinnahmen der privaten Haushalte mit 4 v.H. geplant, entsprechend soll der sogenannte Warenfond ausgeweitet werden. Das kommt festen *Lohnleitsätzen* gleich, wobei eine Verteuerung der Lebenshaltungskosten offenbar nicht disponiert ist. Der Abstand der geplanten Arbeitsproduktivitätssteigerung gegenüber der geplanten Steigerung der Geldeinnahmen weist darauf hin, daß die DDR die durchschnittlichen *Massen-Einkommen* in den nächsten fünf Jahren wiederum nicht voll an den verbesserten Arbeitserträgen teilnehmen lassen will. Es gibt offensichtlich auch keine Plandispositionen in Richtung einer *dynamischen Rente*.

Möglicherweise kalkuliert die DDR-Planung aber auch die rechnerische Verzerrung ihrer Bruttorechnung in der Planerfüllungsstatistik mit ein, setzt also die rechnerische Arbeitsproduktivitätsentwicklung vorsorglich um jeweils ein Prozent höher an, um so den realen Versorgungsanforderungen aus dem sogenannten Warenfond tatsächlich gerecht werden zu können. Auf die latente Gefahr, sich reich zu rechnen, ist von uns wiederholt als systemimmanente Folge der Bruttorechnung in der DDR kritisch hingewiesen worden.

1. Ziele des neuen Fünfjahrplans für die industriellen Wirtschaftsbereiche

Die industrielle Warenproduktion, d. h. also die marktreife Produktion, soll in der neuen Fünfjahrplanperiode um 34 bis 36 v.H. wachsen. Das entspricht einer durchschnittlichen jährlichen Zuwachsrate von 5,9 bis 6,4 v.H. in der Bruttorechnung.

Da die Arbeitsproduktivität nach dem Plan etwas schneller wachsen soll, wird offenbar mit einem leichten Rückgang der Zahl der *Beschäftigten* gerechnet.

a) Kohle- und Energiewirtschaft

Die Braunkohlenförderung soll auf dem derzeitigen Stand gehalten werden und im Jahre 1975 255 bis 257 Mill. t betragen.

Außerordentlich bedeutsam ist für 1975 das gesteckte Planziel, 11,5 bis 14 Mrd. cbm Erdgas zu fördern. Diese Größenordnung läßt auf große Erfolge in der Erkundung gewinnbarer *Erdgasvorräte* im mitteldeutschen Raum schließen. Selbst wenn das Planziel nicht voll erreicht werden sollte, würde sich die Struktur des eigenen Primärenergieaufkommens in der neuen Planperiode merklich verbessern. Es soll auch der Import von Erdgas aus der Sowjetunion aufgenommen werden, aber etwa ab 1973 zunächst nicht mehr als 2 Mrd. cbm jährlich. Die *Erdölverarbeitung* soll dem Plane nach von 10,6 Mill. t im Jahre 1970 auf 18 bis19 Mill. t im Jahre 1975 gesteigert werden. Die planmäßig erhöhte Verfügbarkeit von Erdöl und später auch von Erdgas wird sich günstig auf die Versorgungsstruktur der *Gebrauchsenergie* auswirken: Der Anteil der Treibstoffe, flüssigen Brennstoffe und Gas soll sich von 23 v.H. im Jahre 1970 auf 30 bis 31 v.H. im Jahre 1975 erhöhen, der Anteil der festen Brennstoffe dagegen von 45 v.H. auf 33 bis 35 v.H. vermindern.

Die Rohbraunkohle soll in zunehmendem Maße in Elektroenergie umgewandelt werden. Während im Jahre 1970 rund 32 v.H. der verfügbaren Rohbraukohle für die Elektroenergieerzeugung eingesetzt wurden, sollen es im Jahre 1975 etwa 38 bis 39 v.H. sein.

In den nächsten fünf Jahren sollen neue *Kraftwerkskapazitäten* mit einer Gesamtleistung von 5 900 bis 6 400 Megawatt (MW) in Dauerbetrieb genommen werden. Dadurch könnte das Aufkommen von Elektroenergie auf 88 bis 90 Milliarden kWh, d.h. um etwa 35 v.H. gesteigert werden. Es verbliebe damit hinter der geplanten Entwicklung der Industrieproduktion etwas zurück, doch der spezifische Verbrauch von Elektroenergie in der Industrie soll um jährlich 1,2 bis 1,5 v.H. gesenkt werden.

Von den neuen Kraftwerkskapazitäten sollen 14 v.H. auf *Kernkraftwerke* entfallen. Dabei handelt es sich um das bei Greifswald entstehende Kernkraftwerk mit einer Leistung von zunächst 880 MW, von der eine Teilkapazität mit einer Leistung von 440 MW im Jahre 1973 gefahren werden soll.

b) Ziele für den Grundstoffbereich

Der Grundstoffbereich (Bergbau und Energie eingeschlossen) soll im Zeitraum des neuen Perspektivplans 1971 bis 1975 eine leicht überdurchschnittliche Produktionssteigerung erfahren. Aus den Zielen für die einzelnen Industriezweige ergibt sich nach dem Entwurf zur Direktive für den neuen Perspektivplan ein Gesamtwachstum der Grundstoffproduktion von 38,5 bis 40,7 v.H.; das entspricht einer durchschnittlichen jährlichen Zuwachsrate von 6,7—7,1 v.H.

Damit ist für den Grundstoffbereich im neuen Perspektivplan annähernd dasselbe Wachstum geplant wie im vorangegangenen Fünfjahrplan 1966—1970, aus dessen Zielen sich eine jährliche Produktionssteigerung von etwa 7 v.H. abschätzen ließ. Im Vergleich zur tatsächlichen Entwicklung im Zeitraum 1966 bis 1970 (+ 37 v.H.) ist nur eine leichte Wachstumsbeschleunigung vorgesehen.

Das Schwergewicht der Entwicklung liegt weiterhin bei der *Chemischen Industrie,* deren Produktion eine Gesamtsteigerung von 47 bis 49 v.H. erreichen soll. Im Vordergrund steht dabei nach wie vor die Umstellung der Rohstoffbasis der Chemischen Industrie von Braunkohle auf Erdöl und Erdgas und die Erweiterung der Produktion von Kunststoffen und synthetischen Fasern. So soll die Erdölverarbeitung im Zeitraum 1971 bis 1976 von 10,6 Mill. t auf 18 bis 19 Mill. t steigen und 1975 zu etwa 7 v.H. für die chemische Weiterverarbeitung eingesetzt werden. Während 1970 etwa ein Viertel der gesamten Kohlenstoffsubstanz für die Chemie aus Erdöl gewonnen wurde, soll sich dieser Anteil bis 1975 auf über 50 v.H. erhöhen.

Die Produktion von Kunststoffen und synthetischen Fasern soll bis 1975 etwa verdoppelt werden. Insbesondere von der weit überdurchschnittlichen Steigerung der Kunststoffproduktion erwarten die Planungsbehörden die Möglichkeit der Substitution herkömmlicher Rohstoffe — wie Stahl, Holz — durch chemische Erzeugnisse und damit eine Verbesserung der angespannten Rohstoffsituation in der DDR. Außerdem soll die Produktion von Stickstoffdüngemitteln auf der Basis von Erdgaslieferungen aus der Sowjetunion ausgebaut werden.

Insgesamt soll die Produktionssteigerung in der Chemischen Industrie durch eine leichte Erhöhung der Zahl der Arbeitskräfte, durch Kapazitätserweiterungen und durch Rationalisierung und Intensivierung der Produktion erreicht werden; ein Drittel der für die Chemische Industrie bereitgestellten Investitionsmittel soll zur *Rationalisierung* verwendet werden. Besonders hervorgehoben wird in dem Entwurf zur Direktive des Perspektivplans, daß auf die Herstellung der notwendigen Proportionen zwischen chemischen Grundstoffen, Zwischenprodukten und der verarbeitenden Chemie zu achten sei.

Für die *Metallurgie* ist in der neuen Perspektivplanperiode eine leichte Verlangsamung des Wachstums geplant. Nach einer Produktionszunahme um 36 v.H. in den Jahren 1966 bis 1970, wird zwischen 1971 und 1975 ein Wachstum von 30 bis 35 v.H. angestrebt.

Dabei soll die Zahl der Arbeitskräfte leicht reduziert werden. Die Investitionsmittel sind vorwiegend für Rationalisierungsinvestitionen bestimmt. Erweiterungsinvestitionen sollen auf verschiedene Gebiete der Veredelungsmetallurgie konzentriert werden, und zwar vor allem auf solche Produktionen, die zu einer Senkung der Materialintensität in der Volkswirtschaft beitragen. Die Versorgung der Wirtschaft mit metallurgischen Erzeugnissen soll zu einem Teil auch durch die Senkung des *spezifischen Materialeinsatzes* gewährleistet werden. So ist vorgesehen, den spezifischen Walzstahleinsatz in der metallverarbei-

Planvollzug der abgelaufenen Perspektivpläne der DDR 33

tenden Industrie während des neuen Perspektivplanzeitraums um 16 bis 18 v.H. zu senken.

Die Baumaterialproduktion soll während des neuen Perspektivplanzeitraums mit einer Produktionssteigerung von 34 bis 36 v.h. mindestens das gleiche Wachstumstempo erreichen wie in den vorangegangenen fünf Jahren, während die *Bauproduktion* nur um 25 v.h. erhöht werden soll. Mit diesem im Verhältnis zur Bauproduktion weit überdurchschnittlichen Wachstum hoffen die Planungsbehörden offensichtlich den seit Jahren bestehenden Engpaß in der Baumaterialversorgung beseitigen zu können.

c) *Ziele für den Investitionsgüterbereich*

Obgleich auf die Industriezweiggruppe *Elektrotechnik, Elektronik und Gerätebau* gegenwärtig nur wenig mehr als ein Viertel der Bruttoproduktion der Investitionsgüterindustrien entfällt, wird sie im neuen Fünfjahrplan — wohl wegen der geforderten weit überproportionalen Produktionssteigerung — als erste genannt. Mit einem geplanten Zuwachs von 68 bis 76 v.H. oder rd. 11 bis 12 v.H. pro Jahr wird sowohl das Ist als auch das Soll der vorherigen Planperiode noch übertroffen, während die Zielsetzung für die Industrie insgesamt diesmal im Durchschnitt relativ geringer ausgefallen ist als für den Zeitraum 1966 bis 1970. Da die Bereitstellung von hochwertigen elektrotechnischen und elektronischen Konsumgütern bis 1975 nur um 43 bis 45 v.H ansteigen soll, ergibt sich für die Produktion von Investitionsgütern und von Zulieferungen für andere Industriebereiche und -zweige eine weit überproportionale Steigerung. Hierzu gehören vor allem die Meß-, Steuer- und Regelanlagen (93 bis 100 v.H.), elektronischen Bauelemente (Inlandsbereitstellung 90 bis 110 v.H.) und die elektronischen Datenverarbeitungsanlagen einschließlich peripherer Geräte (150 bis 200 v.H.).

Auffallend ist, daß der *Schwermaschinen- und Anlagenbau* (einschließlich Waggon- und Schiffsbau) in der neuen Planperiode mit 40 bis 42 v.H. erstmals seit den fünfziger Jahren wieder — wenn auch nur geringfügig — schneller wachsen soll als der *Verarbeitungsmaschinenbau* und der *Fahrzeugbau,* während er — laut Erfüllungsbericht — in den Jahren 1966 bis 1970 mit 24 v.H. nur genau halb so schnell gewachsen ist. Weit überproportional ist der geplante Produktionsanstieg bei Gießereimaschinen und -anlagen sowie bei Kraftwerksanlagen. Hervorgehoben wird auch der Rohrleitungsbau im Zusammenhang mit den geplanten Erdöl- und Erdgasfernleitungen sowie die Produktion von Tagebauausrüstungen und Kohleveredelungsanlagen (typisch für den Export). Auch der Schiffbau soll mit einem geplanten Zuwachs von 40 bis 46 v.H. leicht überproportional wachsen, während der Schienenfahr-

Tabelle 5
Nahrungs- und Genußmittelindustrie (Lebensmittelindustrie) der DDR
Planung und effektive Entwicklung in den Jahren 1958 bis 1975
(Bruttorechnung)

Jahr	Siebenjahrpläne — Soll		Soll nach Perspektivplänen*			
	bei linearer Entwicklung	bei konstanten Zuwachsraten	Fünfjahrpläne — Soll bei konstanten Zuwachsraten a)			
	1958 = 100	1958 = 100		1958 = 100	1965 = 100	1970 = 100
1958	100	100	—	—	—	—
1959	106	105	—	—	—	—
1960	111	110	—	—	—	—
1961	117	115	—	—	—	—
1962	122	121	—	—	—	—
1963	128	127	123 b)	—	—	—
1964	133	133	126 b)	—	—	—
1965	139	139	129 b)	—	100	—
1966	145 c)	—	132 b)	140—142	104—105	—
1967	150 c)	—	135 b)	146—148	108—109	—
1968	156 c)	—	138 b)	151—155	111—114	—
1969	161 c)	—	142 b)	157—162	116—120	—
1970	167 c)	—	145 b)	162—169	120—125	100
1971	.	.		173	—	103
1972	.	.		178	—	106
1973	.	.		183	—	109
1974	.	.		188	—	112
1975	195 c)	.		193	—	115

Jahr	Jahresvolkswirtschaftspläne (Soll)	Tatsächliche Entwicklung (Ist)			Siebenjahrplan-Rückstand (—) in vH
	1958 = 100	1958 = 100	1965 = 100	1970 = 100	
1958	100	100	—	—	± 0,0
1959	108	105	—	—	— 0,7
1960	.	114	—	—	+ 2,3
1961	120	118	—	—	— 0,8
1962	119	118	—	—	— 3,9
1963	123	123	—	—	— 4,6
1964	.	129	—	—	— 5,4
1965	.	135	100	—	— 2,6
1966	142 d)	141	104	—	—
1967	149 d)	148	109	—	—
1968	.	154 e)	113 e)	—	—
1969	163 d)	160 e)	118 e)	—	—
1970	.	168 e)	124 e)	100	—

* Perspektivplanfolge: I 1951-1955; II 1956-1960; III 1959-1965; IV 1966-1970; V 1971 bis 1975. — a) Gleichbleibende jährliche Zuwachsraten von 3,7 bis 4,6 vH in der Planperiode 1966-1970 (berechnet nach Angaben im „Gesetz „ber den Perspektivplan zur Entwicklung der Volkswirtschaft der DDR bis 1970", in GBl. I, Nr. 8/1967) und von 2,8 vH in der Planperiode 1971-1975 (berechnet nach Angaben im Bericht zur Direktive des VIII. Parteitags der SED zum Fünfjahrplan 1971-1975 von W. Stoph, in: Neues Deutschland vom 19. Juni 1971, S. 5). — b) Konzeption eines zweiten Siebenjahrplans (Direktive), in: Sozialistische Demokratie vom 18. 1. 1963, Beilage, S. 24. — c) Berechnet unter Zugrundelegung der linearen Steigerung des 1. Siebenjahrplans. — d) Plansoll des Ministeriums für Bezirksgeleitete und Lebensmittelindustrie, mit dem das Planziel der Nahrungs- und Genußmittelindustrie nur näherungsweise angegeben wird. — e) Errechnet aus Angaben in den Statistischen Jahrbüchern der DDR, Jg. 1969, 1970 und 1971.

Nahrungs- u. Genußmittelindustrie in der DDR
Planziel und Planerfüllung 1958/75
– Bruttoproduktion nach Planrechnung [1] –
1958 = 100

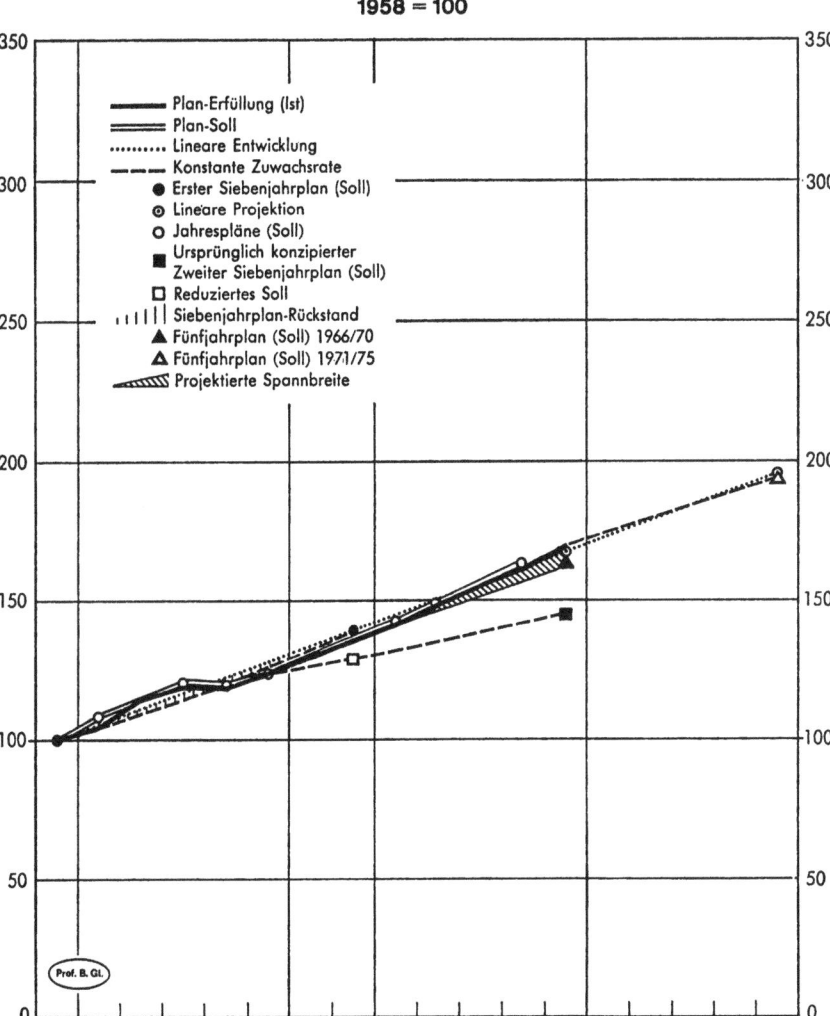

[1] Die Bruttorechnung ist generell überhöht. – Die effektiven Netto-Zuwachsraten liegen in der Regel niedriger.

In nebenstehender Tabelle und im Schaubild gilt als Perspektivplanbasis jeweils das „Ist" des letzten Jahres der vorausgegangenen Perspektivplanperiode.

zeugbau mit plus 28 bis 30 v.H. unterproportional, aber immer noch kräftig, expandieren soll.

d) Ziele für den Verbauchsgüterbereich und die Nahrungs- und Genußmittelindustrie

Die Produktion des Verbrauchsgüterbereichs soll eine geringfügige Wachstumsbeschleunigung erfahren. Während in den Jahren 1966 bis 1970 insgesamt ein Wachstum der Verbrauchsgüterproduktion von 30 v.H. erzielt worden ist, sieht die Plandirektive 1971 bis 1975 eine Produktionssteigerung um 32 v.H. vor. Das entspricht einem durchschnittlichen jährlichen Wachstum von 5,7 v.H. Damit ist das Wachstumsziel des *Verbrauchsgüterbereichs* im Vergleich zu den Zielen des Fünfjahrplans 1966 bis 1970, der eine durchschnittliche Produktionszunahme von 7,3 bis 7,7 v.H. pro Jahr vorsah, erheblich *reduziert* und im Gegensatz dazu auch wieder unter dem Durchschnitt der Industrie angesetzt worden. Nachdem die tatsächliche Verbrauchsgüterproduktion in der Fünfjahrplanperiode 1966 bis 1970 um ein Jahreswachstum *hinter dem Plan zurückgeblieben* ist, haben es die Planungsbehörden also jetzt aufgegeben, durch eine überdurchschnittliche Projektion für die Entwicklung der Verbrauchsgüterproduktion die jahrelange effektive Vernachlässigung dieses Industriebereichs auszugleichen.

Besonderes Gewicht soll nach dem Entwurf der Plandirektive im Zeitraum 1971 bis 1975 vor allem auf die Schaffung eines bedarfsgerechten *Sortiments* und auf die Verbesserung der *Qualität* und der *Gebrauchswerteigenschaften* der Erzeugnisse gelegt werden. Dazu beitragen soll auch die erweiterte Verwendung von synthetischen Fasern und Kunststoffen.

Quantitative Ziele für die einzelnen Zweige des Konsumgüterbereichs werden, mit Ausnahme der Glas- und keramischen Industrie, deren Produktion aus Exportgründen überdurchschnittlich um 45 bis 48 v.H. gesteigert werden soll, im neuen Fünfjahrplan nicht genannt.

Auch über vorgesehene *Kapazitätserweiterungen* im Verbrauchsgüterbereich enthält der Entwurf zur Plandirektive nur wenige Angaben. Erwähnt werden nur geplante Kapazitätserweiterungen im VEB Zellstoffwerk Pirna und Rosenthal für die Erzeugung von 90 000 t Zellstoff, sowie der Aufbau eines Werkes für Haushaltsporzellan und eines Werkes für technisches Glas.

Ein großer Teil der vorgesehenen Produktionsausweitung im Verbrauchsgüterbereich wird, wie aus Einzelangaben des Entwurfs zur Plandirektive zu entnehmen ist, von Rationalisierungsmaßnahmen erwartet, wobei gleichzeitig eine weitere leichte Reduzierung der Zahl der Arbeitskräfte im Verbrauchsgüterbereich ermöglicht werden soll.

Ähnlich wie in der Verbrauchsgüterindustrie sind auch die Ziele für die *Nahrungs- und Genußmittelindustrie* für den Zeitraum 1971 bis 1975 gegenüber dem Fünfjahrplan 1966 bis 1970 reduziert worden. Während im Fünfjahrplan 1966 bis 1970 ein Wachstum der Nahrungs- und Genußmittelindustrie von 20 bis 24 v.H. angesetzt war, soll in den Jahren 1971 bis 1975 lediglich eine Produktionssteigerung von 15 v.H. erreicht werden. Da die Nahrungs- und Genußmittelindustrie in den vergangenen fünf Jahren die an sich bescheidenen Planziele des vorigen Fünfjahrplans mit einer Steigerung um 24 v.H. voll erfüllt hat, bedeutet die Zielsetzung für den neuen Perspektivplan auch eine Reduzierung des Wachstumstempos gegenüber der bisherigen Entwicklung.

e) Ziele für die Bauproduktion

Hinsichtlich der Bauproduktion sind mehrere Planzahlen genannt worden. In der Rede von Stoph auf dem VIII. Parteitag wurde für die gesamte Bauproduktion ein Zuwachs von 25 v.H., das sind pro Jahr 4,6 v.H., genannt. Für die sogenannte „Bau- und Montageproduktion" im Bereich des Ministeriums für Bauwesen nennt der Entwurf der Direktive des Perspektivplans ebenso wie die Stoph-Rede einen geplanten Zuwachs von 27 bis 29 v.H. Die „zentralgeleiteten Baukombinate" schließlich sollen nach dem Entwurf der Direktive ihre Produktion sogar um 36 bis 37 Prozent steigern. In der gleichen Quelle ist zu lesen, daß die „volkseigenen Betriebe und Kombinate" die Arbeitsproduktivität je Beschäftigten um 21 bis 24 Prozent steigern sollen. Offensichtlich handelt es sich bei den unterschiedlichen Planziffern jeweils um verschiedene Abgrenzungen. Schließlich sei noch erwähnt, daß die in der Stoph-Rede genannte Istziffer für die gesamte Bauproduktion um 2,5 Mrd. Mark höher liegt als die im Statistischen Jahrbuch für das Jahr 1970 gemeldete Produktionszahl, woraus auf eine bisher noch unbekannte neue Abgrenzung geschlossen werden muß.

Bis auf die *Arbeitsproduktivität* liegen die neuen Planziffern niedriger als das Ist-Ergebnis der letzten Planperiode, und einschließlich der Planziffer für die Arbeitsproduktivität auch unterhalb der Zielsetzung des letzten Perspektivplans. Anscheinend rechnet man nicht damit, im gleichen Ausmaß wie in den letzten Jahren zusätzliche Arbeitskräfte für die Bauwirtschaft bereitstellen zu können, und auch hinsichtlich der erwarteten Produktivitätssteigerung ist man gegenüber früher sehr viel bescheidener geworden.

Ein größeres Gewicht als in dem vergangenen Jahrfünft soll im neuen Plan der *Wohnungsbau* erhalten. Im einzelnen sind in den 15 Bezirken des Landes 384 500 bis 400 000 Neubauwohnungen geplant,

Tabelle 6
Bauindustrie der DDR
Planung und effektive Entwicklung in den Jahren 1958 bis 1975
(Bruttorechnung)

Jahr	Soll nach Perspektivplänen*				
	Siebenjahrpläne — Soll		Fünfjahrpläne — Soll bei konstanten Zuwachsraten[a]		
	bei linearer Entwicklung	bei konstanten Zuwachsraten			
	1958 = 100		1958 = 100	1965 = 100	1970 = 100
1958	100	100	—	—	—
1959	115	111	—	—	—
1960	131	123	—	—	—
1961	146	137	—	—	—
1962	161	152	—	—	—
1963	176	168	—	—	—
1964	192	187	—	—	—
1965	207	207	—	100	—
1966	222[b]	—	172	107	—
1967	238[b]	—	184	114	—
1968	253[b]	—	197	123	—
1969	268[b]	—	211	131	—
1970	283[b]	—	226	140	100
1971	—	.	233	—	105
1972	—	.	244	—	109
1973	—	.	255	—	114
1974	—	.	267	—	120
1975	360[b]	.	279	—	125

Jahr	Jahresvolkswirtschaftspläne (Soll)	Tatsächliche Entwicklung (Ist)			Siebenjahrplan-Rückstand (−) in vH
	1958 = 100	1958 = 100	1965 = 100	1970 = 100	
1958	100	99	—	—	− 1,0
1959	117	119	—	—	+ 3,2
1960	.	128	—	—	− 2,0
1961	139	131	—	—	−10,2
1962	137	140	—	—	−13,2
1963	146	142	—	—	−19,8
1964	151	153	—	—	−20,3
1965	164	161[c]	100	—	−22,2
1966	173	166[d]	103[d]	—	—
1967	179	181[e]	112[e]	—	—
1968	195[e]	196[f]	121[f]	—	—
1969	.	216[g]	134[g]	—	—
1970	.	223[h]	138[h]	100	—

* Perspektivplanfolge: I 1951 - 1955; II 1956 - 1960; III 1959 - 1965; IV 1966 - 1970; V 1971 bis 1975. — a) Gleichbleibende jährliche Zuwachsraten von 7 vH in der Planperiode 1966 - 1970 (berechnet nach den Angaben im „Gesetz über den Perspektivplan zur Entwicklung der Volkswirtschaft der DDR bis 1970", in GBl. I, Nr. 8/1967) und von 4,6 vH in der Planperiode 1971 - 1975 (berechnet nach Angaben im Bericht zur Direktive des VIII. Parteitages der SED zum Fünfjahrplan 1971 - 1975 von Willi Stoph in Neues Deutschland" vom 19. Juni 1971, S. 4). — b) Berechnet unter Zugrundelegung der linearen Steigerung des 1. Siebenjahrplans. — c) Berechnet aus Erfüllungsbericht 1965, in „Neues Deutschland" vom 15. Januar 1966; nur „volkseigene" Bauindustrie. — d) Berechnet aus Erfüllungsbericht 1966, in „Neues Deutschland" vom 19. Januar 1967, nur „volkseigene" Industrie. — e) Berechnet aus Angaben des Erfüllungsberichts 1967, in „Neues Deutschland" vom 27. Januar 1968, nur „volkseigene" Bauindustrie. — f) Erfüllungsbericht für das Jahr 1968, in „Neues Deutschland" vom 24. Januar 1969, nur „volkseigene" Bauindustrie. — g) Erfüllungsbericht für das Jahr 1969, in „Neues Deutschland" vom 16. Januar 1970, nur „volkseigene" Bauindustrie. — h) Errechnet aus „Statistische Praxis", Heft 2, 1971, nur „volkseigene" Bauindustrie.

Bau-Industrie in der DDR
Planziel und Planerfüllung 1958/75
— Bruttoproduktion nach Planrechnung ¹) —
1958 = 100

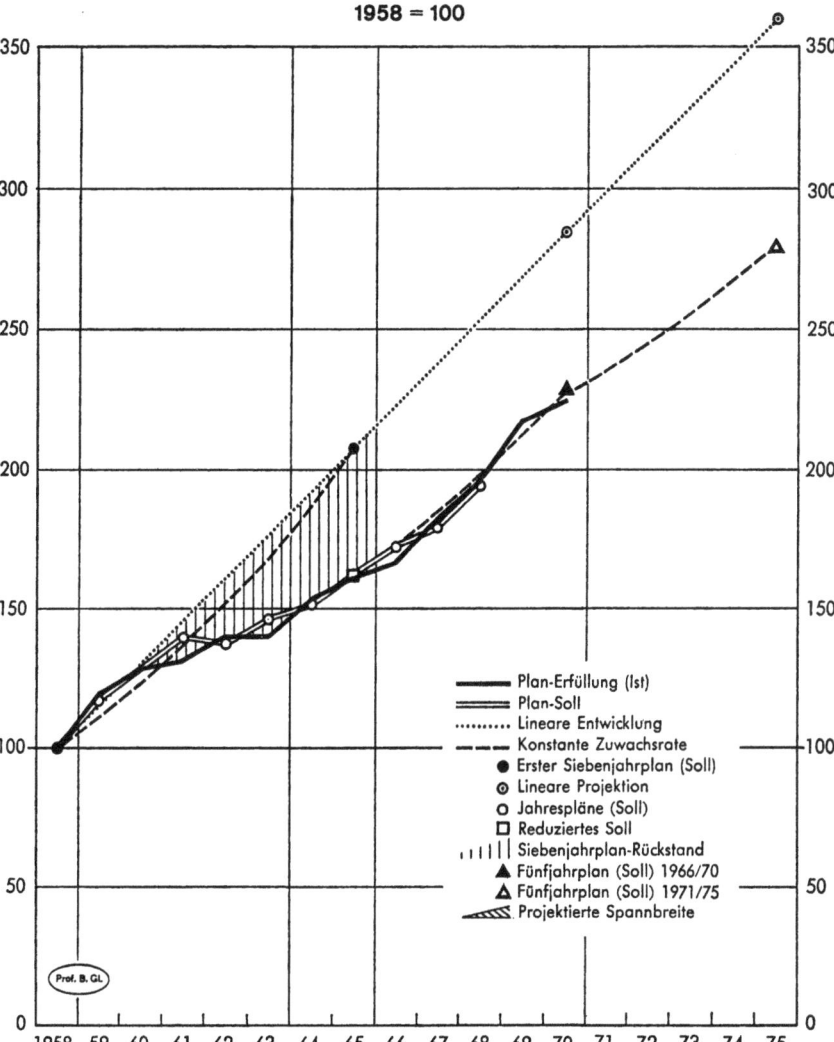

¹) Die Bruttorechnung ist generell überhöht. — Die effektiven Netto-Zuwachsraten liegen in der Regel niedriger.

In nebenstehender Tabelle und im Schaubild gilt als Perspektivplanbasis jeweils das „Ist" des letzten Jahres der vorausgegangenen Perspektivplanperiode.

und zwar überwiegend in der als besonders rentabel angesehenen fünf- bis sechsgeschossigen Bauweise, dazu 113 000 bis 116 500 umgebaute, ausgebaute oder modernisierte Wohnungen. Als Gesamtsumme für die Fünfjahrperiode 1971 bis 1975 wird die Zahl von 500 000 Wohnungen genannt — verglichen mit 400 000 als Ziel im vergangenen Fünfjahreszeitraum.

Da — parallel zur Entwicklung der Bauproduktion — auch die gesamten Anlageinvestitionen sehr viel schwächer als in den letzten fünf Jahren und sogar schwächer als die gesamte Bauproduktion im neuen Plan expandieren sollen, kann angenommen werden, daß die *Baureparaturen* in der Plankonzeption weniger vernachlässigt werden als während der vergangenen Planperiode. In der Praxis der Plandurchführung haben die *Neubauten* bisher allerdings meist den Vorrang gehabt.

Allerdings gelten „aufwendige Neubaumaßnahmen" im neuen Plan nur dann als gerechtfertigt, wenn alle anderen Möglichkeiten der Produktions- und Produktivitätssteigerung — z. B. Ersatz veralteter Anlagen durch produktivere neue Anlagen, Modernisierung und Automatisierung bestehender Anlagen — ausgeschöpft sind.

Als *Schwerpunkte* für die Bauproduktion in den kommenden Jahren werden die Energiewirtschaft und die chemische Industrie genannt. Dies sind die Zweige mit dem größten *Nachholbedarf* aus der vorangegangenen Planperiode.

2. Die Ziele für die Bruttoanlageinvestitionen 1971—1975

Nach dem neuen Fünfjahrplan sollen die Bruttoanlageinvestitionen während der ganzen Planperiode mit 173 bis 176 Mrd. Mark um 37 bis 40 Mrd. Mark oder 28 bis 30 v.H. höher liegen als im vorangegangenen Planzeitraum. Verteilt man diese Summe jedoch auf die einzelnen Planjahre und berücksichtigt die im Volkswirtschaftsplan für 1971 angesetzte effektive Senkung des Investitionsvolumens gegenüber 1970 um 1,5 v.H., dann ergibt eine jährliche Investitionssteigerung von 3,7 bis 4,6 v.H. — für die Jahre 1972 bis 1975 einschließlich — bereits die gewünschte Gesamtsumme von 173 bis 176 Mrd. Mark. Ohne Berücksichtigung des Volkswirtschaftsplanes für 1971 läge die zur Planerfüllung benötigte Zuwachsrate für alle fünf Planjahre mit jährlich 2,0 bis 2,6 v.H. sogar noch merklich darunter.

Eine Erklärung für die Zurückhaltung bei den Anlageinvestitionen ist in den hohen *Exportverpflichtungen* zu suchen. Allein in das sogenannte „sozialistische" Wirtschaftsgebiet soll eine Exportsteigerung von durchschnittlich rd. 10 bis 11 v.H. jährlich erreicht werden, während die großen Schulden bei den „kapitalistischen" Ländern wahrscheinlich eine noch stärkere Steigerung der Ausfuhr in diese Länder erfordern. Da in den letzten Jahren 55 bis 57 v.H. der Ausfuhren auf Erzeugnisse der Investitionsgüterindustrien entfallen sind und auch für die Zukunft mit einer Steigerung dieses Anteils gerechnet werden darf, kann die angestrebte starke Exportsteigerung nur auf Kosten der *inländischen* Investitionen gehen. Dies zeigt sich sehr deutlich in den Zielen des Volkswirtschaftsplanes für 1971, der eine Exportsteigerung um 3 Mrd. Valutamark bei einem gleichzeitigen Rückgang der Anlageinvestitionen vorsieht. Hinzu kommt die Verpflichtung, sich an Investitionen in der Sowjetunion im Erdgas- und Erdölbereich zu beteiligen.

Über die Aufteilung der Investitionen auf die einzelnen Wirtschaftsbereiche enthält die Rede von Stoph auf dem VIII. Parteitag einige Angaben. Wie vom Vorsitzenden der Staatlichen Plankommission bereits angekündigt, sollen die Investitionen in den den *Industrieministerien* unmittelbar unterstellten Betrieben wieder weit überdurchschnittlich — nämlich um etwa 50 v.H. stärker als die durchschnittlichen Anlageinvestitionen — zunehmen. Dies gilt allerdings in gleichem Maße für den *Wohnungsbau*, während die Investitionen für das *Bildungswesen*, die in der vergangenen Planperiode allerdings nur 1,5 v.H. des gesamten Investitionsvolumens ausmachten, annähernd verdoppelt werden sollen. Leicht unterproportional sollen die Investitionen im *Verkehrswesen* und im *Bauwesen* ansteigen. Dagegen bedeutet die vorgesehene geringfügige Steigerung der gesamten Investitionen während des Fünfjahreszeitraums im Bereich des Rates für *landwirtschaftliche* Produktion und *Nahrungsgüterwirtschaft* effektiv einen Rückgang der jährlichen Investitionssumme gegenüber dem allerdings hohen Ergebnis des Jahres 1970.

Da die Investitionen in den genannten sechs Bereichen insgesamt mehr oder weniger stark überproportional zunehmen, bleibt für den *Restbereich*, nämlich die örtlich geleiteten Industriebetriebe, den Binnenhandel, die Dienstleistungen, Teile des Handwerks, das Gesundheitswesen usw. insgesamt nur eine etwa gleich hohe Investitionssumme wie im vergangenen Jahrfünft, was effektiv auf eine Senkung der jährlichen Investitionsziffer unter das bereits im Jahre 1969 erreichte Niveau hinausläuft.

Die Einschränkung der inländischen Investitionen zugunsten des Exports und der damit finanzierten Auslandsinvestitionen trifft damit die *konsumnahen* Bereiche besonders hart, und hier vor allem den *Dienstleistungsbereich*, der nach dem ursprünglichen Entwurf der

Tabelle 7
Bruttoanlageinvestitionen in der DDR
Planung und Entwicklung in den Jahren 1958 bis 1975

Jahr	Soll nach Perspektivplänen*			
	Siebenjahrpläne — Soll		Fünfjahrpläne — Soll bei konstanten Zuwachsraten[a]	
	bei linearer Entwicklung	bei konstanten Zuwachsraten		
	1958 = 100[b]	1958 = 100	1965 = 100[c]	1970 = 100
1958	100	100	—	—	—
1959	115	119	—	—	—
1960	129	137	—	—	—
1961	144	153	—	—	—
1962	159	168	—	—	—
1963	174	182 137[d]	—	—	—
1964	188	193 147[d]	—	—	—
1965	203	203 158[d]	159	100	—
1966	218[e]	— 170[d]	.	108—109	—
1967	232[e]	— 183[d]	.	117—118	—
1968	247[e]	— 197[d]	.	127—128	—
1969	262[e]	— 211[d]	.	137—140	—
1970	277[e]	— 227[d]	229—236	148—152	100
1971	.	.	240	—	99
1972	.	.	.	—	102—103
1973	.	.	.	—	106—108
1974	.	.	.	—	110—113
1975	350	.	276—285	—	114—118

Jahr	Jahresvolkswirtschaftspläne (Soll)	Tatsächliche Entwicklung (Ist)			Siebenjahrplan-Rückstand (—) in vH
	1958 = 100	1958 = 100	1965 = 100	1970 = 100	
1958	100	99	—	—	— 1,0
1959	120	115	—	—	— 3,4
1960	.	127	—	—	— 7,3
1961	137	127	—	—	—17,0
1962	134	129	—	—	—23,2
1963	141	136	—	—	—25,2
1964	146	148	—	—	—23,3
1965	160	159	100	—	—21,7
1966	(170)[f]	(170)[f]	107	—	—
1967	(184)[f]	(184)[f]	117	—	—
1968	(202)[f]	(301)[f]	129	—	—
1969	(222)[f]	(229)[f]	148	—	—
1970	(253)[f]	(244)[f]	159	100	—
1971	(240)[f]	.	.	.	—

* Perspektivplanfolge: I 1951 - 1955; II 1956 - 1960; III 1959 - 1965; IV 1966 - 1970; V 1971 bis 1975. — a) Die bei Zugrundelegung der im Siebenjahrplangesetz genannten Investitionssumme von 142 Mrd. Mark notwendige Entwicklung. — b) Für die Indexberechnung auf der Basis 1958 = 100 wurden die Generalreparaturen annähernd hinzugeschätzt (2,2 Mrd. Mark). Dadurch vermindert sich die Zuwachsrate für die Jahre 1966 bis 1970 von 8,2 bis 8,7 vH auf 7,5 bis 8,2 vH, und für die Jahre 1972 bis 1975 von 3,7 bis 4,6 auf 3,5 bis 4,3 vH. — c) Jährliche Zuwachsrate für die Jahre 1966 bis 1970 8,2 bis 8,7 vH lt. „Gesetz über den Perspektivplan zur Entwicklung der Volkswirtschaft der DDR bis 1970", in GBl. I, Nr. 8/1967; Zuwachsrate für 1971 .// 1,5 vH lt. „Gesetz über den Volkswirtschaftsplan 1971", in GBl. I, Nr. 23/1970; jährliche Zuwachsrate 1972 bis 1975 3,7 bis 4,6 vH, geschätzt nach Angaben im Entwurf der Direktive zum Fünfjahrplan 1971 bis 1975, in Beilage Nr. 6/71 zu „Die Wirtschaft", S. 26. — d) Konzeption eines zweiten Siebenjahrplans (Direktive), in Sozialistische Demokratie v. 18. 1. 1963, Beilage, S. 24. — e) Berechnet unter Zugrundelegung der linearen Steigerung des 1. Siebenjahrplans. — f) Die Indizes ab 1966 ( ) sind Schätzwerte; sie wurden errechnet unter Berücksichtigung von Generalreparaturen in der geschätzten Höhe von 2,2 Mrd. Mark jährlich.

Bruttoanlageinvestitionen in der DDR
(einschließlich Generalreparaturen – ab 1966 geschätzt.)
Planziel und Planerfüllung 1958/75
1958 = 100 [1]

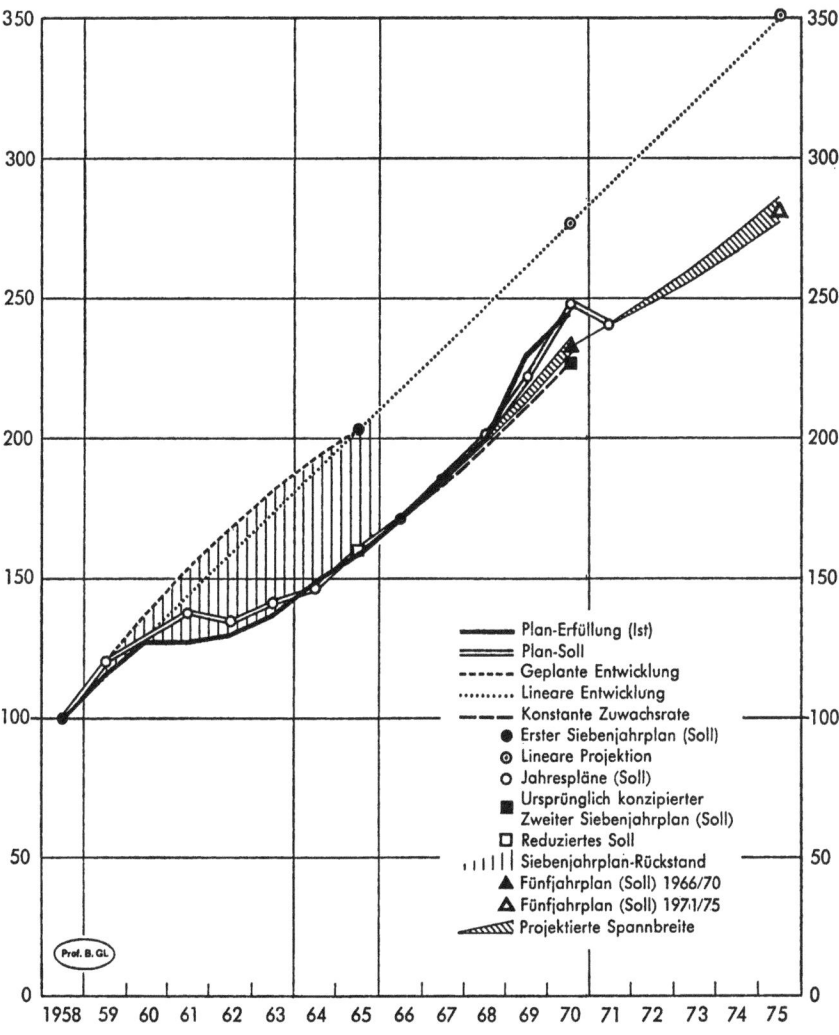

[1] I. Siebenjahrplan-Soll 1958 = 100.

In nebenstehender Tabelle und im Schaubild gilt als Perspektivplanbasis jeweils das „Ist" des letzten Jahres der vorausgegangenen Perspektivplanperiode.

Direktive „schrittweise zu einem Zweig der gesellschaftlichen Produktion" ausgebaut, „dessen materielle Basis planmäßig gestärkt und in dem zunehmend moderne Technologien und Verfahren sowie moderne Formen der Produktions- und Dienstleistungsorganisation angewendet werden" sollten.

In den begünstigten Bereichen ist ein gegenüber der vergangenen Planperiode verstärktes Produktivitätswachstum nicht ausgeschlossen, wenn es gelingt, die Zersplitterung der Investitionstätigkeit einzudämmen und insbesondere die *Fertigstellungszeiten* abzukürzen.

3. Ziele für die Versorgung der Bevölkerung 1971—1975

Im Entwurf zur Direktive des Perspektivplans 1971 bis 1975 wird die weitere Erhöhung des materiellen und kulturellen Lebensniveaus als die Hauptaufgabe des Fünfjahrplans bezeichnet. Diesem angeblichen Leitziel gegenüber erscheinen die konkreten Ziele für die Versorgung der mitteldeutschen Bevölkerung jedoch sehr bescheiden:

Der für die *Versorgung* der Bevölkerung bereitgestellte Warenfonds[19] soll im Zeitraum 1971 bis 1975 nur um 4,0 bis 4,2 v.H. pro Jahr gesteigert werden, während im vorangegangenen Fünfjahrplan 1966 bis 1970 eine Erhöhung von durchschnittlich 4,2 bis 4,6 v.H. geplant war. Das Ziel für die Steigerung des Warenfonds während der neuen Perspektivplanperiode liegt niedriger als das Wachstum des Einzelhandelsumsatzes in den vergangenen fünf Jahren, das pro Jahr im Durchschnitt 4,6 v.H. ausmachte[19].

Die *Geldeinnahmen* der Bevölkerung, die in der letzten Fünfjahrplanperiode überplanmäßig gestiegen sind, sollen zwischen 1971 und 1975 um durchschnittlich 4 v.H. pro Jahr und damit etwa gleich stark wie die Warenbereitstellung zunehmen.

Im Vordergrund der Ziele für die Anhebung der *Lebenshaltung* steht nach den erheblichen Versorgungslücken, die sich Ende der sechziger Jahre ergeben haben, vor allem die Herstellung eines bedarfsgerechten Warenangebots und einer kontinuierlichen und stabilen Versorgung sowie die Verbesserung der Qualität und der Gebrauchseigenschaften der Waren. Man hat die Schwächen des Versorgungssystems in der DDR längst begriffen.

Wie es in dem Entwurf zur Plandirektive heißt, muß vor allem eine kontinuierliche und stabile Versorgung mit Waren des Grundbedarfs,

---

[19] Der Warenfonds enthält im Unterschied zum Einzelhandelsumsatz auch die Lagerbestände des Handels.

Planvollzug der abgelaufenen Perspektivpläne der DDR 45

wie Grundnahrungsmitteln, Erzeugnissen des Kinderbedarfs sowie Ersatz und Zubehörteilen gewährleistet sein. Gefordert wird außerdem ein erhöhtes Angebot qualitativ hochwertiger Wohnungseinrichtungen und die bessere Versorgung der Bevölkerung mit pflegeleichter und modischer Bekleidung, mit hauswirtschaftlichen Erzeugnissen sowie mit Sport- und Freizeitartikeln. Solche Sprüche sind aber keineswegs neu, doch sie unterstreichen die von der Bevölkerung als besonders drückend empfundenen Mängel.

Die Ausstattung der Haushalte mit *langlebigen* Gebrauchsgütern soll weiter verbessert werden. Während 1970 die Hälfte der Haushalte mit Waschmaschinen und Kühlschränken ausgestattet war, und 70 v.H. der Haushalte ein Fernsehgerät besaßen, soll bis 1975 der Bestand je 100 Haushalte bei Fernsehgeräten und Kühlschränken 75 bis 80 betragen, bei Waschmaschinen dagegen 65 bis 70. Die Kühlschränke haben Vorrang vor den Waschmaschinen.

Zur Erreichung dieser Ziele ist eine verstärkte Ausweitung des Angebots *industrieller Konsumgüter* vorgesehen. So soll nach dem Entwurf zur Plandirektive die Produktion industrieller Konsumgüter zur Bereitstellung für die Bevölkerung im Perspektivplanzeitraum 1971 bis 1975 um mindestens 30 Prozent erhöht werden, darunter im Verarbeitungsmaschinen- und Fahrzeugbau um mindestens 40 v.H., in der Elektrotechnik/Elektronik um mindestens 40 v.H. und in der Leichtindustrie um mindestens 31 v.H.

Schließlich ist vorgesehen, bis 1975 das Angebot von Dienstleistungen stark zu steigern, das bisher überhaupt keinen Vergleich mit westdeutschen Verhältnissen aushält.

IV. Prognostische Wertungen des fünften Perspektivplans

Den erheblichen Disproportionen und Versorgungslücken, die sich gegen Ende der vorangegangenen Perspektivplanperiode 1966 bis 1970 gezeigt haben, wird im neuen Fünfjahrplan für die Jahre 1971 bis 1975 Rechnung getragen. Der Plan ist in erster Linie auf Stabilisierung und Konsolidierung der Wirtschaft ausgerichtet. Die *Wachstumsziele* wurden sowohl beim Nationaleinkommen als auch bei fast allen Wirtschafts- und Industriebereichen niedriger angesetzt als im vorangegangenen Fünfjahrplan. Man rechnet generell mit linearer und nicht mehr, wie vor einem Jahrzehnt, mit progressiver Entwicklung, ausgenommen den Investitionsgüterbereich. Der Ehrgeiz, die Bundesrepublik im Leistungsniveau einzuholen, ist vorerst aufgegeben.

Im Vordergrund steht jetzt die Beseitigung von *strukturellen* Engpässen, so vor allem im Energiebereich, im Transportwesen, bei den

Zulieferindustrien und die Sicherung der Rohstoffversorgung, wozu auch die Senkung des spezifischen Materialeinsatzes sowie die erhöhte Verwendung sogenannter Sekundärrohstoffe, wie Schrott, Altpapier etc. beitragen sollen.

Großes Gewicht wird auf die planvolle Beseitigung und Vermeidung von Versorgungslücken und auf die Steigerung der Qualität und der Gebrauchswerteigenschaften der Produktion gelegt. Allerdings ist das keinesfalls eine neue, sondern nur mit Nachdruck wiederholte alte, eigentlich selbstverständliche Forderung, die zugleich den bisherigen Leistungszustand diagnostiziert.

Als eine grundlegende Aufgabe für die Sicherung der Stabilität und Kontinuität der künftigen wirtschaftlichen Entwicklung bezeichnet der Plan die Bildung von *Reserven* auf allen Ebenen der Volkswirtschaft, wie das in der Marktwirtschaft normalerweise geschieht.

Die bisher schon gegebene Differenzierung im *Wachstumstrend* der Wirtschaftsbereiche wird noch krasser als je zuvor angestrebt. Wenn auch verschiedentlich Spannbreiten bei den geplanten Zuwachsraten angegeben werden, die Abstufung ist drastisch. Ich wiederhole das teilweise schon Gesagte: Die DDR-Industrie soll in Bruttowerten von 1971 bis 1975 jährlich mit folgenden *Durchschnittszuwachsraten* wachsen, und zwar nach den auf dem Parteitag der SED verkündeten Revisionen:

bei den Nahrungs- und Genußmitteln .... um 2,8 Prozent,
bei der Bauwirtschaft .... um 4,6 Prozent,
bei den Verbrauchsgütern .... um 5,7 Prozent,
bei den Grundstoffen einschl. Energie .... um 6,9 Prozent,
bei den Investitionsgütern .... um 8,4 Prozent.

Der Wachstumsfächer in der jährlichen Produktionszunahme spannt sich demnach von 2,8 bis zu 8,4 Prozent, also mit Zuwachsraten von 1 : 3, und zwar wie bisher ganz zu Lasten des zivilen Verbrauchs.

So planerisch stümperhaft sich der 1958/59 konzipierte Siebenjahrplan erwiesen hatte, weil die Planer in Selbsttäuschung die in diesen beiden Jahren erfolgte Aufblähung der Ist-Ergebnisse aus der Planerfüllungsrechnung für eine reale Chance der Verbesserung ihrer Versorgungsmöglichkeiten hielten, während sie es in Wirklichkeit weitgehend mit Doppelzählungen und anderen Verzerrungen aus der irrigen Bruttorechnung zu tun hatten, so vorsichtig sind die DDR-Planer bei der Konzeption des letzten Perspektivplans vorgegangen, wie wir bereits vor fünf Jahren in unserer Diagnose der Planungssituation feststellten.

Ein vertieftes Studium der vorgelegten *Plandiagramme* (vgl. Schaubilder) bestätigt den Eindruck, den die einschlägigen Reden auf dem VIII. Parteitag schon hervorrufen mußten, daß die Planführung der DDR ihrer Industrie und den Beschäftigten bis 1975 das Äußerste abverlangen wird, obwohl die Phraseologie von Einholen und Überholen des Westens möglicherweise nunmehr der Vergangenheit angehört.

Geht man bei der *Bruttoproduktion* von der Möglichkeit einer schrittweisen Weiterentwicklung aus, die sich in den Diagrammen in der linearen Extrapolation der ehemaligen Sollzahlen von 1965 widerspiegeln, dann ist festzustellen:

a) Die Expansion bis 1975 für das *Gesamtvolumen* der mitteldeutschen Industrie bleibt im geplanten Entwicklungstempo hinter der Zielsetzung des ersten Siebenjahrplans sichtbar zurück.

b) Das gilt entsprechend für die *Grundstoffe* einschließlich der Energiewirtschaft.

c) Dagegen schießt das Plansoll des neuen Fünfjahrplans für die *Investitionsgüter* erheblich über das ursprüngliche Plansoll des Siebenjahrplans hinaus.

d) *Bauwirtschaft* wie *Anlageinvestitionen*, sämtlich faktisch inlandsgebunden, bleiben dagegen um ein Fünftel hinter den ehrgeizigen Planzielen des damals gescheiterten Siebenjahrplans zurück.

Die *Lebensmittelindustrie* wird nach der neuen Planung für die Periode bis 1975 genau wie in der Perspektive zum alten Siebenjahrplan ihre weit unter den übrigen Industriebereichen liegende niedrige Trendposition beibehalten. Doch die *Verbrauchsgüterindustrie*, nach russischem Vorbild in der DDR als Leichtindustrie umschrieben, ist nunmehr wie der Wohnungsbau und die Inlandsinvestitionen mit einer Zielreduzierung des Gesamtvolumens von etwa einem Fünftel bedacht.

Mit dem großen Gewicht der Investitionsgütererzeugung liegt der Schwerpunkt des neuen Fünfjahrplans durchschlagend bei der *exportintensiven* metallverarbeitenden Industrie. Sie liegt an der Spitze der geplanten jährlichen Zuwachsraten, die die kommenden operativen Jahrespläne — wie bisher — mit allen Mitteln durchzusetzen versuchen werden. Wird der neue Fünfjahrplan erfolgreich ablaufen, dann soll sich nach der Zielsetzung der DDR-Planer innerhalb von knapp zwei Jahrzehnten bis 1975 die Investitionsgütererzeugung genau doppelt so rasch entwickelt haben wie die Nahrungsmittelerzeugung. Um etwa 50 Prozent ist sie dann rascher gewachsen als die inländischen Anlageinvestitionen. Ein Spielraum in der Größenordnung von schätzungsweise mehr als einem Viertel der gesamten Investitionsgütererzeugung der DDR steht künftig für die Außenwirtschaft, geplant für die Exportausweitungen, zur Verfügung. Dabei wird — wie schon von mir vor einem Jahr prognostiziert[20] — die DDR-Wirtschaft weniger in den sich gelegentlich föderalistisch gebärdenden Ostblock als in den ökonomisch-zentralen und dirigierenden unmittelbaren Machtbereich *Moskaus* zunehmend integriert werden.

Das wird natürlich einen verstärkten güterwirtschaftlichen *Gegenstrom* auslösen müssen, soweit nicht die in Rubel geführte Zahlungsbilanz der DDR wegen der letztjährigen hohen Kredite in Ordnung zu bringen ist und die sowjetischen Kredite mittelfristig mit Investitionsgütern zurückgezahlt werden müssen. Auf Rußland wird künftig ein wachsender Anteil in der Rohstoff- und Energieversorgung der DDR entfallen, was die ökonomische Abhängigkeit verstärkt. Die betonten Akzente, die der VIII. Parteitag der SED mit der Herabsetzung der geplanten Zuwachsrate für industrielle Nahrungsmittel bei gleichzeitiger Schwergewichtsverlagerung auf die Investitionsgüter hin gesetzt hat, können nicht überhört werden.

Ihre Bedeutung lag wohl auch in der symbolischen Geste, die dem sowjetischen Gast gezeigt wurde. Für das mitteldeutsche Inland ist diese Parteitagsentscheidung eine langfristig gezielte *Weichenstellung:* Sie zielt auf ein volkswirtschaftliches Wachstum unter bewußter Vernachlässigung der Lebenshaltung der arbeitenden Massen und ihrer sozialen Absicherung.

Unter diesen Umständen wird die DDR mit 17 Millionen Einwohnern und über 8 Millionen Erwerbstätigen ihre Stellung in der Weltwirtschaft *rangordnungsmäßig* in überschaubarer Zukunft kaum verändern. Ausschließlich die *Anzahl* der in der DDR lebenden Menschen bestimmt nämlich ihre Position in der Rangordnung der Industrieländer unserer Erde. Die DDR hat — wenn man China als Industriemacht wegen der hohen industriellen Konzentration zumindest in der Mandschurei anerkennt — in der Nachkriegszeit den neunten Platz inne[21].

---

[20] Vgl. Dokumentation der „Frankfurter Allgemeinen Zeitung" vom 4. 8. 1970: Beilage „Die Gegenwart".

[21] Die industrielle Arbeitsproduktivität je Arbeitskraft wurde bei dieser Berechnung gegenüber der Bundesrepublik Deutschland bei der DDR um ein Viertel niedriger angesetzt. Das Gefälle in der Arbeitsproduktivität dürfte Ende der sechziger Jahre im überschlägiger Schätzung mengenmäßig durchschnittlich gegenüber der Bundesrepublik in den USA mindestens + 20 v.H., in Kanada + 10 v.H., in Großbritannien und Frankreich — 10 v.H., in Italien und Japan — 20 v.H., in der UdSSR — 40 v.H. und in Polen — 50 v.H. betragen haben. Exakte internationale Statistiken hierzu gibt es nicht, weil schon der in den Ländern jeweils sehr unterschiedlich entwickelte gleitende Übergang der handwerklich betriebenen Produktion zur mehr oder weniger vollindustrialisierten Erzeugung statistisch nicht zuverlässig erfaßt wird und deshalb zur Abschätzung von ungefähren Größenordnungen im volkswirtschaftlichen Gefälle zwingt.

Die Bestimmung der Rangfolge der Industrieländer durch formale Umrechnung der Produktionszahlen über die Währungsrelationen führt wegen

Planvollzug der abgelaufenen Perspektivpläne der DDR   49

Sie könnte von Kanada mit einem schneller wachsenden Leistungsniveau und von Polen wegen der weit höheren Bevölkerungszahl im Laufe der Zeit überholt werden: Eine Höherrangigkeit kann die DDR dagegen niemals erreichen, selbst wenn sie ihr gegenwärtiges Leistungsniveau sprunghaft erhöhen oder gar verdoppeln würde. Die DDR müßte in diesem Falle Frankreich überflügeln oder Italien einholen. Das anzunehmen wäre unsinnig. Die angebliche Gloriole einer „führenden" Wirtschaftsmacht kann die DDR nicht aus irgendeiner Leistung, sondern lediglich aus der hohen Beschäftigtenzahl jenes mitteldeutschen Wirtschaftsraumes ableiten, mit dem die ehemalige Besatzungszone 1945 eine separatistische *Abspaltung* aus dem historisch gewachsenen gesamtdeutschen Wirtschaftsgefüge vollzog.

Die danach in Deutschland ausgebildete Grundsituation hüben wie drüben wird sich, das ergibt die nüchterne Analyse des neuen Perspektivplans, nicht ändern, solange die Bundesrepublik ihre Expansion nicht in Stagnation auslaufen läßt. So wird der *Abstand* in der durchschnittlichen Lebenshaltung beider Teile Deutschlands, der über zwei Jahrzehnte hinweg inzwischen bereits eine Realität von säkularem Rang geworden ist, sich nur wenig variieren lassen. Die Chancen des technischen Fortschritts werden allerdings beiden Wirtschaftssystemen, die nun schon in ihrer mehr als zwanzigjährigen Rivalität eine neue Epoche auf deutschem Boden prägen, den weiteren dynamischen Auftrieb ermöglichen, wovon wir seit jeher in den Analysen und Prognosen des Forschungsbeirates ausgegangen sind.

Wirksame *Gefälle* bilden sich bei anhaltenden Niveauunterschieden zwangsläufig aus. Das gegebene enorme wirtschaftliche Leistungsgefälle geht eindeutig von West nach Ost. Das Relief der europäischen Landschaft des nächsten Jahrfünfts wird weiterhin durch dieses wirtschaftliche Gefälle geprägt werden. Es durch eine ständige volkswirtschaftliche Bilanzierung auszuloten und auf seine Konsequenzen hin zu durchdenken, bleibt die entscheidende diagnostische Aufgabe in der Wirtschaftswissenschaft.

---
der starken Unter- bzw. Überbewertung mancher Währungen zu fragwürdigen Ergebnissen.
  Darüber hinaus wird die Rangstellung der einzelnen Länder im internationalen Vergleich durch die Definition des Begriffes „Industrieland" beeinflußt. Einige Länder, die wohl in regionaler Konzentration bereits über eine beachtliche Industrieproduktion verfügen, werden nach der herrschenden Anschauung trotzdem nicht den eigentlichen Industrieländern zugerechnet. Ob man ein Land zu den Industrieländern zählt oder nicht, ist im Grunde genommen ziemlich willkürlich. Es ist eigentlich mehr eine qualitative als eine quantitative Entscheidung. Länder, die heute noch nicht als Industrieländer gezählt werden, werden es in absehbarer Zeit schon sein.
  Indien, Indonesien, Brasilien usw. befinden sich heute bestenfalls im Anfangsstadium eines allmählichen Übergangs vom Agrar- zum Industrieland und sollten deshalb bei einem auf die Gegenwart bezogenen Vergleich unberücksichtigt bleiben.

Aber Gefälle lassen sich nicht nur in ihrem relativen Ausmaße bestimmen. Im zeitlichen Ablauf verdichten sich die Leistungsgefälle zu *Volumen*, in der Bilanzierung führt dies zu den Größenordnungen, die man als *Defizit* bezeichnet. Diese sogenannten roten Zahlen gibt es natürlich nicht nur in betrieblichen Bilanzen, sie charakterisieren in volkswirtschaftlichen Bilanzen gleichermaßen die Verluste oder die Ausfälle oder die Rückstände. In den hier gegebenen Dimensionen schrecken verständlicherweise die Verantwortlichen davor zurück, sich selber Rechenschaft zu geben. Auf die marktwirtschaftliche Praxis, den Leistungsstatus am Periodenschluß zu ermitteln, brauchen und sollten wir jedoch nicht verzichten.

Es fehlt die exakte perspektivische Orientierung im Leistungsbild einer Volkswirtschaft, wenn nur relative Veränderungsraten aneinander gereiht oder Sollerfüllungen nach der Manier der DDR-Erfüllungsberichte gradweise berechnet werden. Daran berauschen sich seltsamerweise aber nicht nur Planfunktionäre.

Bilanzieren wir das *Sozialprodukt der DDR*, indem wir anstelle der effektiven Arbeitsproduktivität der DDR in den großen Wirtschaftsbereichen diejenige der westdeutschen Erwerbstätigen in Ansatz bringen, dann lag der vergleichbare Wert des Bruttosozialprodukts der DDR 1970 im *Soll* bei knapp 210 Mrd. Mark, im *Ist* dagegen nur bei knapp 150 Mrd. Der volkswirtschaftliche *Rückstand* der DDR im West-Ost-Vergleich betrug beim Soll-Produkt im vergangenen Jahr rund 60 Mrd. DM.

Im langfristigen Vergleich — auf die beiden letzten Jahrzehnte zurückgerechnet — erreichte der *Leistungsausfall an Sozialprodukt in der DDR* in den fünfziger Jahren rund 190 Mrd. DM, in den sechziger Jahren insgesamt 385 Mrd. DM. Dieser Ausfall an Sozialprodukt geht beinahe zur Hälfte zu Lasten der Industrie, zu gut 10 Prozent zu Lasten der Land- und Forstwirtschaft, zu über 40 Prozent zu Lasten von Handel, Verkehr und öffentlichen Diensten der DDR.

Der neue Fünfjahrplan verzichtet, wie ich dargelegt habe, auf eine wesentliche Korrektur dieser *Leistungsbilanz*. Diese gewaltigen stetigen *Ausfälle* an Sozialprodukt gegenüber dem westdeutschen Leistungsniveau lassen sich ideologisch verbrämen, reparabel sind sie nicht. Aber wie bei der Zahlungsbilanz einer Volkswirtschaft gleicht sich auch die Leistungsbilanz zwangsläufig aus: bei der in der DDR gegebenen *industriellen* Grundstruktur geht der Ausgleich annähernd je zur Hälfte etwa

a) zu Lasten der *privaten* Haushalte, deren Lebenshaltung und Haushaltsausstattung entsprechend gedrückt werden, sowie

b) über die *Investitionen,* deren unzureichende Finanzierung sich unmittelbar auf die Vermögensbildung der Betriebe und auf die öffentlichen Haushalte und Einrichtungen auswirkt.

Wie eng die Dispositionsfelder in der Wirtschaftspolitik durch das Ausmaß der Sozialproduktentwicklung bestimmt sind, erleben wir in Westdeutschland und in Berlin zur Zeit drastisch und wohl auch ernüchternd. Aber alle wirtschaftspolitischen und nicht zuletzt gewerkschaftlichen Aktivitäten hinsichtlich der Lohnsteigerungen, der Rentendynamik und der Kreditoperationen und auch bei den Plänen der besseren Vermögensverteilung vollziehen sich in dem großen und tiefen Operationsfeld des enormen *Sozialproduktsvorsprungs,* über den Westdeutschland gegenüber der DDR verfügt. Schließlich besteht der vorherrschende Gegensatz zwischen Ost und West gesellschaftspolitisch entscheidend gerade in der Verteilungsproblematik. Die DDR muß resignierend erkennen: Man kann nicht gesellschaftspolitisch verteilen, was man gar nicht hat. Das ist die fatale Position der DDR, die nunmehr schon eine ganze Epoche kennzeichnet.

Die neue Phase des ökonomischen Systems des Sozialismus

Gesamtwirtschaftliche Würdigung

Von Prof. Dr. Karl C. Thalheim, Berlin

Der am 19. Juni 1971 abgeschlossene VIII. Parteitag der SED sollte nach dem Beschluß der 15. Tagung des Zentralkomitees Ende Januar 1971 einen wesentlich anderen Verlauf nehmen, als er ihn nun gehabt hat. Im Mittelpunkt sollte nach dem damaligen Programm ein großes Referat Ulbrichts stehen über das Thema „Das entwickelte gesellschaftliche System des Sozialismus in den 70er Jahren". Honecker sollte über Rolle und Aufgaben der SED in diesem System, Stoph über die weitere Rolle des sozialistischen Staates sprechen. Man konnte erwarten, daß diese angekündigten Referate ein umfassendes Programm der Führung der SED für das „entwickelte gesellschaftliche System des Sozialismus" enthalten würden. Da das Ökonomische System immer als sein Kernstück bezeichnet wurde, durfte man ferner erwarten, auch über die Weiterentwicklung dieses Ökonomischen Systems Wesentliches zu erfahren.

Damals ahnte noch niemand, daß Ulbricht auf diesem Parteitag nicht mehr als der führende Mann der SED in Erscheinung treten würde. Der Wechsel an der Spitze der SED hat aber auch die Gestaltung des Parteitages erheblich beeinflußt und ihn in seiner Themenstellung wesentlich nüchterner werden lassen: Honecker erstattete den Bericht des Zentralkomitees, der allerdings thematisch hinsichtlich der Gestaltung der sozialistischen Gesellschaft ziemlich weit ausgriff; Stoph erläuterte die Direktive zum Fünfjahrplan 1971 bis 1975. In beiden Reden wurde die Weiterentwicklung des Ökonomischen Systems nur kurz behandelt; trotzdem sind sie in Verbindung mit zahlreichen Reden, Beschlüssen und Regelungen der vorangegangenen zehn Monate doch recht aufschlußreich für das Schicksal jener Reformen, die 1963 unter dem Namen des Neuen Ökonomischen Systems der Planung und Leitung begonnen wurden.

Damals, 1963, bestand im Westen auch im Zusammenhang mit der vorangegangenen sogenannten Liberman-Diskussion in der Sowjetunion die Hoffnung, daß sich mit dem Neuen Ökonomischen System eine grundsätzliche Wendung des Wirtschaftssystems in der DDR vollzöge, eine Wendung, die auch in anderen Bereichen, besonders in den Bereichen der allgemeinen Politik, eine Aufweichung der dogmatisch starren Haltung der SED-Führung nach sich ziehen würde. Diese Hoffnung verband sich mit dem starken Gewicht, das von einigen westdeutschen Forschern auf den Aufstieg einer technokratischen Elite in der DDR gelegt wurde. Jetzt, über acht Jahre nach dem Tage, an dem Ulbricht die Grundlinien des Neuen Ökonomischen Systems verkündete, ist es Zeit zu fragen, ob diese Hoffnungen sich erfüllt haben, welche Wirkungen die damals in Erscheinung tretenden „ökonomischen Hebel" gehabt haben, ob man mit einem Fortgang der damals zunächst intendierten Dezentralisationstendenzen rechnen kann, mit einer Tendenz der Fortführung der Reform, oder welche Änderungstendenzen sich gegenwärtig in der Wirtschaftspolitik der DDR erkennen lassen.

Aus der Fülle der Ankündigungen und Regelungen, die das Neue Ökonomische System in seiner Entstehungszeit hervorrief, scheinen mir vier Punkte besonders wesentlich zu sein. Einmal die angestrebte „Verwissenschaftlichung" der Planung und Leitung der Wirtschaft. Zweitens die Anwendung eines, wie die damals immer wieder gebrauchte Formel lautete, „in sich geschlossenen Systems ökonomischer Hebel", die an die Stelle administrativer Anweisungen treten sollten, und das bedeutete auch, daß Marktelemente im Wirtschaftssystem der DDR stärker berücksichtigt werden sollten. Drittens: damit notwendig verbunden war die Einschränkung der imperativen staatlichen Planung in Form der vollzugsverbindlichen Kennziffern für die Betriebe, das heißt also eine Dezentralisierung wirtschaftlicher Entscheidungen, eine Verlagerung von Entscheidungen, die zunächst ausschließlich in zentralen Institutionen getroffen wurden, auf die mittlere und untere Ebene. Viertens schließlich die damals bereits ziemlich deutlich sichtbar werdende Tendenz der Entwicklung der VVB, der Vereinigungen Volkseigener Betriebe, zu der zunächst wichtigsten Organisationsform der mittleren Ebene; sie sollten, wie damals formuliert wurde, zu den wirtschaftlichen Führungsorganen des jeweiligen Industriezweiges werden.

An diese Reform knüpften sich drei wesentliche Hoffnungen der SED: Erstens einmal die Hoffnung auf eine Beschleunigung des wirtschaftlichen Wachstums und eine Verringerung der noch immer beträchtlichen Differenz zur Bundesrepublik, die insbesondere durch die Rezession bzw. Stagnation der Wirtschaftsentwicklung in der DDR zu Anfang der sechziger Jahre besonders deutlich hervortrat. Ulbricht bezifferte damals die Differenz in der industriellen Arbeitsproduktivität zwischen der DDR und der Bundesrepublik mit 25 Prozent; das war ziemlich genau die gleiche Größenordnung, zu der auch wir im Forschungsbeirat bei unseren Untersuchungen gekommen waren. Die zweite Hoffnung der SED bestand in der Verbesserung der strukturellen Proportionen der DDR-Wirtschaft, insbesondere in der Beseitigung der entstandenen Disproportionen bzw. in der Verhinderung der Entstehung neuer Disproportionen. Ihre dritte Hoffnung war, durch die Reformen eine größere Effizienz und Beweglichkeit des Planungs- und Lenkungssystems zu erreichen, vor allem durch den Verzicht auf Detailregelungen zentraler Organe. Allerdings ist auch damals mit dem Neuen Ökonomischen System, wie vor dem Forschungsbeirat in zahlreichen Referaten immer wieder betont worden ist, das Grundprinzip der zentralen staatlichen Planung ebensowenig aufgegeben worden wie der Machtmonopolanspruch der SED auf dem Gebiet der Wirtschaftspolitik, und dies ist, wie noch zu zeigen sein wird, für den weiteren Fortgang der Reformen von erheblicher Bedeutung geworden.

In den ersten Jahren nach dem Beginn des Neuen Ökonomischen Systems ist in der Tat in allen den Richtungen, die ich zu kennzeichnen versuchte, Beachtliches geschehen; es war bedeutsam, daß die DDR in dieser Beziehung das Vorbild für eine Reihe anderer sozialistischer Länder geworden ist. (Ich betone, daß ich den Begriff „sozialistisch" hier in dem Sinne gebrauche, wie er in der DDR verwendet wird.) Insbesondere Bulgarien hatte in seiner Wirtschaftsreform eine ziemlich genaue Kopie der Reformen in der DDR gegeben; aber auch in der Sowjetunion selbst ähnelten die Reformen, die vom Zentralkomitee der Kommunistischen Partei der Sowjetunion Ende September 1965 beschlossen wurden, in beträchtlichem Ausmaß dem, was 1963 in der DDR angekündigt und in Angriff genommen worden war, allerdings mit der Einschränkung, daß die sowjetischen Reformen von vornherein noch vorsichtiger angelegt waren, als das in der DDR der Fall war.

Bereits bei der Verkündung des Neuen Ökonomischen Systems wurde deutlich, daß in der DDR die im Stalinismus herrschende Maximierungsidee mehr und mehr durch die Idee der Optimierung verdrängt worden war, daß es also nicht mehr auf maximale Produktionsleistungen schlechthin, sondern auf das Verhältnis von Aufwand und Ertrag ankam. Eine Anzahl der „ökonomischen Hebel", die damals eingeführt wurden, wie zum Beispiel die Produktionsfondsabgabe, erwies sich in ihrem speziellen Bereich in der Tat als (mindestens partiell) wirksam.

Die Wirtschaftswissenschaft, die im Gegensatz zu der stalinistischen Periode nun als unmittelbare Produktivkraft angesprochen wurde, wandte sich, dem Beispiel der politischen Ökonomie in der Sowjetunion folgend, mit großem Eifer neuen Methoden, richtiger gesagt: für die DDR neuen Methoden zu. Vier Richtungen waren dabei besonders wichtig:

1. die Entwicklung von Optimierungsmodellen der Planung mit Hilfe ökonometrischer Methoden,

2. die Verwendung der elektronischen Datenverarbeitung, vor allem für die Verbesserung des Informationswesens,
3. die Anwendung der Kybernetik für die Optimierung der Lenkung,
4. die Entwicklung einer sozialistischen Betriebswirtschaftslehre, mit der sich das Referat von Professor Förster in diesem Bande beschäftigt.

Offenbar war etwa 1967 der Punkt erreicht, an dem die SED sich entscheiden mußte, ob sie die Reformen in der Richtung einer Verstärkung der Marktelemente weitertreiben oder wieder in der Richtung der Zentralisierung ein Stück Weges zurückgehen sollte. Drei Gründe vor allem scheinen mir für die damalige Situation wesentlich:

1. Die ursprüngliche Hoffnung der SED, das neue ökonomische System gewissermaßen in einem Zuge und in relativ kurzer Zeit realisieren zu können, hatte sich nicht erfüllt. Infolgedessen war bereits auf dem 11. Plenum des Zentralkomitees im Dezember 1965 überraschenderweise eine „zweite Etappe des neuen ökonomischen Systems" verkündet worden, von der vorher nie die Rede gewesen war und bei der es auch keineswegs deutlich wurde, worin denn eigentlich der besondere Charakterzug dieser zweiten Etappe im Verhältnis zu der ersten Etappe liegen sollte.

2. Ohne Zweifel war es gelungen, die Rezession zu Beginn der 60er Jahre zu überwinden und die Wirtschaft der DDR wieder auf einen normalen Wachstumspfad zu führen. Es ist aber auch in der westlichen wissenschaftlichen Literatur umstritten, ob und in welchem Umfange das auf das neue ökonomische System zurückzuführen ist. Meine eigene Meinung ist die, daß es sich dabei nicht ausschließlich um eine Konsequenz des neuen ökonomischen Systems handelte, daß dieses aber doch an der Überwindung der Rezession, an der Überwindung gewisser krisenhafter Erscheinungen wesentlich beteiligt gewesen ist. Aber der durchschlagende Erfolg hinsichtlich der Wachstumsbeschleunigung und vor allem Effizienzsteigerung, den die SED-Führung vom neuen ökonomischen System erwartet hatte, war offenbar nicht erzielt worden.

3. In den Jahren 1966/67 war im sogenannten „sozialistischen Lager" die Führung hinsichtlich der progressiven Wirtschaftsreformen von der DDR bereits auf andere Länder dieser Staatengemeinschaft übergegangen; von Jugoslawien abgesehen, waren es vor allem die Tschechoslowakei und Ungarn. In beiden Ländern, zum Teil beeinflußt durch das jugoslawische Vorbild, entwickelten sich Ideen der Umformung des bisherigen Wirtschaftssystems zu einer sozialistischen Marktwirtschaft. Es war nun sehr charakteristisch, daß gerade die SED-Führung von vornherein gegen diese Ideen einer sozialistischen Marktwirtschaft

mit größter Schärfe Widerstand geleistet hat. Bereits auf dem VII. Parteitag der SED im April 1967 wurde eine deutliche Abgrenzung gegenüber solchen Ideen vorgenommen. Ulbricht sagte damals in seinem Hauptreferat u. a.:

„Die sozialistische Planwirtschaft ist ... weder eine verwaltungsmäßig geführte Wirtschaft noch eine sogenannte Marktwirtschaft, die sich spontan regelt. In ihr spielen die sozialistische Warenproduktion und damit der Markt eine ganz bedeutende Rolle; aber der bestimmende Faktor in dieser organischen Einheit ist und bleibt die gesellschaftliche Planung."

Damit war die damalige Situation des Wirtschaftssystems der DDR deutlich gekennzeichnet. Es befand sich in der Mitte zwischen der Vorstellung einer sozialistischen Marktwirtschaft und einer rein administrativen, straff geplanten und vor allem straff gelenkten Wirtschaft. Auf dem gleichen Parteitag traf Ulbricht die Feststellung, die, wenn man die ideologischen Zusammenhänge kennt, von nicht geringer Bedeutung war, daß der Sozialismus

„nicht eine kurzfristige Übergangsphase in der Entwicklung der Gesellschaft ist, sondern eine relativ selbständige sozialökonomische Formation in der historischen Epoche des Übergangs vom Kapitalismus zum Kommunismus im Weltmaßstab."

Im Zusammenhang damit wurde das neue ökonomische System entsprechend in „Ökonomisches System des Sozialismus" umbenannt, das wiederum als „das Kernstück des entwickelten gesellschaftlichen Systems des Sozialismus in der DDR" gilt.

Wenn sich so schon auf dem VII. Parteitag gewisse Tendenzen einer Rezentralisierung abzuzeichnen begannen, so darf man auf der anderen Seite nicht übersehen, daß auf dem gleichen Parteitag auch konkrete Maßnahmen zur Fortführung der Reformen angekündigt wurden, vor allem erhebliche Änderungen im Außenhandelssystem, in einem Bereiche also, der für die DDR von erheblicher Bedeutung ist, der aber bis dahin von den Reformen des neuen ökonomischen Systems noch so gut wie nicht betroffen worden war. Die Betriebe sollten, wie der offizielle Terminus lautete, unmittelbar mit den Ergebnissen ihrer Tätigkeit auf den Weltmärkten konfrontiert werden. In deutlichere Sprache umgesetzt, bedeutete das, daß die bis dahin fugendichte Abschirmung des Binnenmarktes gegen alle preismäßigen Wirkungen von den Außenmärkten wesentlich gelockert werden sollte.

In den vier Jahren zwischen diesem VII. Parteitag im April 1967 und dem VIII. Parteitag im Juni 1971 kann man, glaube ich, eine deutliche Tendenz der Rezentralisierung feststellen. Ich sehe den Anfang dieser Entwicklung im Beschluß des Staatsrats „über weitere Maßnahmen zur

Gestaltung des ökonomischen Systems des Sozialismus" vom 22. April 1968. Zwei kurze Zitate aus diesem Beschluß mögen das erläutern:

„Die Rolle und der Wirkungsgrad der zentralen staatlichen Planung und Leitung in den Grundfragen der Strukturentwicklung und der Effektivität der Volkswirtschaft bei gleichzeitiger Sicherung der Proportionalität ist zu verstärken."

Und an einer anderen Stelle:

„Die Planung volkswirtschaftlich strukturbestimmender Erzeugnisse, Erzeugnisgruppen, Verfahren und Technologien (erzeugnisgebundene Planung) und die Konzentration auf diese Aufgabe wird zum Kernstück der zentralen Planung entwickelt."

Diese Tendenz ist ganz offensichtlich durch die im Laufe des Jahres 1970 gewachsenen wirtschaftlichen Schwierigkeiten der DDR verstärkt worden. Dazu scheint mir ein kurzer Rückblick auf das 13. Plenum des Zentralkomitees, das Mitte Juni 1970 stattfand, zweckmäßig. Der Hauptredner war damals noch Dr. Günter Mittag, der ja eine Reihe von Jahren hindurch der führende Wirtschaftspolitiker der SED gewesen ist, inzwischen aber ziemlich an Bedeutung verloren zu haben scheint. Mittag sprach über „Die Durchführung des Volkswirtschaftsplanes im Jahre 1970". Unter dem Einfluß des trotz mancher Enttäuschung immer noch vorhandenen Glaubens an die Überlegenheit des sozialistischen Wirtschaftssystems hatten die DDR-Planer im Volkswirtschaftsplan 1970 unrealistisch hohe Planziele aufgestellt. Offenbar wurden diese zu hoch angesetzten Planziele auch in der DDR selbst kritisiert; denn Mittag setzte sich in seinem Referat in diesem Plenum des Zentralkomitees auch mit kritischen Stimmen zu diesem Plan auseinander. Aber trotzdem waren nach seiner Meinung die im Volkswirtschaftsplan 1970 festgelegten Aufgaben eine „objektive Notwendigkeit"; sie zu erreichen sei „ eine entscheidende Bedingung für die weitere allseitige Stärkung der DDR". Mittag konnte zwar auch nicht umhin, einige bestehende Mängel zuzugeben: nicht genügende Qualität einer Reihe von Konsumgütern, völlig unzureichender Stand der Planerfüllung im Wohnungsbau, beträchtliche Kostenerhöhungen bei den Investitionen, die Mittag mit dem nicht geringen Satz von 20 bis 30 % bezifferte. Aber trotz dieser Kritik glaubte er damals, im Juni 1970, offenbar noch an die Möglichkeit, die hohen Planziele wirklich zu erreichen.

Der weitere Wirtschaftsablauf in diesem Jahr muß aber im ganzen für die SED-Führung recht enttäuschend gewesen sein, denn ein großer Teil der wesentlichen Positionen des Volkswirtschaftsplanes 1970 ist nicht voll erfüllt worden; zum Teil ergab sich sogar eine beträchtliche Untererfüllung. Die volle Einsicht in die Unrealisierbarkeit der zu hoch gesteckten Ziele des Volkswirtschaftsplanes 1970 muß in den folgenden Wochen nach dieser ZK-Sitzung gekommen sein. Hier spielt offensichtlich eine ganz entscheidende Rolle ein Beschluß des Politbüros der SED, der in einer Sitzung am 8. September 1970 gefaßt wurde und kennzeichnenderweise nie veröffentlicht worden ist. Wir können über diesen Beschluß des Politbüros nur indirekt aus Zitierungen auf den folgenden ZK-Sitzungen sowie aus dem Kommuniqué der Ministerratssitzung vom 23. September 1970 etwas entnehmen. Ganz offensichtlich sind die Beratungen des Ministerrates am 23. September unmittelbar unter dem Einfluß dieses Politbürobeschlusses geführt worden. Der Vorsitzende des Ministerrates, Stoph, sagte auf dem 14. Plenum des Zentralkomitees, daß der Beschluß des Politbüros sich „in dem Kommuniqué des Ministerrates vom 23. September 1970 widerspiegele". Dieses Kommuniqué war im „NeuenDeutschland" unter dem Titel „Für höhere Effektivität in der Volkswirtschaft" veröffentlicht worden.

Offenbar wurde in diesem Beschluß des Politbüros scharfe Kritik an den bisherigen Ergebnissen des Ökonomischen Systems des Sozialismus geübt. Das ergibt sich mit besonderer Deutlichkeit aus einer Stelle des Berichtes des Politbüros, der auf dem 14. ZK-Plenum im September 1970 von Paul Verner erstattet wurde. Es hieß dort:

„Vor allen Parteiorganisationen steht die Aufgabe, mit Hilfe des Politbürobeschlusses eine offensive und gezielte ideologische Arbeit zu organisieren, die von der Überlegenheit des sozialistischen Gesellschaftssystems ausgehen und die Fragen der Werktätigen offen und gründlich beantworten muß. Nun gibt es einige Genossen, darunter Wirtschaftsfunktionäre, die die Ansicht vertreten, das Ökonomische System habe sich nicht bewährt und werde mit dem Beschluß des Politbüros vom 8. September 1970 korrigiert. Das ist ein Irrtum. Das Ökonomische System des Sozialismus hat sich bewährt, wo es sinnvoll angewendet wurde, und es wird sich weiterhin in dem Maße bewähren, wie die ökonomischen Gesetze des Sozialismus konsequent genutzt werden und ihrem Wirken durch den Plan Rechnung getragen wird."

Wenn Verner als Berichterstatter des Politbüros in dieser Rede von Wirtschaftsfunktionären spricht, die der Meinung sind, das Ökonomische System werde durch den Beschluß des Politbüros korrigiert, so muß offenbar dieser uns nicht bekannte Inhalt des Beschlusses eine ziemlich scharfe Kritik an den bisherigen Ergebnissen enthalten haben. Auch im Lichte der späteren Reden, Verlautbarungen und Regelungen wird deutlich, daß Politbüro und Ministerrat sich offenbar sehr intensiv mit den kritischen Punkten der DDR-Wirtschaft beschäftigt haben. Im umfangreichen Kommuniqué des Ministerrates heißt es zum Beispiel: „Der Ministerrat stellt die Aufgabe, eine neue, höhere Qualität der Planung, Leitung und Kontrolle zu erreichen." Die Forderung einer neuen höheren Qualität läßt doch darauf schließen, daß die bisherige Qualität den

Anforderungen nicht entsprochen hat. Nach der offiziellen Formulierung wurde in diesem Beschluß auch „die Präzisierung bestimmter Planaufgaben" festgelegt, wobei der Begriff „Präzisierung" wohl vorwiegend im Sinne von Herabsetzung zu verstehen ist, also als Korrigierung übermäßig hoch angesetzter Ziele zugunsten realistischerer Planziele. Es wurde auch die Möglichkeit festgelegt, die im Rahmen des Vertragssystems bereits abgeschlossenen Verträge diesen Veränderungen der Planung anzupassen.

Die Folgezeit brachte nun eine Fülle bedeutsamer Tagungen, Beschlüsse und Regelungen. Ganz besonders wichtig sind der Beschluß des Ministerrates „über die Durchführung des Ökonomischen Systems des Sozialismus im Jahre 1971", der am 1. Dezember 1970 gefaßt wurde und 16 Seiten des Gesetzblattes umfaßt, dann die dazu erlassene „Anordnung zur weiteren Arbeit am Volkswirtschaftsplan 1971" vom 17. Dezember 1970, ebenfalls im Umfang von 16 Seiten des Gesetzblattes.

In der Zwischenzeit bis zum VIII. Parteitag der SED waren ferner die folgenden Ereignisse von Bedeutung:

9.—11. Dezember 1970: 14. ZK-Plenum mit sehr eingehenden und zum Teil recht kritischen Aussprachen über die wirtschaftliche Situation in der DDR.

14. Dezember 1970: 19. Volkskammertagung, Annahme des Volkswirtschafts- und des Staatshaushaltsplanes für 1971, dazu ausführliche Reden des Vorsitzenden der Staatlichen Plankommission Schürer und des Finanzministers Böhm.

15. Dezember 1970: Beschluß des Ministerrates über Maßnahmen auf dem Gebiet der Lohnpolitik, der Sozialversicherung und der Besteuerung.

21. Januar 1971: Veröffentlichung des Abschlußberichtes für 1970 und wesentlicher Ergebnisse des Perspektivplanzeitraumes 1966—1970 durch die Staatliche Zentralverwaltung für Statistik.

Ende Januar 1971: 15. Plenum des ZK mit ersten Mitteilungen Ulbrichts über den neuen Perspektivplan der DDR.

29. Januar 1971: Beschluß des Ministerrates über Maßnahmen auf dem Gebiet der Einzelhandelsverkaufspreise, der Sozialversicherung und der Renten.

Anfang April 1971: XXIV. Parteitag der KPdSU, Annahme des neuen sowjetischen Fünfjahrplanes.

Anfang Mai 1971: 16. Plenum des ZK der SED, Rücktritt Ulbrichts, Annahme des Entwurfes der „Direktive" für den neuen Fünfjahr-

Die neue Phase des ökonomischen Systems des Sozialismus 61

plan der DDR (veröffentlicht am 5. Mai als Beilage zum „Neuen Deutschland").
Das überragende Ereignis war aber natürlich der VIII. Parteitag der SED vom 15.—19. Juni, mit den beiden zu Anfang genannten Hauptreden von Honecker und Stoph. In diesen Reden hatten die wirtschaftspolitischen Fragen, wie zu erwarten, ein sehr starkes Gewicht. Die „Direktive", deren Entwurf vorher vom Zentralkomitee der SED vorgelegt worden war, wurde mit einigen Änderungen als Grundlage für den neuen Fünfjahrplan angenommen; dabei wurde mitgeteilt, daß der neue Fünfjahrplan bis Ende des Jahres 1971 ausgearbeitet, dann dem Zentralkomitee vorgelegt und schließlich der Volkskammer zur Beschlußfassung unterbreitet werden soll. Man wird also günstigstenfalls damit rechnen können, daß Anfang des Jahres 1972 der definitive Perspektivplan für einen Zeitraum vorliegt, von dem dann bereits mindestens ein Jahr verstrichen sein wird.

Wenn man den Entwurf der „Direktive" und den vom Parteitag beschlossenen endgültigen Text vergleicht, so findet man keine sachlich bedeutsamen Veränderungen, mit zwei Ausnahmen. Bei der einen Ausnahme handelt es sich scheinbar nur um eine veränderte Formulierung. Lange Jahre hindurch lautete die ständig wiederkehrende Formulierung: „Planung und Leitung der Wirtschaft"; sie wird so auch noch im Mitte Mai veröffentlichten Entwurf der Direktive gebraucht. In der endgültigen, vom Parteitag beschlossenen Fassung der Direktive heißt es dagegen nicht mehr „Planung und Leitung der Wirtschaft", sondern es ist dafür ganz konsequent an allen Stellen, an denen dieser Begriff auftaucht, jetzt „Leitung und Planung der Wirtschaft" gesetzt. Für westliche Betrachter mag das unwichtig erscheinen; aber unter den Voraussetzungen eines kommunistischen Systems ist es keineswegs bedeutungslos. Ich wage noch keine Analyse der Frage, was diese Veränderung zu bedeuten hat, möchte aber meinen, daß auch in dieser Umformulierung aus „Planung und Leitung" in „Leitung und Planung" die Tendenz einer verstärkten Einwirkung der Partei auf die Lenkung der Wirtschaft zu sehen ist, damit also auch eine Verstärkung dessen, was ich als Tendenzen der Rezentralisierung bezeichnet habe.

Eine zweite Änderung findet sich in dem Abschnitt über die außenwirtschaftlichen Beziehungen. Nach dem Entwurf der „Direktive" sollten bis 1975 rd. 75 % des Außenhandels der DDR auf „die sozialistischen Länder" entfallen. Dieser Satz ist in der Endfassung der Direktive weggefallen. Offenbar wollte man sich in dieser Beziehung nicht zu genau festlegen.

Der dritte Abschnitt der Direktive zum neuen Fünfjahrplan, der sich mit den Fragen der Leitung und Planung beschäftigt, sagt sehr wenig über das, was in den Anfängen des Neuen Ökonomischen Systems entscheidende Bedeutung hatte, nämlich die Verstärkung der Initiative auf der unteren Ebene der Betriebe. Er sagt aber sehr viel über die Verstärkung und Verbesserung der zentralen Planung. Zwar wird als notwendige Bedingung zur Lösung der Hauptaufgaben des Fünfjahrplanes „die umfassendere Einbeziehung der Werktätigen in die Leitung und Planung" genannt, aber an erster Stelle steht doch „die weitere Stärkung der Rolle der zentralen staatlichen Leitung und Planung und ihre Qualifizierung". Die Rolle und Autorität des Staatsplanes müsse durch die Ausarbeitung realer Pläne verstärkt, die Planung selbst müsse vervollkommnet werden. Andere Stellen der Direktive lassen erkennen, daß die SED-Führung sich eine Vervollkommnung der Planung und Lenkung vor allem von der elektronischen Datenverarbeitung erhofft. Ob das gleiche auch noch für die Einschaltung mathematischer Methoden, zum Beispiel für die Optimierung von Planungsmodellen, gilt, ist eine Frage, die ich nach der Diskussion auf dem Parteitag als offen bezeichnen möchte.

Möglicherweise zeigen sich auch in dieser Beziehung Veränderungen, die mit dem Machtwechsel an der Spitze der SED in einer gewissen Beziehung stehen. Es wird zwar in der Direktive, auch in ihrer endgültigen Fassung, den Wirtschaftsfunktionären zur Pflicht gemacht,

„tiefer einzudringen ... in die Anwendung ökonomisch-mathematischer Methoden und der modernen Informationsverarbeitungstechnik".

Hingegen taucht ein Lieblingsbegriff Ulbrichts, nämlich der Begriff „Kybernetik", der zeitweise in der DDR sehr häufig gebraucht wurde, in der Direktive kaum noch auf. Darüber werde ich an einer anderen Stelle noch etwas zu sagen haben.

In diesem Zusammenhang scheint mir folgender Satz der Direktive kennzeichnend:

„Das Bilanzsystem ist als Hauptinstrument der Planung wirksamer zu machen und zu vervollkommnen."

Bei diesen Bilanzen handelt es sich zwar nicht ausschließlich, aber doch zu einem beträchtlichen Teil um Mengenbilanzen, um Naturalbilanzen. Mit der starken Betonung der Bedeutung des Bilanzsystems für die Planung kommt man daher im Grunde genommen wieder zu den traditionellen Formen des sowjetischen Planungssystems zurück, allerdings insofern mit einer gewissen Variation, als im Gegensatz zu den früheren Bilanzmethoden nun die Bedeutung der „Verflechtungsbilanzierung" besonders betont wird, in der wir eine gewisse Parallele zu der Input-Output-Methode sehen können.

Für die Tendenz der Rückkehr zu den traditionellen Planungsmethoden spricht auch die Tatsache, daß der früher so häufig gebrauchte Begriff der „ökonomischen Hebel" in der Direktive überhaupt nicht mehr verwendet wird. Es wird zwar „eine bessere Gewährleistung der Einheit zwischen materieller und finanzieller Planung" gefordert. Die Betriebe sollen stärker „an einer Zunahme des Gewinns und an einer effektiveren Ausnutzung des Kredits auf Grund hoher materieller Leistungen und der Steigerung der Arbeitsproduktivität sowie an der Erfüllung des Staatsplanes" interessiert werden; jedoch spielen solche Bemerkungen eine ziemlich geringe Rolle im Vergleich zu dem, was über die Verstärkung der zentralen Planung und der zentralen Instanzen — Ministerrat, Staatliche Plankommission, Ministerien — gesagt wird.

Die verstärkte Tendenz zum Zentralismus scheint sich mir auch auf dem Gebiete der *Preise* zu zeigen. In den sozialistischen Ländern, die eine sozialistische Marktwirtschaft oder mindestens etwas dem Ähnliches zu verwirklichen versuchen, ist mindestens in einem gewissen Umfang eine marktmäßige Preisbildung in das reformierte Wirtschaftssystem eingeschaltet worden. Eine solche marktmäßige Preisbildung ist von den Politökonomen der SED immer scharf abgelehnt worden. Auch die Direktive läßt erkennen, daß keinerlei Tendenz in dieser Richtung besteht. Auf der Grundlage der angestrebten kontinuierlichen Senkung der Kosten der Erzeugnisse und Leistungen

„ist die Entwicklung der Industriepreise planmäßig zentral festzulegen. Die planmäßige Änderung von Industriepreisen hat durch Entscheidungen des Ministerrats zu erfolgen".

Offenbar wird also jetzt auch der preispolitische Spielraum der VVB, der durch das Neue Ökonomische System zeitweise vergrößert worden war, wieder eingeengt, und die Ebene der wesentlichen Entscheidungen, auch in der Preispolitik, wird wieder ganz nach oben, zum Ministerrat, verlagert. In die gleiche Richtung geht eine Bemerkung in der Rede von Stoph auf dem VIII. Parteitag:

„Auf Grund der großen Bedeutung, die die Kosten- und Preisentwicklung im gesellschaftlichen Reproduktionsprozeß hat, bleibt die Preisgestaltung fest in der Hand des Staates."

Es werden also keine Abstriche an der absoluten staatlichen Lenkung der Preisbildung gemacht. Ähnlich heißt es von den Löhnen, daß „die Beziehungen zwischen Leistung und Lohn ... durch die Verbesserung der leistungsabhängigen Lohnfondsplanung zu verstärken" sind. Der Lohnfonds, d. h. also die Gesamtsumme der Löhne und Gehälter, die ein Betrieb in einem bestimmten Zeitraum zahlen darf, wird generell zentral festgesetzt, und er wird den einzelnen Betrieben von ihrer vorgesetzten Instanz vorgeschrieben. Das war allerdings auch im Neuen Ökonomischen System der Fall.

Bei allen schönen Worten, die man in der Direktive über „die unmittelbare Teilnahme der Werktätigen an der Leitung und Planung" finden kann, bleibt doch das aus der stalinistischen Zeit der Sowjetunion übernommene Prinzip der Einzelleitung der Betriebe uneingeschränkt bestehen. Dazu heißt es in der Direktive: „Das Prinzip der Einzelleitung ist bei gleichzeitiger Anwendung kollektiver Beratungsformen zu festigen." Die Verwendung des Begriffs „*Beratungs*formen" macht deutlich, daß die SED-Führung auch weiterhin nicht an die Einführung einer Mit*bestimmung* der Belegschaften denkt. Allerdings wird gefordert, daß die Information der Belegschaften und die Rechenschaftslegung durch die Leiter der Betriebe verbessert werden müssen.

Die Tendenz einer verstärkten Zentralisierung, die sich mir durch den VIII. Parteitag und die Direktive über den neuen Fünfjahrplan deutlich zu bestätigen scheint, bedeutet allerdings sicher nicht die volle Rückkehr zu den früheren Methoden, deren Schwächen auch die SED-Führung deutlich genug sieht. Die Eigenverantwortung der Betriebe, Kombinate und der VVB für die Lösung der wissenschaftlich-technischen und ökonomischen Aufgaben soll weiter verstärkt werden, allerdings — das ist eine nicht unerhebliche Einschränkung — „auf der Grundlage des Staatsplans". Das bedeutet also, daß Initiative von unten gewünscht wird, aber Initiative nicht außerhalb des Plans, sondern Initiative mit dem Ziel besserer Planerfüllung; dabei muß die Frage hier offenbleiben — ich kann schon aus Raumgründen nicht näher darauf eingehen —, in welchem Umfange nun die untere Ebene, nämlich die Betriebe und dabei auch die betrieblichen Gewerkschaftsleitungen bei der Aufstellung des Plans mitwirken können und mit welchen Tendenzen sie dabei mitwirken. Aber daß hinsichtlich der Einschaltung solcher außerhalb des Staats- und Parteiapparats liegenden Initiativen noch keine optimalen Lösungen gefunden worden sind, zeigt ein Zitat aus der Parteitagsrede Honeckers. Er sagte, die staatliche Leitung müsse

„den breiten Strom gesellschaftlicher Aktivität in die richtigen Bahnen lenken. Auf ein solches Niveau muß die gesamte staatliche Arbeit gehoben werden; aber das gelingt noch nicht immer. Noch wird zu oft gesellschaftliche Initiative durch mangelnde Qualität der staatlichen und wirtschaftsleitenden Tätigkeit gehemmt".

Die beiden Hauptreden des Parteitags von Honecker und Stoph sowie die Parteitagsentschließung gehen in die gleiche Richtung. Zwar betonte Honecker die Notwendigkeit „noch wirksamerer Anwendung solcher ökonomischer Kategorien wie Gewinn, Lohn, Kosten, Industriepreis,

Die neue Phase des ökonomischen Systems des Sozialismus 65

Kredit und Zins" sowie „der breiteren Anwendung der *bewährten* (Hervorhebung von mir. Th.) Methoden der persönlichen materiellen Interessiertheit der Werktätigen an den Ergebnissen der Wirtschaftstätigkeit". Dann hieß es bei ihm aber weiter: „Bei der weiteren Gestaltung des ökonomischen Systems steht im Vordergrund die hohe Qualität der Pläne." Und an einer anderen Stelle: „Für die Vervollkommnung der Planung und Leitung gewinnt die Anwendung der elektronischen Datenverarbeitung zunehmend an Wichtigkeit." Diese Ausführungen Honeckers über Leitung und Planung lassen, wie mir scheint, deutlich erkennen, daß für sein Denken der zentrale Plan durchaus im Vordergrund steht.

Auch in der Rede Stophs findet sich nur ein verhältnismäßig kurzer Abschnitt über Leitung und Planung, in dem ebenfalls die Frage nach der Vervollkommnung der Planung beherrschend im Mittelpunkt steht. Wohl ist auch bei Stoph von der Eigenverantwortung der Betriebe und Betriebsleiter die Rede, aber auch bei ihm nur im Zusammenhang mit der zentralen Planung. Er sagte u. a.:

„Sozialistisch leiten heißt, entsprechend dem Prinzip des demokratischen Zentralismus die Planung, das Herzstück der Leitung, ständig zu vervollkommnen und immer besser zu beherrschen, die Eigenverantwortung zur Verwirklichung der gesamtstaatlichen Aufgaben zu stärken und eine hohe Staats- und Plandisziplin durchzusetzen."

Noch viel eindrucksvoller wird der Weg zurück zu den traditionellen Planungsmethoden durch die konkreten Regelungen, nämlich den vorher von mir erwähnten Beschluß über die Durchführung des ökonomischen Systems des Sozialismus vom 1. Dezember 1970 und die Anordnung zur weiteren Arbeit am Volkswirtschaftsplan 1971 vom 17. Dezember 1970. Ergänzend dazu sind in der Zeit zwischen dem Beschluß vom 1. Dezember 1970 und dem VIII. Parteitag eine Fülle gesetzlicher Regelungen erlassen worden, so z. B. der Beschluß des Ministerrates „über die Planung und Leitung des Prozesses der Reproduktion der Grundfonds" vom 15. Dezember 1970.

In dem grundlegend wichtigen Beschluß vom 1. Dezember 1970 ist gleich zu Anfang von der planmäßigen proportionalen Gestaltung der volkswirtschaftlich entscheidenden Staatsbilanzen als Mittel zur Sicherung der „Kontinuität und Stabilität des volkswirtschaftlichen Reproduktionsprozesses" die Rede; als solche Staatsbilanzen werden dabei genannt: Nationaleinkommensbilanz, Investitionsbilanz, Rohstoff-, Material- und Energiebilanz, Zahlungsbilanz, Bilanz der Kaufkraft und des Warenfonds sowie Arbeitskräftebilanz. Die Erhöhung der Effektivität der Volkswirtschaft der DDR „auf allen Ebenen und in allen Bereichen" ist das Ziel. Die erweiterte Reproduktion, das heißt also nach unserem Sprachgebrauch die Nettoinvestition, soll auf die

Zweige konzentriert werden, die den höchsten Beitrag zum Nationaleinkommen leisten. Aber diese Konzentration der Investitionen soll nicht erreicht werden durch am Markt orientierte Entscheidungen der Unternehmensleiter, sondern durch die zentrale Planung.

„Die Hauptaufgabe für die Durchführung des Ökonomischen Systems des Sozialismus im Jahre 1971 besteht darin, durch die weitere Qualifizierung der Leitungstätigkeit, der Planung und Bilanzierung solche Bedingungen zu schaffen, daß die im Zusammenhang mit der wissenschaftlich-technischen Revolution zunehmenden volkswirtschaftlichen Verflechtungen beherrscht werden. Vor allem ist die staatliche Planung und die Bilanzierung so auszubauen, daß die planmäßige proportionale Entwicklung der Volkswirtschaft gesichert wird, d. h. daß die im Volkswirtschaftsplan enthaltenen Objekte der Strukturpolitik durchgeführt werden und gleichzeitig die notwendigen Proportionen in der Entwicklung der Bereiche und Zweige, insbesondere der Zulieferindustrie, des Exports und für die Versorgung der Bevölkerung, planmäßig gewährleistet werden."

Folgerichtig wird dann anschließend festgestellt, „daß die Rolle und Autorität des Plans erhöht und seine Realisierung durch eine qualifizierte und von hoher Staatsdisziplin getragene Leitungstätigkeit auf allen Ebenen verwirklicht werden".

Wenn man sich bemüht, diese umfangreichen gesetzlichen Regelungen im einzelnen zu analysieren, was hier natürlich nicht geschehen kann, so kommt man nach meiner Überzeugung eindeutig zu folgendem Ergebnis: die ursprüngliche Vorstellung des Neuen Ökonomischen Systems, man könne das wirtschaftliche Geschehen durch ökonomische Hebel lenken, d. h. also nicht administrativ, sondern vorwiegend finanziell, und man könne es mit solchen Methoden lenken im Sinne der zentral festgelegten Ziele, diese Vorstellung ist heute von der SED-Führung weitgehend aufgegeben. Durch die jetzige Regelung sind die volkseigenen Betriebe der DDR wieder in ein engmaschiges Netz von zentralen Regelungen eingespannt, und es bleibt ihnen nur noch ein geringer Spielraum für eigene Entscheidungen. Die Regelung für 1971 sieht drei Kategorien solcher zentral vorgegebenen Regelungen vor:

1. *Staatliche Plankennziffern.* Das sind nicht weniger als 22. Dazu gehören: Industrielle Warenproduktion (wertmäßig), Produktionsauflage für „wichtige Erzeugnisse" in Menge bzw. Menge und Wert, Lieferauflagen für wichtige Erzeugnisse und Zuliefererzeugnisse. Es wird ferner nicht mehr nur, wie nach dem Beginn des Neuen Ökonomischen Systems, der Lohnfonds als staatliche Plankennziffer festgesetzt, sondern auch wieder die Anzahl der Arbeiter und Angestellten (in Personen).

2. *Staatliche Normative.* Das sind, wie es das offiziöse „Lexikon der Wirtschaft" definiert: „Plangrößen, die als verbindliche Entscheidungen der zentralen staatlichen Planung und Leitung Rahmen-

Die neue Phase des ökonomischen Systems des Sozialismus 67

bedingungen sowie Maßstäbe für die eigenverantwortliche Planung und Wirtschaftstätigkeit der volkseigenen Betriebe, Kombinate und VVB schaffen." Solcher staatlichen Normative gibt es zehn. Beispiele dafür sind die in Prozenten festgesetzten Normative der Produktions- und Handelsfondsabgabe sowie der Nettogewinnabführung.

3. *Volkswirtschaftliche Berechnungskennziffern.* Beispiele sind in Prozenten festgesetzte Kennziffern des Automatisierungs- und Mechanisierungsgrades sowie der Materialkostenintensität.

„Die Staats- und Wirtschaftsorgane sind verpflichtet, das Gesamtvolumen der ihnen mit den staatlichen Plankennziffern, staatlichen Normativen sowie volkswirtschaftlichen Berechnungskennziffern übertragenen Leistungsaufgaben und Fonds des Volkswirtschaftsplanes 1971 auf die ihnen nachgeordneten Betriebe, volkseigenen Kombinate und Einrichtungen differenziert aufzuschlüsseln und ihnen zu übergeben."

Durch die Anordnung vom 17. Dezember 1970 werden den Betrieben faktisch über 60 verschiedene Kennziffern verbindlich vorgeschrieben.

Die Betriebe, Kombinate und Einrichtungen haben auf der Grundlage des Volkswirtschaftsplanes ihren Betriebsplan auszuarbeiten und diesen sogar wieder, wie in früheren Zeiten, auf Monatsaufgaben aufzugliedern. Dann heißt es lapidar und sehr eindrucksvoll: „Der bestätigte Plan ist verbindlich". Der Ministerrat legt für 1971 eine besondere Liste der volkswirtschaftlich strukturbestimmenden Aufgaben fest, die vorrangig zu planen, zu bilanzieren und durchzuführen sind. Auf die Fülle der sonstigen Einzelregelungen kann ich nicht eingehen. Nur noch ein charakteristisches Beispiel: wieder, wie lange vor dem Neuen Ökonomischen System, wird bestimmt, daß „zur Finanzierung konzentriert durchzuführender Investitionen eine Reihe von Betrieben einen Teil ihrer Amortisationen abführt". Also auch die Abschreibungen können zu einem Teil nicht mehr im selben Betrieb verwendet werden, sondern sie werden durch die zentrale Planung zum Teil umgelagert.

Bemerkenswert ist auch, daß jetzt Produktionseinstellungen oder Produktionsverlagerungen nur zulässig sind, wenn dafür die Zustimmung des zuständigen Minister vorliegt.

„Bei genehmigten Produktionsverlagerungen ist zu sichern, daß die Produktion in dem abgebenden Betrieb erst dann eingestellt wird, wenn im übernehmenden Betrieb die Technologie beherrscht wird und die Produktion bereits längere Zeit stabil läuft."

Der Grund für diese Regelung ist, daß noch in naher Vergangenheit durch solche Produktionsverlagerungen zum Teil unangenehme Versorgungslücken entstanden waren.

So könnte man fast den Eindruck gewinnen, daß das Wirtschaftssystem der DDR wieder dort steht, wo es sich vor dem Beginn des

Neuen Ökonomischen Systems befand. Das freilich wäre — das möchte ich mit aller Deutlichkeit feststellen — ein Irrtum. Ein Teil der Reformmaßnahmen bleibt bestehen, auch ein wesentlicher Teil der ökonomischen Hebel; diese sind, um es noch einmal zu sagen, in bestimmten Funktionen durchaus wirksam, es ist jedoch nicht gelungen, sie, was das ursprüngliche Ziel des Neuen Ökonomischen Systems war, zu einem wirklich in sich geschlossenen System zusammenzufügen. Sie ermöglichen es daher auch nicht (oder doch nur teilweise), die traditionellen administrativen Lenkungsmethoden durch globale Steuerungsinstrumente zu ersetzen.

Was bleibt erhalten? Soviel ich sehe, vor allem folgendes: Erstens die Verdrängung des Maximierungsprinzips durch das Optimierungsprinzip. Die neuen Regelungen sprechen davon, daß die Investitionen vor allem, wie die jetzige offizielle Formel lautet, der „intensiven Reproduktion" zugute kommen sollen, das heißt, nicht der Expansion durch Erweiterungsinvestitionen, sondern der Verbesserung der Effizienz durch Rationalisierungsinvestitionen.

Zweitens: die verstärkten materiellen Anreize, besonders in Form des Prämiensystems, das im übrigen im Laufe der letzten Jahre ständigen organisatorischen Veränderungen unterlag.

Drittens: als Plankennziffer wird nicht mehr die ominöse Bruttoproduktion, sondern die „industrielle Warenproduktion" gebraucht; allerdings wird im Unterschied von der Sowjetunion in den Regelungen der DDR meist nicht von der „abgesetzten Warenproduktion" gesprochen, was immerhin ein nicht unwichtiger Unterschied ist.

Viertens: Das Prinzip der „Eigenerwirtschaftung der Mittel für die erweiterte Reproduktion", das heißt die Investitionsfinanzierung vor allem aus den Gewinnen der volkseigenen Unternehmungen. Dabei dürfen wir allerdings nicht vergessen, daß nur in sehr engen Grenzen eigenverantwortliche Investitionsentscheidungen durch die Unternehmungen bzw. die Unternehmensleiter möglich sind. Der weitaus größte Teil der Investitionsentscheidungen fällt nach wie vor auf der den Unternehmen übergeordneten Ebene.

Für den Plan 1971 werden staatliche Planauflagen für Investitionen erteilt, und zwar „zur Gewährleistung der proportionalen Entwicklung", besonders der Proportionen zwischen der Zulieferindustrie und den Endproduzenten; Disproportionen in dieser Beziehung waren in den letzten Jahren ein Störungsfaktor von beträchtlicher Bedeutung. Investitionen sollen vor allem der Intensivierung dienen, Erweiterungsinvestitionen sollen möglichst beschränkt werden. Aufträge für Investitionsprojekte dürfen nur auf der Grundlage von staatlichen Planauflagen für Investitionen erteilt werden.

Die neue Phase des ökonomischen Systems des Sozialismus 69

Fünftens: Es bleibt die Möglichkeit der Kreditfinanzierung über das Banksystem erhalten. Allerdings wird diese Kreditfinanzierung stärker als bisher an den vom Ministerrat beschlossenen staatlichen Kreditplan sowie an Plankennziffern und Berechnungskennziffern gebunden. Die Regelungen hinsichtlich der Kreditvergabe werden sowohl für die Bank als auch für die kreditnehmenden Betriebe strenger als in den letzten Jahren.

Sechstens: Erhalten bleiben die Produktionsfondsabgabe und die Handelsfondsabgabe. Während die Produktionsfondsabgabe nach ihrer Einführung zunächst branchenmäßig differenziert angewendet wurde, gilt jetzt für die volkseigenen Betriebe ein einheitlicher Satz von 6 % des Wertes der Produktionsfonds. Neu ist als Pendant zur Produktionsfondsabgabe eine „Produktionsfondssteuer" für private Betriebe.

Siebentens: Bildung eines einheitlichen Betriebsergebnisses durch Einbeziehung der Exporterlöse, freilich mit Variationen insofern, als die Exporterlöse für die Gewinn- und Verlustrechnung der Betriebe korrigiert werden durch Exportsubventionen in verschiedenen Formen und durch Richtungskoeffizienten, mit deren Hilfe multiple Wechselkurse für die innere Verrechnung der im Außenhandel erzielten Devisenergebnisse geschaffen werden können.

Achtens: Man bemüht sich nach wie vor um eine Verbesserung der Preisbildung. Nachdem die Preisrevisionen der Jahre 1964 bis 1967 zu einer Korrektur der besonders groben Preisverzerrungen geführt hatten, versucht man jetzt, auf dem Weg der sogenannten fondsbezogenen Preisbildung die Kapitalkosten in einem gewissen Umfange in die Preisbildung einzubeziehen; ferner soll durch das sogenannte Industriepreis-Regelsystem erreicht werden, daß Kostensenkungen mehr oder weniger automatisch Preissenkungen zur Folge haben. Das Industriepreis-Regelsystem soll offenbar eine Forderung erfüllen, die von Ulbricht nach dem Abschluß der Preisrevision gestellt worden war, nämlich die Forderung nach einer „dynamischen Preisbildung".

Man wird wohl nicht bestreiten können, daß mit diesen neuen Methoden das Preissystem effizienter geworden ist als in der Vergangenheit. Damit ist allerdings noch nicht gesagt, daß es wirklich effizient geworden wäre. Daß damit bereits ein genügendes Maß von Preisbeweglichkeit und erst recht von Knappheitsanzeige durch die Preise geschaffen worden ist, wird man sehr in Zweifel ziehen müssen.

Wie ich zu zeigen versuchte, bleibt also immerhin eine ganze Menge von Reformmaßnahmen, die aus den ursprünglichen Reformen entnommen sind. Nur scheint es mir, daß man hier nicht von einem neuen *System* sprechen kann. Es handelt sich um ein Bündel von Einzelmaßnahmen, die in ihrer Gesamtheit sicherlich nicht ohne Bedeutung sind, die aber keineswegs ein in sich geschlossenes System einer ökonomischen Lenkung darstellen. Kennzeichnend für den Charakter der jetzt geltenden Regelungen scheint mir die sehr klare Stellungnahme eines höheren Funktionärs der Staatlichen Plankommission, Hübner, zu sein, der am 27. Januar 1971 in der „Wirtschaft", der wichtigsten Wirtschaftszeitschrift der DDR, schrieb:

„Allein mit langfristigen Normativregelungen oder mit der ausschließlichen Orientierung auf den Nettogewinn ist es nicht möglich, das materielle Leistungsniveau, die sortimentsgerechte Produktion, die bedarfsgerechte Versorgung zu sichern sowie die Export- und Importprobleme zu lösen. Die Herstellung und Wahrung der materiellen Proportionen unserer Volkswirtschaft bedarf eines auf die Produktions- und Leistungsentwicklung gerichteten Kennziffernsystems, mit dem der staatlichen Leitung eine auf den einzelnen Stufen und Leitungssystemen differenzierte, in ihrem Wesen jedoch konkrete gebrauchswertmäßige Steuerung der volkswirtschaftlich entscheiden Roh- und Werkstoffe, Materialien, Ausrüstungen und Konsumgüter ermöglicht wird. Deshalb steht jetzt die Warenproduktion im Mittelpunkt des Kennziffernsystems der Industrie. Grundgedanke ist die direkte staatliche Planung der Leistungen, die die Volkswirtschaft von jedem Zweig, jedem Kombinat und jedem Betrieb verlangt[1]."

Wer die Entwicklung des Wirtschaftssystems der DDR in der Vergangenheit beobachtet hat, der wird, glaube ich, mit mir darin übereinstimmen, daß diese Worte — abgesehen von der Verwendung des Begriffs „Warenproduktion" statt der traditionellen „Bruttoproduktion" — in der „Wirtschaft" genausogut 1962, vor Beginn des Neuen Ökonomischen Systems, hätten stehen können.

Natürlich stellt sich gegenüber den dargestellten Entwicklungen die Frage: Welche Ursachen hat diese Tendenz der Rezentralisierung, die mir nach dem bisher Dargelegten eindeutig zu sein scheint? Ich sehe die folgenden Ursachen:

1. Am wichtigsten ist meiner Überzeugung nach die Sorge der Parteiführung vor der Bedrohung ihres Machtmonopols durch die Delegation wesentlicher Entscheidungsbefugnisse. In dieser Beziehung ist ohne Zweifel die Entwicklung in der Tschechoslowakei 1968 von sehr großer Bedeutung geworden. Es ist kein Zufall, daß etwa vom Ende des Jahres 1968 und dem Beginn des Jahres 1969 an die Tendenzen der Rezentralisierung in einer Reihe von Ostblockländern deutlicher als vorher hervortraten. Die Ablehnung der progressiven Reform war ja gerade in der DDR besonders heftig, genauso wie die Ablehnung der Konvergenztheorie.

2. Ähnlich begründet scheint mir auch das deutliche Zurücktreten der Kybernetik, nachdem diese zeitweise eine Art von „Hochkonjunk-

---

[1] „Die Wirtschaft", Jg. 1971, Nr. 4, S. 4.

tur" in der DDR gehabt hat. Eine Ursache für ihren verringerten Stellenwert scheint mir die erst allmählich gewachsene Einsicht der Parteiführung zu sein, daß ein kybernetisches Steuerungssystem der Wirtschaft notwendig eine gewisse Selbständigkeit der Subsysteme zur Folge haben muß; das kann zu Konsequenzen führen, die mit den Vorstellungen der Parteiführung nicht vereinbar sind. Ein kybernetisches Steuerungssystem bedingt aber auch viel mehr Anwendung mathematischer Modelle und Informationssysteme, und in der DDR sind weder das Informationssystem, noch die geeigneten EDV-Anlagen, noch die ausgebildeten Spezialisten, noch die theoretischen Grundlagen für die Anwendung solcher Methoden in genügendem Umfange vorhanden.

3. Die bisherigen Methoden des „Ökonomischen Systems des Sozialismus" haben die Entstehung beträchtlicher Disproportionen nicht verhindern können. Durch die zeitweise besonders stark betonte Methode der vorrangigen Entwicklung strukturbestimmender Zweige und Erzeugnisse sind solche Disproportionen sogar noch schwerwiegender geworden. Ich will nur kurz die wichtigsten nennen (keineswegs als vollständige Aufzählung):

— die Disproportion zwischen Energiebasis und Energieverbrauch, die ja in den letzten Wintern regelmäßig zu erheblichen Spannungen im Energiesektor geführt hat;

— die Disparitäten zwischen Endfertigung und Zulieferindustrie, über die in einer großen Zahl der Reden und Veröffentlichungen der letzten Jahre immer wieder sehr nachdrücklich geklagt worden ist;

— die ungenügende Produktion von Ersatz- und Verschleißteilen;

— ungenügende Materialbasis bei einigen wichtigen Materialien;

— ungenügende Kapazität der Bauwirtschaft im Verhältnis zu den angestrebten Investitionszielen.

Der deutlichste Ausdruck der ökonomischen Schwierigkeiten ist wohl die Tatsache, daß im Volkswirtschaftsplan 1971 die Investitionen erstmalig absolut niedriger geplant sind, als sie im Vorjahr im Endergebnis waren, wie überhaupt dieser Plan 1971 hinsichtlich der Planziele mit großer Vorsicht aufgestellt worden ist.

4. Das Neue ökonomische System sollte zu größerer Effizienz und damit auch zu Kostensenkungen führen. Tatsächlich sind aber, wie ich oben aus der Rede von Mittag vom Juni 1970 zitiert hatte, die Investitionskosten nicht gesenkt worden, sondern um den beträchtlichen Betrag von 20 bis 30 % gestiegen. Eine verschleierte Preissteigerung ist zum Teil auch bei Konsumgütern festzustellen,

insbesondere in der Form, daß Betriebe leicht veränderte Produkte als neue Produkte auf den Markt bringen und dann auf Grund der weicheren Preisregelung für solche neuen Produkte höhere Preise dafür verlangen. Das schlägt sich natürlich in dem offiziellen Index überhaupt nicht nieder.

5. Im Rahmen des Ökonomischen Sysems des Sozialismus sollte der Perspektivplan zum Hauptsteuerungsinstrument der Wirtschaft werden. Dieses Ziel ist bis heute nicht entfernt erreicht worden. Ich habe schon oben darauf hingewiesen, daß der neue Plan günstigstenfalls ein Jahr nach Beginn der neuen Planperiode als Gesetz verkündet werden kann.

6. Im Rahmen des Ökonomischen Systems des Sozialismus sollte die „wissenschaftlich fundierte" Prognostik eine beträchtliche Rolle spielen. Die bisherigen Erfahrungen zeigen offenbar, daß die Schwierigkeiten einer solchen Prognostik erheblich unterschätzt worden sind.

7. Wie ich schon mehrfach erwähnte, ist es nicht gelungen, die im einzelnen durchaus wirksamen ökonomischen Hebel zu einem in sich geschlossenen System zu entwickeln. Infolgedessen blieben sowohl die makroökonomischen als auch die mikroökonomischen Lenkungswirkungen der ökonomischen Hebel hinter den Erwartungen der Schöpfer des ökonomischen Systems zurück.

8. Die Erweiterung der Entscheidungskompetenzen der VVB und zum Teil auch der volkseigenen Betriebe führte zu Strukturwirkungen, die den Vorstellungen der Zentrale nicht entsprachen. So wurde z. B. auf einer wissenschaftlichen Konferenz über die Entwicklung des sozialistischen Planungssystems in der DDR im Oktober 1970 folgendes ausgeführt[2]:

„Die Praxis zeigte, daß die für die Volkswirtschaft effektivsten Aufgaben und Objekte nicht immer gleichzeitig auch für die Betriebe und Kombinate am effektivsten sind. Der Nettogewinn stimuliert die Betriebe und Kombinate teilweise auf andere Erzeugnisse, als es den volkswirtschaftlichen Erfordernissen entspricht."

9. Die Rolle der VVB als sozialistischer Konzern einerseits, als Organ der Wirtschaftsverwaltung andererseits, ist bis heute nicht völlig geklärt, ebensowenig die Abgrenzung der Kompetenzen zwischen VVB und VEB. Infolgedessen hat auch der Entwurf für ein VVB-Statut, der im März 1967 veröffentlicht wurde, bis heute keinen Niederschlag in einer gesetzlichen Regelung gefunden. Auch sonst scheinen der SED-Führung gewisse Autonomietendenzen, die sich

---

[2] „Wirtschaftswissenschaft", Jg. 1971, H. 1, S. 11.

Die neue Phase des ökonomischen Systems des Sozialismus 73

im Rahmen des Neuen Ökonomischen Systems bei den Vereinigungen Volkseigener Betriebe entwickelt hatten, zu weit zu gehen. So wurde bereits Anfang 1966 im Zusammenhang mit anderen organisatorischen Veränderungen das Verhältnis der Generaldirektoren der VVB zu dem für sie zuständigen Minister im Sinne der Unterstellung deutlicher präzisiert.

Im Zusammenhang damit scheint mir die seit einiger Zeit sehr stark in den Vordergrund gestellte Kombinatsbildung wichtig zu sein; ihre Bedeutung wurde sowohl in der „Direktive" zum neuen Fünfjahrplan als auch in den Parteitagsreden von Stoph und Honecker stark betont. Denn die Kombinate, in denen die zusammengeschlossenen Betriebe ja ihre rechtliche Selbständigkeit ganz, ihre wirtschaftliche Selbständigkeit mindestens zu einem großen Teil verlieren, sind großenteils unmittelbar den Industrieministerien unterstellt und nicht wie die übrigen VEB über die dazwischen geschaltete Ebene der Vereinigungen Volkseigener Betriebe.

Betrachten wir abschließend noch die Stellung der DDR im Ostblock insgesamt hinsichtlich der Entwicklung ihres Wirtschaftssystems, so werden wir sagen können, daß die Tendenz, die ich in den vorstehenden Ausführungen aufzuzeigen versuchte, durchaus der Entwicklung im größten Teile des Ostblocks, insbesondere in der Sowjetunion selbst, entspricht. Einer der besten englischen Kenner der sowjetischen Wirtschaft, Alec Nove, hat vor einiger Zeit in einem inzwischen gedruckten Vortrag über die sowjetische Wirtschaftsreform von 1965 die extreme Formulierung gebraucht: „The reform that never was" — die Reform, die niemals stattfand[3]. Das ist vielleicht ein wenig sehr zugespitzt gesagt; aber in der Tat, was da an wirklich greifbarer Reform in der sowjetischen Wirtschaft festzustellen ist, ist ziemlich bescheiden, bescheidener noch als das, was wir in der DDR finden. Lediglich in Ungarn und Jugoslawien gibt es Tendenzen, die in die Richtung einer sozialistischen Marktwirtschaft gehen. In der Tschechoslowakei sind ähnliche Tendenzen durch die militärische Intervention vom August 1968 völlig zum Stillstand gekommen und zum größten Teil wieder zurückgedrängt worden. In Rumänien machen sich erste Anzeichen einer Dezentralisierung bemerkbar; sie halten sich jedoch bisher noch in sehr engen Grenzen. In Bulgarien ist seit Ende 1970 in ähnlicher Weise wie in der DDR eine deutliche Rezentralisation feststellbar. Unklar liegen die Dinge gegenwärtig noch in Polen, wo man nicht genau weiß, wohin der Weg führen wird, da die ursprünglich beschlossenen Reformen infolge der Arbeiterunruhen Ende 1970 zunächst zurückgestellt werden mußten.

---

[3] Osteuropa-Wirtschaftsreformen, hrsg. von Hermann Gross, Bonn—Bruxelles—New York 1970, S. 39.

In den wirtschaftspolitischen Entwicklungen der letzten Zeit in der DDR lassen sich neben den analysierten Veränderungen im Wirtschaftssystem noch einige andere Tendenzen feststellen, auf die ich hier nur ganz kurz eingehen kann. Neben einer stärkeren Berücksichtigung der Konsumbedürfnisse der Bevölkerung in der Planung und der bei dem bereits erreichten hohen Grad der Verstaatlichung bzw. Kollektivierung nicht mehr sehr bedeutsamen Tendenz zur weiteren Verstärkung des Kollektiveigentums, hauptsächlich im Handwerk, ist besonders wichtig die Tendenz zu engster Zusammenarbeit mit der Sowjetunion und den übrigen Ländern des wirtschaftlichen Ostblocks, die absolute Bejahung der wirtschaftlichen Integration im Ostblock durch die jetzige SED-Führung. Die Bereitschaft dazu wurde auf dem VIII. Parteitag der SED von fast allen Rednern immer und immer wieder unterstrichen. Mehrfach wurde auch der Ausdruck „sozialistische Integration" gebraucht. Als konkrete ökonomische Ziele der Zusammenarbeit mit der Sowjetunion wurden dabei genannt:

Beratung von Grundfragen der inneren Entwicklung,

Zusammenarbeit auf ideologischem Gebiet,

Abstimmung der Perspektivpläne,

Vertiefung der Kooperation und der Spezialisierung der Produktion,

Gemeinsame Lösung großer Produktions- und Forschungsaufgaben.

Es verdient jedoch vermerkt zu werden, daß auf dem Parteitag *nicht* die beiden im Jahre 1962 von Chruschtschow und dem Zentralkomitee der KPdSU für die Weiterentwicklung des RGW (Rat für gegenseitige Wirtschaftshilfe) gestellten, aber bis heute nicht erfüllten Forderungen genannt wurden, nämlich Schaffung eines einheitlichen Planungsorgans für den gesamten RGW-Raum und Übertragung von Entscheidungsrechten an RGW-Organe (Möglichkeit von Mehrheitsentscheidungen). Diese Forderungen, die vor allem auf den entschiedenen Widerstand Rumäniens stießen, sind also offenbar von der Sowjetunion nach wie vor auf Eis gelegt und werden gegenwärtig in den Begriff der „sozialistischen Integration" nicht (richtiger wohl: noch nicht) einbezogen[4].

---

[4] Auch das umfangreiche „Komplexprogramm für die weitere Vertiefung und Vervollkommnung der Zusammenarbeit und Entwicklung der sozialistischen ökonomischen Integration der Mitgliedländer des RGW", das im Juli 1971 von der XXV. Tagung des RGW angenommen wurde, enthält zwar sehr viel detailliertere Maßnahmen zur Förderung der Integration innerhalb des RGW, betont aber, daß dies „auch in Zukunft entsprechend den Prinzipien des sozialistischen Internationalismus auf der Grundlage der Achtung der staatlichen Souveränität, der Unabhängigkeit und der nationalen Interessen, der Nichteinmischung in die inneren Angelegenheiten der Länder, der völligen Gleichberechtigung, des gegenseitigen Vorteils und der kameradschaftlichen gegenseitigen Hilfe erfolgen" soll (Beilage 10/71 zu „Die Wirtschaft" vom 11. Aug. 1971, S. 4).

Jedenfalls hat der SED-Parteitag erneut bestätigt, daß die DDR sich nachdrücklich hinter die sowjetischen Pläne der verstärkten Ostblockintegration stellt, wie sie sich ebenso eindeutig auch hinter die Intervention in der Tschechoslowakei gestellt hat. Dies ist das sichtbare Gegenstück zur Abgrenzung gegenüber der „monopolkapitalistischen" und „imperialistischen" Bundesrepublik, die auf dem Parteitag nicht weniger deutlich herausgestellt wurde. Die nachdrückliche Betonung engster Verbundenheit mit der Sowjetunion macht es in hohem Maße wahrscheinlich, daß auch in Zukunft Veränderungen am Wirtschaftssystem der DDR keinen grundsätzlich anderen Charakter haben werden als die entsprechenden Entwicklungen in der Sowjetunion.

Fassen wir zusammen: das Wirtschaftssystem der DDR hat sich in seinem heutigen Stand beträchtlich von dem entfernt, was ursprünglich als Neues Ökonomisches System verwirklicht werden sollte. Es hat sich auch von dem entfernt, was als Ökonomisches System des Sozialismus verkündet wurde. Das bedeutet zwar keine einfache Rückkehr zum alten System; es bedeutet aber doch, daß naturale Kennziffern und administrative Lenkungsmethoden wieder ein wesentlich größeres Gewicht gewinnen als in den ersten Jahren des Neuen Ökonomischen Systems. Mit Recht wird die Frage gestellt, ob denn mit einem solchen System die Probleme der Entwicklung einer modernen Industriewirtschaft und Industriegesellschaft überhaupt zu lösen sind. Wir werden abwarten müssen, wie in den nächsten Jahren die DDR-Wirtschaft sich unter dem Einfluß der jetzt erkennbaren Tendenzen entwickeln wird, und ich bin überzeugt, daß nicht zum letzten Mal eine Analyse neuer Veränderungen des Wirtschaftssystems in der DDR sich als nötig erweist.

Umkehr zur administrativen Befehlswirtschaft als Folge nicht behobener Steuerungsdefekte der Wirtschaftsreformkonzeption

Von Dr. Hannsjörg Buck, Bonn

Am 8. September 1970, rund sieben Jahre nach Anlaufen der Wirtschaftsreformen 1963, beschloß das Politbüro der Sozialistischen Einheitspartei Deutschlands (SED) den mit dem „Neuen ökonomischen System" eingeleiteten Reformkurs in der Wirtschaftslenkung zu ändern.

Bis zu diesem Zeitpunkt konnte noch mit guten Gründen der Standpunkt vertreten werden, die Mehrheit der verantwortlichen Wirtschaftsführer der DDR unterstützten ein Konzept der Wirtschaftslenkung, dessen *Grundlegung* (1963—1967) man als „Neues ökonomisches System" (NÖS) bezeichnet hatte und dessen Komplettierung (1967—1970) den Namen „Ökonomisches System des Sozialismus" (ÖSS) trägt.

Nach den Ende 1970 veröffentlichten Richtlinien zur Wirtschaftssteuerung[1] in den 70er Jahren hat jedoch das nach wie vor „Ökonomisches System des Sozialismus" bezeichnete Lenkungskonzept der DDR nur noch sehr entfernt eine Ähnlichkeit mit dem Reformprogramm, welches die Wirtschaftsführung im Jahre 1967/68 als das *„eigentliche* ökonomische System des Sozialismus" charakterisierte und was sie zum *„Kernstück* einer sozialistischen Gesellschaftsordnung" erhob.

Mit dem Politbürobeschluß vom 8. September 1970 und den daran anschließenden Ausführungsbestimmungen[2] kehrte die DDR in der Wirtschaftspolitik zu einer engmaschigen administrativen Befehlswirtschaft zurück.

War dieser Kurswechsel für diesen Zeitpunkt vorhersehbar oder nicht?

---

[1] Vgl. den „Beschluß über die Durchführung des ökonomischen Systems des Sozialismus im Jahre 1971" vom 1. Dezember 1970, GBl. der DDR, Teil II, Nr. 100, siehe Anhang, S. 125 ff.
[2] Vgl. u. a. die „Anordnung zur weiteren Arbeit am Volkswirtschaftsplan 1971" vom 17. Dezember 1970, GBl. der DDR, Teil II, Nr. 101, S. 747 ff., und den „Beschluß über die Planung und Leitung des Prozesses der Reproduktion der Grundfonds" vom 16. Dezember 1970, GBl. der DDR, Teil II, Nr. 1/1971, S. 1 ff.

Zeigen bereits die zu Beginn der ÖSS-Etappe 1968 verstärkt fortgesetzten Umorganisationen der Lenkungstechnik, daß die Wirtschaftsführung der DDR schon von diesem Zeitpunkt an gewillt war, die *beiden zentralen Bestandteile* des wirtschaftspolitischen Reformkonzepts der Jahre 1963 bis 1967 sukzessive wieder aufzugeben[3]?

1. Die *Übertragung der wirtschaftlichen Entscheidungen* zur Organisation *güterwirtschaftlicher Prozesse* von Wirtschaftsbehörden auf die Leitungen der industriellen Produktionseinheiten (VVB, Kombinate, VEB[4]), die nach dieser *Dezentralisierung* im Rahmen eines modifizierten und gekürzten Planes in eigener Verantwortung unter anderem folgende Prozesse zu gestalten hatten: Produktionsprogrammfestlegung, Entwicklung neuer Erzeugnisse, Materialbeschaffung, Absatz, Materialbilanzierung und vertragliche Absicherung der Liefer- und Empfangsverflechtungen.

2. Die Lenkung der staatlichen Produktionseinheiten *primär* durch *finanzwirtschaftliche Steuerungsinstrumente* (revidierte Planpreise, Kredit, Zins, Abgaben, Produktionsfondsabgabe, staatliche Devisenbewirtschaftung usw.) und durch *finanzielle Anreize* (Gewinnbeteiligung der Belegschaften, Prämien, Leistungslöhne, Subventionen usf.).

Eine gradlinige Entwicklung zurück zu traditionellen Formen der Befehlswirtschaft sowjetischen Typs läßt sich bis 1970 nicht diagnostizieren. Allerdings ergibt sich dieses Per-Saldo-Ergebnis nur dann, wenn man alle Bereiche der Wirtschaftssteuerung des Staates in der DDR in die Analyse der Entwicklung der Lenkungstechnik während der Jahre 1967 bis 1970 einbezieht.

Dabei ist zuzugeben, daß einige der in diesen Jahren durchgeführten wirtschaftspolitischen Umorganisationen untereinander widersprüchlich und daher im Sinne einer allmählich zunehmenden *allgemeinen Rezentralisierung* interpretationsfähig sind.

---

[3] Die Frage bezieht sich vor allem auf die seit dem Beschluß des Staatsrates der DDR vom 22. April 1968 erneut intensivierten Bemühungen zur *umfassenden Verbesserung der Funktionstüchtigkeit* des angewendeten wirtschaftlichen Steuerungssystems bei gleichzeitiger zentraler Festlegung der *Grundrichtungen* der wirtschaftlichen Entwicklung und des technischen Fortschritts (Strukturpolitik). Vgl. hierzu insbesondere
den „Beschluß des Staatsrates der DDR über weitere Maßnahmen zur Gestaltung des ökonomischen Systems des Sozialismus" vom 22. April 1968, GBl. Teil I, Nr. 9, S. 223 ff.,
den „Beschluß über die Grundsatzregelung für komplexe Maßnahmen zur weiteren Gestaltung des ökonomischen Systems des Sozialismus in der Planung und Wirtschaftsführung für die Jahre 1969 und 1970" vom 26. Juni 1968, GBl. der DDR, Teil II, Nr. 66, S. 433 ff., und
die Kommentare „Zum Beschluß des Staatsrates der DDR über weitere Maßnahmen zur Gestaltung des ökonomischen Systems des Sozialismus" in den Beilagen zur Zeitschrift „Die Wirtschaft", Nr. 18, 19 und 21/1968.
[4] VVB = Vereinigung Volkseigener Betriebe; VEB = Volkseigener Betrieb.

Zum Beleg der These, daß auch nach 1967 bis Mitte 1970 die Komplettierung eines reformierten Wirtschaftslenkungsmodells nach der Art des NÖS fortgesetzt wurde, sollen folgende *drei Beispiele* dienen:

1. *Dezentralisierung güterwirtschaftlicher Entscheidungen bei gleichzeitiger Intensivierung strukturpolitischer Lenkung.*

Mit Wirkung vom Planjahr 1967 an wurde die Beauflagung der industriellen Produktionseinheiten mit Produktionszielen in Wert- und Mengeneinheiten abgeschafft. Fortan sollte die Lenkung der staatlichen Konzerne, Kombinate und Betriebe fast ausnahmslos durch *finanzwirtschaftliche Leistungsanforderungen* (= Plankennziffern über den erwarteten Gewinn, die Gewinnabführung an den Staatshaushalt, die Kapitalrentabilität, die zulässige Kreditinanspruchnahme usw.) und durch *finanzielle Investions- und Einkommensanreize* erfolgen[5]. Produktionsauflagen sollten den Betrieben nur noch bei den rund 200 für Investitionen und die Bevölkerungsversorgung besonders wichtigen Gütern (= Staatsplanpositionen) erteilt werden.

Diese Maßnahmen erfolgten völlig in Übereinstimmung mit dem seit 1963 anvisierten Ziel, die erforderlichen Voraussetzungen für eine erfolgversprechende Orientierung der Betriebe auf das neue Zentralziel der „Gewinnmaximierung" zu schaffen. Auf diese Weise sollten effizienzmindernde Zielkonflikte bei den Produzenten zwischen einer Erfüllung verbindlicher Produktionspläne einerseits und der Gewinnmaximierung andererseits verhindert sowie der Kampf um die Aushandlung „weicher (leicht erfüllbarer) Pläne" zwischen Planbehörden und Betrieben beendet werden.

In Abstimmung mit der Dezentralisierung der Entscheidungen über die Produktion übertrug die Wirtschaftsführung ferner die Verantwortung für Beschaffung und Absatz — und damit die Planung der Liefer- und Empfangsstruktur (Bilanzierung) — sukzessive von Planbehörden und staatlichen Verteilungsstellen (Staatliche Kontore) auf die Produzenten (VVB, VEB) selbst.

Während z. B. die *zentralen Planbehörden*[6] noch im Jahre 1962 bei der Aufstellung und Koordinierung des Volkswirtschaftsplanes für 1963

---

[5] Vgl. zum Beleg dieser Ausführungen die Analyse der Reformen der zentralen Betriebslenkung bei *H. Buck*: Technik der Wirtschaftslenkung in kommunistischen Staaten, 2 Bände, Verlag Neue Presse, Coburg 1969, Bd. I, S. 303 ff.
[6] Zu den „zentralen Planbehörden" gehörten 1962 die Staatliche Plankommission, der Volkswirtschaftsrat und sonstige zentrale Staatsorgane (z. B. der Landwirtschaftsrat, das Ministerium für Bauwesen, das Staatliche Komitee für Erfassung und Aufkauf). Nach der Auflösung des Volkswirtschaftsrates 1966 sind an seine Stelle als zentrale Wirtschaftsbehörden die 8 Industriebranchenministerien getreten.

sowie bei der Vorbereitung der staatlich dirigierten Materialverteilung in diesem Planjahr für die Aufstellung von *1 208* Güterbilanzen zuständig waren, bilanzierten sie für die Ausarbeitung des Volkswirtschaftsplanes 1967 nur noch Aufkommen und Verwendung von lediglich *305* Gütern[7]. Aus dem gleichen Dezentralisierungsbestreben verminderte die Wirtschaftsführung auch die von den „Staatlichen Kontoren" (Handels- und Verteilungsstellen) geführten Güterbilanzen von *3 175* (Plan 1963) auf *204* (Plan 1967). Dagegen erhöhte sich im gleichen Zeitraum die Zahl der von den Konzernen (VVB) und Betrieben in eigener Regie verwalteten Güterbilanzen von *540* im Jahre 1962 auf *5 528* im Jahre 1966 bei der Ausarbeitung des Volkswirtschaftsplanes für 1967[8].

Die Koordinierung von Produktion und Bedarf wurde somit 1967/68 im Interesse der wirtschaftlichen Zweckmäßigkeit den Produktionseinheiten (als Bedarfsträger und Lieferanten in einer Person) selbst übertragen. Zum Verständnis der Ursachen für die an späterer Stelle offengelegte planwidrige und disproportionelle Wirtschaftsentwicklung ist hier unbedingt zu beachten, daß durch diese *Dezentralisierung* Planung und Verteilung des Güteraufkommens auch bei der Masse der volkswirtschaftlich besonders wichtigen Produktions- und Konsumtionsmittel[9] von staatlichen Wirtschaftsbehörden — als Erfüllungsgehilfen der staatlichen Interessenverwirklichung — auf industrielle Produktionseinheiten mit durchaus *eigenen* Interessen (Individual- und Gruppeninteressen) verlagert wurde.

Im Widerspruch jedoch zu dieser weitgehenden Dezentralisierung der Entscheidungen über Produktion, Beschaffung und Absatz und auch im Unterschied zum Konzept der finanzwirtschaftlichen Betriebslenkung versuchte die DDR-Wirtschaftsführung ab 1968 durch Erlaß struktur-

---

[7] Güterbilanzen sind Instrumente der Plankoordinierung, die der Abstimmung von Aufkommen (Produktion) und Verwendung (Bedarf) dienen sollen.

[8] Zum Beleg der Zahlenangaben vgl. *H. Buck:* Technik der Wirtschaftslenkung in kommunistischen Staaten, Bd. I, S. 496, dazu ergänzend *H. Fülle:* Die Verbesserung der zentralen Planung durch die Weiterentwicklung der Bilanzierung", in „Einheit" Nr. 6/1963, S. 72—83. Die in dem Aufsatz von *Fülle* veröffentlichten Zahlen über die von den einzelnen Leitungsinstanzen aufgestellten Güterbilanzen sind nur in der Größenordnung, nicht jedoch in absoluten Zahlen mit unseren Zahlenermittlungen vergleichbar, da bei der Erfassung der Zahl der Bilanzen jeweils unterschiedliche Abgrenzungen vorgenommen wurden.

Siehe ferner *R. Keilacker:* „Voraussetzungen, Bedingungen und Kriterien der Delegierung von Bilanzierungsfunktionen auf Betriebe", in „Wirtschaftswissenschaft", Nr. 10/1966, S. 1628 ff.

[9] Es handelt sich hier um die „bilanzierungspflichtigen Güter" gemäß der Auswahl der staatlichen „Bilanzordnung".

politischer Grundsatzregelungen[10] durchzusetzen, daß sich die Produzenten vorrangig auf die Herstellung zentral auserwählter „*strukturbestimmender Erzeugnisse*" und die Einführung der „fortgeschrittensten Technologien im Weltmaßstab" konzentrierten. Durch Schwerpunktbildung im volkswirtschaftlichen Erzeugungsprogramm und die Konzentration der ökonomischen Ressourcen auf zentral bestimmte Wachstumsindustrien wollte die DDR überdurchschnittliche Zunahmeraten des Sozialprodukts erzwingen. *Instrumente der strukturpolitischen Lenkung* zur Gleichschaltung der divergierenden Interessen der Produktionseinheiten mit den staatlichen Entwicklungszielen waren unter anderem die Bekanntgabe verbindlicher Prioritäten im Erzeugungsprogramm sowie bei der Expansion der Industriezweige (Wunschentwicklung), Anordnungen zur bevorzugten Bilanzierung und Belieferung von privilegierten Produktionen[11], in Einzelfällen operative Weisungen der staatlichen Wirtschaftsbehörden und der Einsatz finanzieller Anreize. Die durch diese Methoden versuchte Koordinierung der staatlichen mit den Individual- und Gruppeninteressen sollte außerdem durch Gründung verschiedenster Formen *überbetrieblicher Zusammenschlüsse*, wie zum Beispiel Kombinate, „Erzeugnisgruppen"[12], Kooperationsverbände und -gemeinschaften unterstützt und abgesichert werden.

---

[10] Vgl. den „Beschluß des Staatsrates der DDR über weitere Maßnahmen zur Gestaltung des ökonomischen Systems des Sozialismus" vom 22. April 1968, GBl. der DDR, Teil I, Nr. 9, S. 223 ff., und den „Beschluß über die Grundsatzregelung für komplexe Maßnahmen zur weiteren Gestaltung des ökonomischen Systems des Sozialismus in der Planung und Wirtschaftsführung für die Jahre 1969 und 1970" vom 26. Juni 1968, GBl. der DDR, Teil II, Nr. 66, S. 433 ff.

[11] Vgl. die „Verordnung über die Aufgaben, Pflichten und Rechte der Betriebe, der Staats- und Wirtschaftsorgane bei der Bilanzierung materialwirtschaftlicher Prozesse" vom 26. Juni 1968, GBl. der DDR, Teil II, Nr. 67, S. 481 ff.
Durch den Erlaß *formaler staatlicher Anordnungen* über die Aufgabenverteilung und Kompetenzabgrenzung bei der Güterbilanzierung und Materialversorgung lassen sich die Interessenkonflikte unter den VEB, Erzeugnisgruppenleitbetrieben, Kombinaten, VVB, Industrieministerien und anderen Staatsorganen um die Verteilung und Verwendung der knappen Ressourcen nicht beseitigen. Dieser Sachverhalt läßt sich auch am Beispiel des oben aufgeführten „Bilanzierungsgesetzes" nachweisen. Gemessen an den Problemen der Wirtschaftspraxis vermag auch dieses Gesetz durch Festlegung der *Bilanzverantwortung* der Produktionseinheiten und Wirtschaftsorgane, die inhaltliche Bestimmung der *Weisungsrechte der Bilanzorgane* gegenüber den Erzeugern und Bedarfsträgern und die *Regelung der Ausgleichsansprüche* der Betriebe für erlittene ökonomische Nachteile auf Grund von *Bilanzentscheidungen* übergeordneter Bilanzorgane nur sehr ungenügend dazu beizutragen, das Ziel der Planerfüllung bei gleichzeitig hoher wirtschaftlicher Effizienz zu erreichen.

[12] „Erzeugnisgruppen" sind lockere Zusammenschlüsse von Betrieben unterschiedlicher Eigentumsformen, die ein ähnliches Erzeugungsprogramm oder verwandte Technologien besitzen.

Diese Art der Wirtschaftslenkung, welche einerseits den wirtschaftlichen Aufschwung durch größere ökonomische Selbständigkeit der Betriebe erreichen wollte, andererseits aber eine schwerpunktmäßige Produktions-, Investitions- und Außenhandelspolitik nach staatlichen Prioritäten durchzusetzen sich bemühte, trug infolge der ungelösten Zielkonflikte den Keim verschärfter Auseinandersetzungen zwischen zentralen und dezentralen Entscheidungsträgern von vornherein in sich. Dieser Konflikt zwischen den freigesetzten autonomen Produktionsinitiativen auf der einen und den staatlichen Bemühungen zur Konzentration der knappen Ressourcen auf der anderen Seite begünstigte auch während der Jahre 1969/70 das Entstehen einer zunehmend unausgewogeneren Wachstumsstruktur. Somit muß das Unterfangen der Wirtschaftsführung der DDR, im Interesse der Mobilisierung von Leistungsreserven und der Aktivierung des betrieblichen Gewinnstrebens die zentrale güterwirtschaftliche Reglementierung weitgehend aufzugeben, um dann mit weit weniger durchschlagenden Mitteln eine forcierte Strukturpolitik durchzusetzen, als ökonomisch widersinnig beurteilt werden.

2. *Rentabilitätsorientierte Kreditpolitik bei hohem staatlichen Güterbedarf.*

Im gleichen Jahre 1968, als die Wirtschaftsführung der DDR gewaltige Anstrengungen unternahm, die in ihren Produktionsentscheidungen selbständiger gewordenen Produktionseinheiten trotzdem auf ausgewählte Produktions- und Investitionsschwerpunkte zu orientieren, wurde die Kreditpolitik der staatlichen Banken in einer Weise liberalisiert, die in der Wirtschaftsgeschichte der DDR seit 1948 ohne Beispiel ist.

Die *Kredit-Verordnung* vom 19. Juni 1968 bestimmte als *Grundsatz*, „die Banken (haben) im Rahmen einer aktiven Kreditpolitik Kredite grundsätzlich nur nach dem Nutzeffekt der Investitionen und der Effektivität der Umlaufmittel zu gewähren und vom Einsatz eigener Mittel abhängig zu machen"[13]. Durch diese Direktive wurde der bis dahin gültige Grundsatz zentralgelenkter Kreditpolitik durchbrochen, daß die Betriebe bei Liquiditätsengpässen auf Grund des Vorrangs der Planaufgaben einen *automatischen Anspruch auf Kreditzuteilung* hätten.

Ganz im Sinne dieser neuartigen, primär an Effektivitäts- und Rentabilitätskriterien orientierten Kreditpolitik erklärte noch Mitte 1970

---

[13] Vgl. § 3, Abs. 1, der „Verordnung über Grundsätze für die Gewährung von Krediten an volkseigene, konsumgenossenschaftliche und Außenhandelsbetriebe — Kreditverordnung sozialistische Betriebe" vom 19. Juni 1968, GBl. der DDR, Teil II, Nr. 82, S. 653.

im Pressedienst des Ministerrates der DDR die Präsidentin der Staatsbank, *Grete Wittkowski:*

„Hin und wieder trifft man auch noch die Auffassung an, aus den Planaufgaben, die dem Betrieb übertragen sind, leite sich automatisch ein Anspruch auf Bankkredite ab, ganz gleich mit welchem Aufwand und Nutzen der Betrieb diese Aufgaben zu lösen gedenkt. Davon kann nicht die Rede sein; das widerspricht den Erfordernissen des ökonomischen Systems. Die Bank muß die Kreditgewährung davon abhängig machen, daß den Anforderungen an volkswirtschaftliche Effektivität entsprochen wird[14]."

Statt der bis 1965 *üblichen* und der auch noch bis 1967 weit *verbreiteten* Verteilung der Kreditmittel auf zentral angelegte Finanzierungslücken bei den Wirtschaftsbetrieben[15], gewährten die Banken ab 1. September 1968 Kredite grundsätzlich nur noch nach einem ausgehandelten Interessenausgleich zwischen Bank und Betrieb, der seinen Niederschlag jeweils in einem speziellen Kreditvertrag fand[16]. Ohne eine gewisse, unumgänglich notwendige Unabhängigkeit hätten aber die Produktionseinheiten gegenüber den Banken keine adäquate Verhandlungsposition besessen. Indem jedoch die Wirtschaftsreformen der Jahre 1963—1967 den Produktionseinheiten zu höheren Gewinneinkommen verhalfen (z. B. durch die Industriepreisreform) und ihnen knapp die Hälfte der erwirtschafteten Gewinne zur teilweise selbständigen Verwendung überlassen blieb (z. B. durch Änderung des verbindlichen Gewinnverteilungsverfahrens), waren ab 1967 (Abschluß der Industriepreisreform) diese Produktionseinheiten annähernd in den Stand gesetzt, ökonomisch abwägen zu können, ob *für sie* unter Berücksichtigung ihrer Ertragslage und ihrer Unternehmensziele die Selbst- oder die Fremdmittelfinanzierung günstiger war.

Besonderen Auftrieb erhielt die finanzielle Verselbständigung der Produktionseinheiten durch das seit 1967 für die Finanzpolitik maß-

---

[14] Vgl. *Grete Wittkowski:* „Aktive Kreditpolitik fördert rasches Wachstum der Volkswirtschaft", in „Presse-Informationen" Nr. 83 (3391) vom 21. Juli 1970.
[15] Diese mit Vorbedacht gewählte zu geringe Finanzmittelausstattung der Betriebe übertrug dem Kredit neben anderen auch eine Zwangsfinanzierungsfunktion.
[16] Der bei planmäßiger Verwirklichung der Betriebsaufgaben auftretende Kreditbedarf infolge von Finanzierungslücken oder aufgrund von Finanzierungsverordnungen (z. B. bei anteilmäßiger Umlaufmittelfinanzierung durch Kredite) wurde bei den Banken in „Kreditplänen" zusammengefaßt.
Die „Kreditpläne" legten allerdings nur die planmäßig zugebilligte Kreditmittelverteilung fest. Darüber hinaus führten jedoch Liquiditätsschwierigkeiten der Betriebe *automatisch* zu einer planwidrigen Kreditinanspruchnahme, gegen die die Banken wegen des absoluten Vorrangs der Erfüllung güterwirtschaftlicher Planziele und mangels bankpolitischer Steuerungsmittel gegenüber den Staatsbetrieben bis 1965 kaum Abwehrmaßnahmen ergreifen konnten.

gebliche „Prinzip der Eigenerwirtschaftung der Investitionsmittel", was als eines der tragenden Elemente beim Ausbau des „Ökonomischen Systems" während der Jahre 1967—1970 angesehen werden muß[17].

Ziel der Abschaffung der Kreditverteilung 1967/68 zugunsten vertraglicher Kreditvereinbarungen war das Bestreben, die administrativen Finanzbeziehungen zwischen Bank und Betrieb in „echte" *geschäftliche* Beziehungen zum beiderseitigen Vorteil der Kreditvertragspartner umzuwandeln[18].

Die staatliche Einflußnahme auf die betriebliche Gewinnerzielung und die Erfüllung der modifizierten Ziele des Betriebsplanes (Typ 1967) erfolgte vom Jahre 1968 an über betriebsindividuell ausgehandelte Kreditbedingungen und nachfolgende Finanzkontrollen. Um die verfügbaren finanzpolitischen Steuerungsinstrumente tatsächlich in flexibel einsetzbare „ökonomische Hebel" zu verwandeln, wurden Mitte 1968 sogar die bis dahin nach Kreditarten, Laufzeit und Risiko der Kredite gestaffelten und vom Staat fixierten Eckzinsen freigegeben und die Festlegung der Verzinsung der Kredite den Vereinbarungen der Vertragspartner überlassen[19].

Allerdings dürften sich die Kreditzinsvereinbarungen während der Jahre 1968—1970 sowohl für die Gruppe der „planmäßigen und im volkswirtschaftlichen Interesse liegenden außerplanmäßigen Kredite" als auch für die Gruppe der „Zusatzkredite für Planwidrigkeiten oder

---

[17] Vgl. den „Entwurf der Grundsätze für weitere Schritte bei der Anwendung des Prinzips der Eigenerwirtschaftung der Mittel zur erweiterten Reproduktion im Jahre 1968", in „Die Wirtschaft", Nr. 12/1967, Beilage, und den „Beschluß über die Grundsätze für weitere Schritte bei der Anwendung des Prinzips der Eigenerwirtschaftung der Mittel für die erweiterte Reproduktion im Jahre 1968" vom 15. Juni 1967, GBl. der DDR, Teil II, Nr. 68, S. 459 ff.
[18] Der Reform der Kreditpolitik im Jahre 1968 war während der Jahre 1965—1967 eine Übergangsetappe einleitender kreditpolitischer Lockerungen vorausgegangen. Vgl. die aufgrund der Kredit-Verordnung vom 8. April 1964 durchgeführten Maßnahmen in der Darstellung bei *H. Buck:* „Wirtschaftsreform und Rationalisierung des Finanzsystems", Sonderdruck der Aufsätze im „SBZ-Archiv" Nr. 14, 16 und 17/1965, Verlag für Politik und Wissenschaft, Köln 1965, dazu die „Verordnung über die Gewährung kurzfristiger Kredite für den Umlaufmittelbereich der volkseigenen Industrie — Kreditanordnung (Industrie) —" vom 8. April 1964, GBl. der DDR, Teil II, Nr. 35, S. 263 ff.
[19] Noch 1967 wurde von der Wirtschaftsführung der DDR eine Zinsstaffel der *Grundzinssätze* bei Kreditaufnahmen veröffentlicht, welche allerdings aus lenkungspolitischen Erwägungen von den Banken auch überschritten werden konnten.
Vgl. die „Vorläufigen Grundsätze über die Gewährung planmäßiger Kredite für den Grund- und Umlaufmittelbereich für das Jahr 1968", in „Deutsche Finanzwirtschaft", Nr. 7/1967, S. 21—24. In der Kredit-Verordnung vom 19. Juni 1968 lautet die in § 15 enthaltene zentrale Bestimmung die Kreditzinsen betreffend: „Für die Kredite sind die im Kreditvertrag vereinbarten Zinsen zu zahlen." Siehe GBl. der DDR, Teil II, Nr. 82, S. 657.

bei Verstößen gegen bestehende Kreditbedingungen" innerhalb der 1967 gültigen Bandbreiten zwischen 1,8—5,4 v.H. im ersten Fall und 8—12 v.H. im zweiten Fall gehalten haben. Eine Aufhebung der Unterscheidung zwischen *zulässigen* und *unerwünschten Krediten* war aber selbst bei den ab 1968 erweiterten Entscheidungsbefugnissen der Banken in der Kreditpolitik nicht möglich, da diese Unterteilung eine der Konsequenzen bei zentraler Lenkung der Betriebe ist.

Am Beispiel der Kreditpolitik läßt sich nun sehr klar demonstrieren, welche praktisch unlösbare Aufgabe für die Wirtschaftsführung einer zentralgelenkten Wirtschaft darin besteht, angesichts der bestehenden Interessengegensätze zwischen Planbehörden und Produktionseinheiten eine „organische Verbindung zwischen der zentralen Planung der Volkswirtschaft und der eigenverantwortlichen Planung der sozialistischen Warenproduzenten"[20] durch den *Einsatz vorwiegend finanzpolitischer Lenkungsinstrumente* herzustellen. Von einer kreditpolitischen Zielgebung, welche den Banken auferlegt, ihre Kreditmittel in erster Linie entsprechend der erreichbaren Kapitalrentabilität bei den Kreditnehmern auszuleihen, geht nämlich (insbesondere ohne das Regulativ von Knappheitspreisen) für die Verwirklichung des gesamtwirtschaftlichen strukturpolitischen Zielprogramms des Staates eine erhebliche Sprengkraft aus.

Betriebe, können bei dieser Zielsetzung im Interesse der Gewinnerhöhung und der Aufbesserung ihrer Prämien Kredite für Investitionsmaßnahmen beantragen, welche zwar alle verlangten Kreditvoraussetzungen[21] einschließlich einer überdurchschnittlichen Rentabilität erfüllen, ohne sich aber damit gleichzeitig auch auf die Herstellung staatlich bevorzugter „strukturbestimmender Erzeugnisse" oder deren Vorlieferungsgüter zu konzentrieren.

Auch der Erhalt zinsverbilligter Kredite für Produktionsumstellungen zugunsten „strukturbestimmender Erzeugnisse" bringt nur dann den staatlich gewünschten Erfolg, wenn dieser finanzielle Vorteil für die Produktionseinheiten langfristig gesehen groß genug ist, die Gewinnmöglichkeiten bei der Herstellung anderer Produkte zu übertreffen[22].

---

[20] Vgl. *H.-W. Hübner:* „Einige Methoden der organischen Verbindung der zentralen staatlichen Planung der Volkswirtschaft mit der eigenverantwortlichen Planung der sozialistischen Warenproduzenten", in „Wirtschaftswissenschaft", Nr. 2/1970, S. 219.
[21] Zu den „Kreditvoraussetzungen" gehören außer der Erreichung einer bestimmten Mindestrentabilität der Nachweis gründlicher Investitionsvorbereitungen sowie die Absicherung des Investitionsvorhabens durch Abschluß vorbereitender Lieferverträge mit den Investitionsgüterlieferanten. Die Investitionspraxis hat jedoch gezeigt, daß gerade diese beiden Kreditvoraussetzungen oft nur vordergründig als erfüllt ausgewiesen werden.
[22] Um die staatliche Strukturpolitik auch mit finanziellen Anreizen zu

Die Staatsbetriebe geben daneben bei der Einreichung von Kreditanträgen auch keine Garantie dafür ab, ebenfalls im nächsten Geschäftsjahr noch alle die Güter des bisherigen Sortiments weiter herzustellen. Das von den Banken nachdrücklich stimulierte Rentabilitätsstreben der Produktionseinheiten kann daher bei verzerrten Planpreisen zu der paradoxen Situation führen, daß *staatliche Banken* eine Bereinigung der betrieblichen Produktionssortimente von unrentablen Produkten fördern, für die bei *staatlichen* Planbehörden aus strukturpolitischen Erwägungen und bei Groß- und Einzelhandelsbetrieben auf Grund der Bevölkerungsnachfrage ein *Bedarf* besteht. Beispiele für auf diese Weise entstandene Versorgungslücken haben Presseorgane der DDR häufig veröffentlicht[23].

Die während der Jahre 1967 bis 1970 auftretenden Wachstums- und Versorgungsschwierigkeiten der DDR-Wirtschaft brachten für die Wirtschaftsführung außerdem noch folgende Erfahrung.

Statt einer durch schnelle Effizienzsteigerung bewirkten Entlastung des Marktes und Verminderung der Lieferengpässe war die Folge des Aufeinanderpralls der autonomen Bestrebungen der Produktionseinheiten (VEB, Kombinate, VVB) zur Maximierung ihrer Gewinne mit dem Ziel hoher Prämieneinkommen auf der einen und den staatlichen Bestrebungen zur Durchsetzung strukturpolitischer Produktionsschwerpunkte auf der anderen Seite eine *zunehmende Konkurrenz* zentraler und dezentraler Stellen um die immer *knapper* werdenden Ressourcen.

3. Gewinnorientierte Bankpolitik bei zentraler Reglementierung der Bankkunden in der volkseigenen Wirtschaft.

Ein letztes Beispiel für die heterogenen Kräfte, die während der Jahre 1968—1970 durch die getroffene Verteilung wirtschaftlicher Ent-

---

fördern, wird in § 3, Abs. 3 der Kreditverordnung vom 19. Juni 1968 angeordnet:
„Zur Förderung volkswirtschaftlich strukturbestimmender Aufgaben haben die Banken im Rahmen von Beschlüssen des Ministerrates Kredite zu Vorzugsbedingungen bis zu dem Zeitpunkt zu gewähren, zu dem die projektierte Effektivität planmäßig zu erreichen ist."
Vgl. die „Verordnung über Grundsätze für die Gewährung von Krediten an volkseigene, konsumgenossenschaftliche und Außenhandelsbetriebe — Kreditverordnung sozialistischer Betriebe —" vom 19. Juni 1968, GBl. der DDR, Teil II, Nr. 82, S. 654.

[23] Infolge der vermehrt auftretenden Versorgungslücken aus diesem Anlaß wurden im Zuge der Rezentralisation wirtschaftlicher Entscheidungen ab September 1970 sogar die im Interesse der Wirtschaftlichkeit geplanten Produktionsverlagerungen von einem zum anderen Betrieb von der Genehmigung des zuständigen Industriebranchenministeriums abhängig gemacht.
Vgl. § 6, Abs. 1 und § 15, Abs. 2 der „Verordnung über die Einstellung und Verlagerung von Produktion von Erzeugnissen und Leistungen" vom 6. Januar 1971, GBl. der DDR, Teil II, Nr. 16, S. 111 ff., dazu die Beispiele bei *P. Verner:* „Aus dem Bericht des Politbüros an die 14. Tagung des Zentralkomitees der SED", in „Neues Deutschland" vom 10. Dezember 1970, S. 5/6.

scheidungen einerseits auf zentrale und andererseits auf dezentrale Stellen freigesetzt wurden, soll die wirtschaftspolitische Situationsanalyse dieser Jahre abschließen:

Um die Produktionseinheiten an Gewinnmaximierung und Hebung der Kapitalproduktivität zu interessieren, wurden mit Beginn der Wirtschaftsreform 1963/64 die Prämieneinkommen der Belegschaften an die Gewinnerzielung und Rentabilitätssteigerung gebunden[24]. Wie jedoch vermochte es die Wirtschaftsführung zu erreichen, die *Banken* ebenfalls daran zu interessieren mit dafür zu sorgen, daß die Produktionseinheiten ihre Kräfte tatsächlich auf die Erfüllung dieser Leistungsziele konzentrierten?

Um die Banken ebenso wie die Betriebe an den Resultaten ihrer Arbeit materiell zu interessieren, wurde bei der „Bankenreform"[25] Ende 1967 / Anfang 1968 Zielfunktion und Rechnungswesen der Geschäftsbanken, die bis dahin überwiegend wie Verwaltungsbehörden arbeiteten, auf die Gewinnerzielung und das „Prinzip der wirtschaftlichen Rechnungführung"[26] umgestellt.

Damit wurde die Interessenlage der Banken und Betriebe auf ein gleichartiges finanzwirtschaftliches Leistungsziel orientiert. Die gleichzeitig eingeführte Prämiierung des Bankpersonals in Abhängigkeit vom (leistungsbedingten) Bankgewinn sollte diese veranlassen, durch Unterstützung und Beratung der Produktionseinheiten bei der möglichst gewinnbringenden Verwendung aufgenommener Kredite gleichzeitig für eine bestmögliche Verwertung des Bankkapitals zu sorgen[27]. Um die Geschäftsbanken in den Stand zu setzen, diese ihre Aufgaben gegenüber den Produktionseinheiten mit genügender Sachkenntnis, Beweglichkeit und gestützt auf ausreichende Befugnisse wahrnehmen zu können, wurden auf dem Gesetzgebungswege durch Erlaß neuer

---

[24] Vgl. *H. Buck:* Technik der Wirtschaftslenkung in kommunistischen Staaten, Bd. I, S. 242—245, und Bd. II, S. 843 ff.; dazu *H. Nick,* Gesellschaft und Betrieb im Sozialismus, Verlag Die Wirtschaft, Berlin (Ost) 1970, S. 216/17.
[25] Zur „Bankenreform" in der DDR am Jahreswechsel 1967/68 vgl. *H. Buck:* „Reform des Bankensystems", in „SBZ-Archiv", Nr. 1—2/1968, S. 10 ff., und die Berichtigung betreffend die Außenhandelsbanken in der DDR, in „A bis Z — Ein Taschen- und Nachschlagebuch über den anderen Teil Deutschlands", 11. Auflage, Deutscher Bundes-Verlag, Bonn 1969, Stichwort „Deutsche Außenhandelsbank AG", S. 146.
[26] Bezüglich der Bedeutung des „Prinzips der wirtschaftlichen Rechnungsführung" für die Unternehmenspolitik und das Rechnungswesen der staatlichen Produktionseinheiten in der DDR (VVB, Kombinate, VEB) vgl. *W. Förster:* Rechnungswesen und Wirtschaftsordnung, Verlag Duncker & Humblot, Berlin 1967, S. 47 ff.
[27] Vgl. die „Verordnung über die Bildung und Verwendung des Prämien-, Kultur- und Sozialfonds in den staatlichen Organen und Einrichtungen sowie in den volkseigenen Banken, Sparkassen, Versicherungen und Lotteriebetrieben" vom 6. Dezember 1967, GBl. der DDR, Teil II, Nr. 5/1968, S. 25 ff.

„Bankstatuten"[28] die Informations-, Einwirkungs- und Kontrollrechte (= wirtschaftlich-operative Befugnisse) der Banken wesentlich erweitert.

Abgesehen einmal von Bankfilialen, die wegen unzureichender Einblicksmöglichkeiten in die Wirtschaftssituation ihrer Kundenbetriebe, ungenügend geschulten Personals für Unternehmensberatungen und infolge der Beschäftigung vorwiegend mit negativen, planwidrigen Entwicklungen gar nicht dazu kamen, langfristige Unternehmenspolitik mit zu gestalten, scheiterten viele Banken an folgenden systembedingten Hemmnissen für eine effizientere Allokation der Produktionsfaktoren.

Bei hochentwickelter Produktionstechnik in einer modernen Industriewirtschaft können umfassende Rationalisierungsmaßnahmen und/oder grundlegende Verbesserungen der Fertigungstechnologie[29] *nur über längere Zeiträume* verwirklicht werden. Eine durch Einsatz bankpolitischer Steuerungsinstrumente (Kredit, Zins, Zahlungsbedingungen usw.) erstrebte Durchsetzung langfristiger Strategien zur Rentabilitätssteigerung kann jedoch nur dann zum Erfolg führen, wenn die Produktionseinheiten gleichzeitig eine genügende Selbständigkeit gegenüber der staatlichen Lenkungszentrale besitzen, um die unternehmerischen Anstöße überhaupt aufgreifen zu können.

Hinzukommen muß dann noch eine gewisse Konstanz der *extern bestimmten Wirtschaftsbedingungen*[30], ohne die eine vorausschauende Planung der Unternehmenspolitik und Abschätzung des unternehmerischen Risikos nicht möglich ist.

Die Diskrepanz in den wirtschaftspolitischen Reformmaßnahmen der Jahre 1967—1970 bestand jedoch darin, daß Entscheidungsspielraum und Manövriermöglichkeiten der Produktionseinheiten beträchtlich geringer waren als diejenige der Banken, und zwar trotz aller durch die

---

[28] Als ein Beispiel für ein dementsprechend neu konzipiertes Bankstatut siehe das Statut der „Industrie- und Handelsbank der DDR", die mit ihrem Netz von Filialen zuständige Geschäftsbank der Produktionseinheiten in den Wirtschaftsbereichen *Industrie, Bauwesen, Handel* und *Verkehr* ist.
Siehe die „Verordnung über die Bildung der Industrie- und Handelsbank der DDR" mit Statut vom 13. Dezember 1967, GBl. der DDR, Teil II, Nr. 2/1968, S. 9 ff.
[29] Hierbei handelt es sich meist um Substitutionsprozesse von Arbeit durch Kapital, herkömmlichen Technologien durch effektivere Technologien und den Ersatz bestimmter Einsatzfaktoren durch Materialien mit höheren Gebrauchswerteigenschaften (Veredelungsgrad, Verwendungsfähigkeit usw.).
[30] Gemeint ist hier die äußere Bedingungskonstellation (Datum „wirtschaftlich-rechtliche Organisation"), im Rahmen derer die Produktionseinheiten operieren müssen. Bedeutsam sind hier vor allem konstante Besteuerung, Abschreibungsmöglichkeiten und Gewinnabführung sowie unveränderte Verfügungsrechte über den Gewinn einschließlich der Beteiligung der Belegschaften am Erfolg durch Prämien.

Reformen erfolgten Lockerungen. Deshalb traten auch die Banken, nicht zuletzt im Interesse ihrer eigenen Gewinn- und Prämienabsichten, oft genug mit den Konzern-, Kombinats- und Betriebsleitungen gegen gewinnmindernde Reglementierungen staatlicher Planbehörden an.

Folgende „angeborenen" Mängel der planbehördlichen Lenkung behinderten oder vereitelten sogar die für Wachstum und Rentabilität der industriellen Wirtschaftseinheiten höchst bedeutsame Ausarbeitung langfristiger unternehmerischer Strategien[31]:

1. Die *Starrheit* der meist nur auf Planperioden von lediglich einem Jahr basierten staatlichen Planaufgaben (Vorrang vollzugsverbindlicher Jahrespläne vor langfristigen Wirtschaftszielen);
2. die *Verunsicherung* der Unternehmensleitungen durch immer wieder stattfindende überraschend angeordnete Planumstellungen;
3. die *jährliche Änderung* der Gewinnverteilung, der Gewinnabgaben (= Nettogewinnabführung) und der Prämiierungsverfahren; und
4. „operative Eingriffe" übergeordneter Stellen[32] in den laufenden Wirtschaftsprozeß der Produktionseinheiten (VVB, Kombinate, VEB).

Auf Grund des *kurzen Zeithorizontes* der staatlichen Planziele sowie infolge der Leistungsprämiierung von Jahresergebnissen waren daher die staatlichen Produktionseinheiten an langfristigen Planungen, die mit einem gewissen unternehmerischen Wagnis verbunden waren, wenig interessiert, was eine selbständige unternehmensbezogene Wachstumsplanung, Forschungs- und Entwicklungspolitik, Werbe- und Absatzstrategie und Personalpolitik der VVB, Kombinate und VEB stark hemmte.

Die dann ab 1968 unternommenen Reformanstrengungen

— den weniger detaillierten und in sich beweglicheren Perspektivplan anstelle der Jahrespläne zum *„Hauptsteuerungsinstrument"* von Betrieben und Volkswirtschaft aufzuwerten, und

— Durch Fixierung *mehrjähriger gültiger Normative* der Gewinnverwendung[33] stabilere Ausgangsbedingungen für langfristige unternehmerische Dispositionen zu schaffen,

---

[31] Da häufig Perspektiv- und Jahresplanziele unverbunden nebeneinander entwickelt wurden, hemmten die im folgenden aufgeführten Lenkungsmängel auch die Verwirklichung strukturpolitischer Konzeptionen.
Siehe auch die kritische Beurteilung der 1968 angewandten Planungsverfahren durch die Planer selbst in „Zum Beschluß des Staatsrates der DDR über weitere Maßnahmen zur Gestaltung des ökonomischen Systems des Sozialismus" (hier Berichte des Volkskammerausschusses für Industrie, Bauwesen und Verkehr an den Staatsrat), in „Die Wirtschaft", Nr. 18/1968, Beilage, S. 22/23.
[32] z. B. der Materialverteilungsstellen (Bilanzorgane) des Ministeriums für Materialwirtschaft und der Industrieministerien.

galten nach meiner Überzeugung auch dem Ziel, der neuen Bankpolitik auf der Seite der Produktionseinheiten zu einer besseren ökonomischen Wirksamkeit zu verhelfen[34].

Jedoch entgegen allen früheren Erfahrungen[35] mit Effektivitätsverlusten durch Fehlplanungen und Gängelei zentraler Wirtschaftsbehörden wurden den Konzernen (VVB), Kombinaten und Betrieben (VEB) dann im Herbst 1970 die ihnen während der Reformzeit (1963—1970) zugebilligten *erweiterten Planungs- und Entscheidungskompetenzen* über Produktion und Investitionen weitgehend wieder genommen[36].

---

[33] Zu diesen „Normativen" gehören in erster Linie die „Produktionsfondsabgabe" (PFA) auf den Bruttowert des Anlage- und Umlaufkapitals, die „Nettogewinnabführung" an den Staatshaushalt und die Zuführungen aus dem Gewinn zum Prämienfonds des Betriebes.
Vgl. die „Anordnung über die Bildung und Verwendung von Fonds aus der Anwendung von Normativen der Nettogewinnabführung und der Amortisationsabführung in den Jahren 1969 und 1970" vom 26. Juni 1968, GBl. der DDR, Teil II, Nr. 67, S. 494 ff.

[34] In diesem Sinne wurden seinerzeit auch die „Grundsatzregelungen des Staatsrates" zum „Ökonomischen System des Sozialismus" vom 22. April 1968 kommentiert. Die auf der Basis prognostischer Bedarfsforschungen und verbindlicher staatlicher Strukturfestlegungen in den Perspektivplänen entwickelten betrieblichen Planaufgaben „müssen gewährleisten, kurzfristig auf veränderte Marktbedingungen zu reagieren und eine bedarfsgerechte Produktion durchzuführen. Gleichzeitig werden durch die kurzfristige Planung Lösungen vorbereitet und Entscheidungen getroffen, die Abweichungen von den Perspektivplanaufgaben darstellen ... Das werden vor allem die Einbeziehung neuer prognostischer Erkenntnisse und effektivere Lösungen aus Vorschlägen der Werktätigen in den betrieblichen Plan sein.
Für mittel- und kurzfristige Pläne sollten Vorgaben von übergeordneten Organen nur dann erteilt werden, wenn gegenüber den bestätigten Perspektivplanzielen *wesentliche* Veränderungen volkswirtschaftlich notwendig werden".
Vgl. „Zum Beschluß des Staatsrates der DDR über weitere Maßnahmen zur Gestaltung des ökonomischen Systems des Sozialismus", in „Die Wirtschaft", Nr. 18/1968, Beilage, S. 23, dazu ergänzend W. *Schmieder* (Stellvertreter des Ministers der Finanzen), F. *John* (Direktor des Finanzökonomischen Forschungsinstituts beim Finanzministerium), „Höhere Verantwortung für die Finanzwirtschaft in Betrieben und Kombinaten", in „Die Wirtschaft", Nr. 21/1968, Beilage, S. 9—12.

[35] So erklärte *Ulbricht* noch in seinem Referat auf dem VII. Parteitag der SED, am 17. April 1967:
„Es ist sehr wichtig, daß die staatlich verbindlichen Planaufgaben ... den Bedingungen einer eigenverantwortlichen Planung und Führung der Betriebe entsprechen. Das bedeutet, ... daß sie sich auf Resultate, möglichst auf Entwicklungsziele konzentrieren, nicht aber Teilfragen betreffen, die aus dem inneren Zusammenhang des Wirtschaftskreislaufes der Betriebe usw. herausgegriffen werden. Sie müssen das Funktionieren der wirtschaftlichen Rechnungsführung stärken...
(Außerdem) müssen die gestellten Aufgaben auch in zeitlicher Hinsicht dispositionsfähig sein. Das heißt, die Betriebe müssen nach Erhalt ihrer Aufgabe rechtzeitig die effektivsten Mittel und Wege, Teilschritte und Maßnahmen ausarbeiten und einleiten können. Wenn wir so verfahren, besteht kein Anlaß, die Tatsache, daß staatlich verbindliche Planauflagen an die Betriebe erteilt werden, als einen logischen Widerspruch zur eigenverant-

Zwischenbilanz

Als Zwischenbilanz der bisherigen Analyse können folgende Untersuchungsergebnisse *thesenartig* hervorgehoben werden:

I. Zunächst läßt sich die eingangs gestellte Frage, ob die Rückkehr zur orthodoxen administrativen Befehlswirtschaft in gerader Linie vom Jahre 1967[37] an erfolgt ist — und der Zeitpunkt für die Abwendung von den zentralen Ideen der Wirtschaftsreform demnach vorhersehbar war, wie folgt beantworten:

Auch während der Jahre 1967—1970 gingen die Bemühungen des Wirtschaftsbehördenapparates weiter, die Technik der Wirtschaftslenkung nach der Konzeption des „Neuen ökonomischen Systems" zu vervollkommnen[38]. Die Bemühungen konzentrierten sich dabei auf zwei Ziele:

---

wortlichen Planung und Wirtschaftsführung der Betriebe aufzufassen, wie manche Leute meinen. (Zumal) die staatlichen Planauflagen in der Regel ohnehin den eigenen Planvorstellungen der Betriebe (ähnliches gilt für die VVB) entsprechen...
Werden diese Grundsätze richtig beachtet, so verschwinden auch die bislang noch verbreitete Gängelei und Reglementierung der Betriebe. Sie bringt uns im Resultat oft mehr volkswirtschaftlichen Effektivitätsverlust ein als gewisse Anlaufschwierigkeiten im Zusammenhang mit der Erziehung der VVB und Betriebe zur eigenverantwortlichen Arbeit."
Vgl. W. Ulbricht: „Die gesellschaftliche Entwicklung in der DDR bis zur Vollendung des Sozialismus", (Referat auf dem VII. Parteitag der SED vom 17.—22. April 1967) in *W. Ulbricht:* „Probleme der sozialistischen Leitungstätigkeit", Dietz Verlag, Berlin (Ost) 1968, S. 571/72.
[36] Bezüglich der Dezentralisierung der Planung und Entscheidung über Investitionen während der Jahre 1964—1968 vgl. im einzelnen *H. Buck:* Technik der Wirtschaftslenkung in kommunistischen Staaten, Bd. II, S. 804 ff.
[37] Im Jahre 1967 wurde die *zweite Etappe* des „Neuen ökonomischen Systems der Planung und Leitung" (1965—1967) durch das „Ökonomische System des Sozialismus" abgelöst.
[38] Widersprechende Auffassungen vertreten in dieser Frage *K. Erdmann:* „Grundsatzregelungen zur strukturbestimmenden Planung 1970", in „Deutschland-Archiv", Nr. 7/1968, S. 759 ff., ders. „Das Ende des Neuen ökonomischen Systems", ebenda, Nr. 9/1968, S. 998 ff.;
A. Beyer: Vom neuen ökonomischen System der Planung und Leitung zum ökonomischen System des Sozialismus, Analysen und Berichte aus Gesellschaftswissenschaften, Heft Nr. 13, hrsg. vom Studienkolleg für zeitgeschichtliche Fragen, Erlangen August 1968, und
K. Pritzel: Die Wirtschaftsintegration Mitteldeutschlands, Verlag für Politik und Wissenschaft, Köln 1969, S. 128;
Unsere hier vorgetragene Auffassung wird unterstützt von *P. Mitzscherling* und mit Nuancen auch von *H. Melzer* vom Deutschen Institut für Wirtschaftsforschung, Berlin.
Siehe *P. Mitzscherling:* „Zunehmender Dirigismus oder Ausbau des neuen ökonomischen Systems?", in „Vierteljahreshefte für Wirtschaftsforschung", Nr. 2/1969, S. 227 ff. und
M. Melzer: „Der Entscheidungsspielraum des VEB in der DDR", in „Deutschland-Archiv", Sonderheft, Oktober 1970, S. 21 ff.

(A) Die Verbesserung der Funktionstüchtigkeit der finanzwirtschaftlichen Lenkungsinstrumente, insbesondere durch Schaffung geeigneter Voraussetzungen für ihre Wirksamkeit[39] und

(B) die erweiterte Anwendung der Reformrezepte auf Spezialbereiche der Wirtschaftspolitik (z. B. die Außenwirtschaft)[40].

---

[39] Zu den bisher noch nicht aufgeführten Verbesserungsbestrebungen während dieser Jahre gehören:
a) Die Vereinheitlichung der Abgabeverpflichtungen bei der „Produktionsfondsabgabe" (PFA) auf den Abführungssatz von 6 v.H. des Bruttowertes des eingesetzten Anlage- und Umlaufvermögens.
b) Die Umstellung der Preisbildung auf den Preistyp des „fondsbezogenen Preises", womit erstmals in der Wirtschaftsgeschichte der DDR auch die Kapitalkosten als Preisbestandteil anerkannt wurden. Die Einführung dieses Preistyps stellt die notwendige Konsequenz zur Erhebung einer „Produktionsfondsabgabe" ab 1966/67 dar, deren Abgabeschuld auf der Basis der gegebenen Kapitalausstattung berechnet und deren Zahlung aus dem Gewinn geleistet wird.
c) Die Dynamisierung der ansonsten festen Planpreise durch automatisierte Regelungsverfahren zur sukzessiven Preissenkung bei Herstellern mit überdurchschnittlichen Gewinnen (= Industriepreisregelsystem) und bei neuen und weiterentwickelten Erzeugnissen (= Preisdegressionsverfahren für neue Produkte mit zunächst überdurchschnittlichem Gewinnanteil).
d) Verbesserung der Kostenrechnung durch die für alle Betriebe verbindlich gemachte Einführung der Kostenstellenrechnung.
e) Erhöhung der finanziellen Selbständigkeit der örtlichen Organe der Gebietseinheiten (Räte der Bezirke, Kreise und Gemeinden) in Haushaltsfragen.
Vgl. die „Verordnung über die Produktionsfondsabgabe" vom 16. Dezember 1970, GBl. der DDR, Teil II, Nr. 4/1971, S. 33 ff.;
die „Richtlinie zur Einführung des fondsbezogenen Industriepreises und der staatlichen normativen Regelung für die planmäßige Senkung von Industriepreisen in den Jahren 1969/70" vom 26. Juni 1968, GBl. der DDR, Teil II, Nr. 67, S. 497 ff.;
zur Preisgestaltung durch das Industriepreisregelsystem und das Preisdegressionsverfahren für neu entwickelte Produkte vgl. im einzelnen M. Melzer, „Preispolitik und Preisbildungsprobleme in der DDR", in „Vierteljahreshefte zur Wirtschaftsforschung", Nr. 3/1969, S. 313 ff., dazu „DDR-Wirtschaft", hrsg. vom Deutschen Institut für Wirtschaftsforschung, Fischer Bücherei, Frankfurt/Main und Hamburg 1971, S. 72, siehe ferner den „Beschluß über die Grundsatzregelung für komplexe Maßnahmen zur weiteren Gestaltung des ökonomischen Systems des Sozialismus in der Planung und Wirtschaftsführung für die Jahre 1969 und 1970" vom 26. Juni 1968 GBl. der DDR, Teil II, Nr. 66, S. 433 ff.,
und den „Beschluß des Staatsrates der DDR — Die weitere Gestaltung des Systems der Planung und Leitung der wirtschaftlichen und gesellschaftlichen Entwicklung, der Versorgung und Betreuung der Bevölkerung in den Bezirken, Kreisen, Städten und Gemeinden — zur Entwicklung sozialistischer Kommunalpolitik" vom 16. April 1970, GBl. der DDR, Teil I, Nr. 10, S. 39 ff.
[40] Als Beleg für diese Komplettierungsbemühungen sind unter anderem zu nennen:
a) Den Versuch einer Konfrontation der Produktionseinheiten mit den Bedingungen des Weltmarktes durch Einbeziehung der Ergebnisse aus Außenhandelsgeschäften, welche bis 1968 getrennt abgerechnet wurden, in die Erfolgsrechnung der Exportbetriebe (Einführung des „einheitlichen Betriebsergebnisses");
b) Die angesichts der hohen Außenhandelsverflechtung der DDR bedeut-

II. Teils infolge von zeitweiligen Umstellungsschwierigkeiten und teils auf Grund von staatlicherseits nicht gewünschten Steuerungsdefekten der finanzpolitischen Instrumente nimmt während der Jahre 1967—1970 die Zahl *punktueller dirigistischer Eingriffe* in das Wirtschaftsgeschehen zu.

III. Der wirtschaftspolitische Kurswechsel vom Herbst 1970 erfolgte *ruckartig* und nicht durch einen sukzessiven Abbau der Reformergebnisse der Jahre 1963 bis 1967. Diese These läßt sich auch dadurch belegen, daß er mitten in die Ausführungsarbeiten von langfristig angelegten Reformvorhaben fällt, wie z. B. a) der bis 1975 angesetzten *Umrechnung der Planpreise* aller Branchen *in „fondsbezogene Preise"* (d. s. Planpreise einschließlich eines Kapitalkostenanteils) und b) der *Berechnung mehrjährig gültiger finanzwirtschaftlicher Führungsgrößen* für die Gewinnverwendung und Kapitalbildung der Produktionseinheiten (= Finanznormative). Der Abbruch des Reformexperimentes erfolgte somit noch während des Ausreifungsprozesses der Reform, ohne daß die Brauchbarkeit der finanzwirtschaftlichen Lenkungsinstrumente — nach Schaffung der Voraussetzungen für eine befriedigende Anwendung — längere Zeit erprobt worden wäre.

IV. Dem Abbruch der Wirtschaftsreform gingen heftige Richtungskämpfe unter den Führungskadern der Partei- und Wirtschaftsverwaltung, denen der Produktionseinheiten (VVB, Kombinate, VEB) sowie den mit einzelnen Gruppierungen (Reformer, Konservative, Kompromißler) verbundenen wissenschaftlichen Berater voraus. Erst im zweiten Halbjahr 1970 wurden diese Auseinandersetzungen endgültig zugunsten der Anhänger einer straff organisierten, streng zentralistisch geführten Volkswirtschaft entschieden.

Einen deutlichen *Beweis für die Plötzlichkeit des Umschwungs* nach erheblichen wirtschaftspolitischen Richtungskämpfen liefert der 1970 innerhalb nur eines halben Jahres vollzogene Wechsel zwischen zwei grundverschiedenen Typen der zentralen Betriebslenkung. Angesichts der Bedeutung der jeweils praktizierten Form *externer* Betriebssteuerung für eine Zentralplanwirtschaft mußte diese Umstellung der Planmethodik zwangsläufig konstitutiv für die Gesamtentwicklung des Lenkungssystems in der DDR sein. Die im Mai 1970 zur Beratung veröffentlichte *Nomenklatur* der im Planzeitraum 1971 bis 1975 verlangten *verbindlichen Jahresplanaufgaben* enthielt damals fast ausschließlich

---

same Einführung neuer Erfolgsanreize für die Devisenerwirtschaftung (z. B. durch Gewährung eines Devisenbonus bei hervorragenden Exportleistungen — Valutaanrechte).

Vgl. die „Anordnung über die Bildung eines einheitlichen Betriebsergebnisses in den Jahren 1969 und 1970" vom 26. Juni 1968, GBl. der DDR, Teil II, Nr. 67, S. 507.

nur *finanzwirtschaftliche* Leistungsforderungen[41] und (abgesehen von gewissen Ausnahmen[42]) *keine güterwirtschaftlichen* Planbefehle in Wert- und Mengeneinheiten. Dagegen setzt sich der im Dezember 1970 dann tatsächlich in Kraft getretene, wesentlich detailliertere Katalog der verbindlichen *Jahres*planaufgaben ab 1971 mindestens zur Hälfte aus güterwirtschaftlichen Plandirektiven zusammen (Produktionsziele in t, m, Stück und Mark, abgesetzte Warenproduktion, Materialverbrauchsnormen usw.)[43].

Auf die Frage, „Weshalb wurden neue Kennziffern festgelegt?", begründete der heute führende Planungsexperte der Staatlichen Plankommission der DDR, *H.-W. Hübner,* die plötzliche Abkehr vom Lenkungskonzept des NÖS knapp und unverklausuliert wie folgt:

„Die staatliche Planung zu stärken und die Autorität des Planes in jeder Wirtschaftseinheit zu erhöhen und zu wahren, ist erste Aufgabe. ...

Allein mit langfristigen Normativregelungen oder mit der ausschließlichen Orientierung auf den Nettogewinn ist es nicht möglich, das materielle Leistungsniveau, die sortimentsgerechte Produktion, die bedarfsgerechte Versorgung zu sichern sowie die Export- und Importprobleme zu lösen. Die Herstellung und Wahrung der materiellen Proportionen unserer Volkswirtschaft bedarf eines auf die Produktions- und Leistungsentwicklung gerichteten Kennziffernsystems, mit dem der staatlichen Leitung eine auf den einzelnen Stufen und Leitungsebenen differenzierte, in ihrem Wesen jedoch konkrete gebrauchswertmäßige Steuerung der volkswirtschaftlich entscheidenden Roh- und Werkstoffe, Materialien, Ausrüstungen und Konsumgüter ermöglicht wird.

---

[41] z. B. die verlangte Kapitalrentabilität (Normative Rate der Fondsrentabilität), Normative für den Lohnfondszuwachs (Anstieg der betrieblichen Lohnsumme in v.H.), Normativ der Produktionsfondsabgabe (Abgaberate auf das eingesetzte Kapital in v.H.), Normativ der Nettogewinnabführung, Normative der Gewinnverteilung zur Bildung von Geldkapitalfonds für die Finanzierung der Ausgaben für Wissenschaft und Technik, für die Gewährung von Prämien (Prämienfonds) und für die Finanzierung betrieblicher, kultureller und sozialer Leistungen (Kultur- und Sozialfonds).
[42] Wie beispielsweise die „Staatsplanpositionen".
[43] Vgl. im einzelnen die Unterschiede in der Plankennziffernnomenklatur für die Jahrespläne in den nachstehend zitierten Dokumenten:
„Entwurf der Anordnung über die Ausarbeitung und Durchführung des Perspektivplanes 1971—1975" vom Mai 1970, in „Die Wirtschaft", Nr. 19/20 vom 7. Mai 1970, Beilage Nr. 15, S. 3 ff.
Dazu den „Beschluß über die Durchführung des ökonomischen Systems des Sozialismus im Jahre 1971" vom 1. Dezember 1970, GBl. der DDR, Teil II, Nr. 100, siehe Anhang S. 125 ff. insbesondere S. 127 bis 132.
die „Anordnung zur weiteren Arbeit am Volkswirtschaftsplan 1971" vom 17. Dezember 1970 und die Anlage 1 zu dieser Anordnung, GBl. der DDR, Teil II, Nr. 101, S. 747 ff.

Deshalb steht die Warenproduktion im Mittelpunkt des Kennziffernsystems der Industrie[44]."

V. Der Richtungswechsel muß demnach unter dem Druck gewichtiger Zwänge geschehen sein, die — soweit sie im ökonomischen Bereich liegen —, nach unserer Überzeugung auf unvorhergesehene Fehlentwicklungen in der *Struktur-,* der *Investitions-* und der *Außenhandelspolitik* zurückgehen.

Inhalt der Rezentralisierungsmaßnahmen vom Jahresende 1970

Bevor auf die *Gründe* und die *wirtschaftspolitischen Konsequenzen* der erneuten Rezentralisierung wirtschaftlicher Entscheidungen bei Planbehörden eingegangen wird, sollen hier kurz die *Schwerpunkte* und *Methoden* der ab Herbst 1970 wieder *beträchtlich verstärkten zentralen Steuerung* dargestellt werden. Andernfalls bleiben die nachfolgend aufgeführten Belege für die hierdurch gewachsenen Widersprüche zwischen einer wirtschaftlich zweckmäßigen und der verschärften planbehördlichen (bürokratischen) Lenkung unverständlich.

Im voraus sei allerdings jetzt schon betont, daß die seit einem dreiviertel Jahr wieder erweckte administrative Wirtschaftslenkung zwar in vielem der Steuerungsmethodik vor Beginn der Wirtschaftsreform gleicht, es jedoch unzutreffend wäre zu folgern, damit sei die Wirtschaftsführung der DDR völlig in die Steuerungsverfahren von vor 1963 zurückgefallen. Den Kern der Zentralisierungsbestrebungen bilden folgende drei Maßnahmen[45]:

---

[44] Vgl. *H.-W. Hübner:* „Wie erreichen wir eine höhere Stabilität des Volkswirtschaftsplanes 1971?", in „Die Wirtschaft", Nr. 4 vom 27. Januar 1971, S. 4.
Genau dieses hier von *Hübner* verteidigte Konzept einer detaillierten güter- und finanzwirtschaftlichen Befehlswirtschaft durch eine hypertrophierte Wirtschaftsverwaltung hatte 1966 der Stellvertretende Vorsitzende der Staatlichen Plankommission, *H. Wolf,* mit folgender Verurteilung abgelehnt:
„Die bisherige Art und Weise der Planung tendierte ihrer Anlage nach zur Zentralisierung der Entscheidungen und zur Reglementierung in Detailfragen... Der Umfang und der Detailliertheitsgrad, der bereits von Planansatz her mit den Orientierungsziffern faktisch getroffenen Festlegungen für die VVB und Betriebe war zu groß, um ihnen die selbständige Ausarbeitung echter Alternativen für effektivere Zielstellungen und den ökonomischen Einsatz der Mittel zu ermöglichen bzw. sie überhaupt hierzu zu veranlassen. Er war auch zu unübersichtlich, um in den zentralen Organen eine hohe Qualität des Plansatzes zu gewährleisten."
Vgl. *H. Wolf:* „Entwicklungslinien der wissenschaftlichen Planung beim umfassenden Aufbau des Sozialismus", in „Die Arbeit", Nr. 5/1966, S. 10.
[45] Vgl. die Kennziffernnomenklatur der verbindlichen betrieblichen Planaufgaben für den Jahresplan 1971 im „Beschluß über die Durchführung des ökonomischen Systems des Sozialismus im Jahre 1971" vom 1. Dezember 1970, GBl. der DDR, Teil II, Nr. 100, siehe Anhang S. 127 ff.,
die „Verordnung über die Einstellung und Verlagerung der Produktion von

1. Den Produktionseinheiten (VVB, Kombinate, VEB) werden die Entscheidungsbefugnisse über die Produktionsprogrammgestaltung (einschließlich der Übernahme oder Verlagerung von Fertigungen auf andere Produktionsstätten) weitgehend entzogen. Erneut wird versucht, die Produktion vorrangig durch zentral fixierte Leistungsanforderungen ausgedrückt in *Wert-* und *Mengeneinheiten* zu lenken. Die Gewinnmaximierung bleibt ein bedeutendes Teilziel der betrieblichen Zielfunktion, spielt aber nach dem stattgefundenen Anschauungswandel im Wirtschaftsbehördenapparat nicht mehr die dominierende Rolle im Zielprogramm des Betriebsplanes[46]. Um nicht, wie gehabt, eine sture Produktionssollerfüllung ohne Rücksicht auf Wirtschaftlichkeit, Qualität und Absatzmöglichkeiten der Produktion hinnehmen zu müssen, erhalten die Produktionseinheiten den absoluten Betrag des zu erreichenden „Nettogewinns"[47] zentral vorgeschrieben[48].

2. Die den Produktionseinheiten während der Reformjahre übertragenen Rechte zur eigenverantwortlichen Entscheidung über selbst geplante Ersatz-, Rationalisierungs- und Komplettierungsinvestitionen (ausgenommen *Großinvestitionen* in *bestehenden* Betrieben) wurden ihnen entweder genommen oder durch eine Vielzahl zusätzlich zu erfüllender Vorbedingungen bei eigenen Investitionsvorhaben erheblich eingeschränkt.

3. Durch die stärkere Kettung der Gewinnverwendung, des Einsatzes von Finanzreserven und der Kreditaufnahme an die Erfüllung der erneut vorgeschriebenen güterwirtschaftlichen Planaufgaben wurde die finanzielle und wirtschaftliche Selbständigkeit der Produktionseinheiten wieder eingeengt, welche ihnen während der Reformjahre unter anderem durch eine wesentlich verbesserte Ausstattung mit „eigenen" Finanzmitteln verliehen worden war. Die durch die neueren planmethodischen Bestimmungen vollzogene Einschränkung der betrieb-

---

Erzeugnissen und Leistungen" vom 6. Januar 1971, GBl. der DDR, Teil II, Nr. 16, S. 111 ff., und
die „Finanzierungsrichtlinie" für 1971 vom 3. Dezember 1970, GBl. der DDR, Teil II, Nr. 6/1968, S. 41 ff.
[46] So heißt es z. B. in § 11, Abs. 1 der Verordnung vom 20. Januar 1971: „Die Mittel des Prämienfonds sind so einzusetzen, daß die Betriebskollektive im sozialistischen Wettbewerb an der Erfüllung und Übererfüllung der staatlichen Plankennziffern Nettogewinn und an der kontinuierlichen Erfüllung der im Plan festgelegten Aufgaben materiell interessiert werden."
Vgl. die „Verordnung über die Planung, Bildung und Verwendung des Prämienfonds und des Kultur- und Sozialfonds für das Jahr 1971" vom 20. Januar 1971, GBl. der DDR, Teil II, Nr. 16, S. 107.
[47] „Nettogewinn" = Bruttogewinn minus Produktionsfondsabgabe.
[48] Die Zuführungen zum Prämienfonds hängen auch nicht mehr wie noch während der Reformjahre von der effektiven Gewinnerzielung, sondern von der Erreichung und Überbietung der zentral fixierten „Plankennziffer Nettogewinn" ab.
Vgl. GBl. der DDR, Teil II, Nr. 16, S. 105 ff.

lichen Initiativen dient dem Zweck zu verhindern, daß das den Produktionseinheiten überlassene vermehrte Geldkapital den Anstoß für eine *nicht richtungsgebundene* Produktionsexpansion oder Investitionstätigkeit gibt[49].

Während vordem die Kreditzusagen primär vom belegbaren voraussichtlichen Nutzeffekt des Krediteinsatzes (d. h. in erster Linie der erreichbaren Kapitalrentabilität) abhängig gemacht wurden, lauten heute die einschlägigen „Grundsätze der Kreditgewährung":

„Kredite werden auf der Grundlage des vom Ministerrat beschlossenen *Kreditplanes*[50] und der für die Betriebe und Kombinate festgelegten volkswirtschaftlichen Berechnungskennziffern über die Veränderung des Kreditvolumens[51] gewährt[52]."

Darüber hinaus wurde neben dieser scharfen *Limitierung des Kreditvolumens* auch die *Zweckbindung der Kredite* verschärft. Dementsprechend werden *Investitionskredite* nur noch „auf der Grundlage der staatlichen Plankennziffern

— Investitionen *(materielles Volumen),* darunter Bau, Ausrüstungen,

— (den) im Planjahr zu beginnenden Investitionsvorhaben gemäß zentraler *Titelliste* (= Liste genehmigter Investitionsvorhaben)

sowie der (sonstigen) volkswirtschaftlichen Berechnungskennziffern (Kapitalkoeffizient, Automatisierungsgrad, Schichtauslastung, Rückflußdauer, Kapitalrentabilität, Bauzeitnormen) gewährt"[52].

Ursachen der Rückkehr zur administrativen Befehlswirtschaft

Vertreter anderer Fachrichtungen charakterisieren die Wirtschaftswissenschaft öfters ironisch als diejenige Wissenschaftsdisziplin, welche zwar im nachhinein wunderbar zu erklären vermag, weshalb bestimmte wirtschaftliche Ereignisse unausweichlich eintreten mußten, die aber nicht in der Lage sei, im voraus zu erkennen, daß diese Ereignisse eintreten werden.

---

[49] In den umgearbeiteten finanzrechtlichen Vorschriften tritt die durch die planmethodischen Direktiven verfügte Einschränkung der Nutzungsrechte für die in den Produktionseinheiten verbleibenden Finanzmittel nicht so deutlich hervor.
Vgl. die „Finanzierungsrichtlinie für 1971" vom 3. Dezember 1970, GBl. der DDR, Teil II, Nr. 6/1971, S. 41 ff.
[50] Dieser „Kreditplan" fixiert die zulässige Höchstkreditsumme der Volkswirtschaft während der Planperiode (1 Jahr).
[51] Gemeint ist die auf einzelne Produktionseinheiten aufgeschlüsselte Höchstkreditsumme während der Planperiode.
[52] Vgl. § 3 der „Verordnung über die Durchführung der Kredit- und Zinspolitik in der volkseigenen Wirtschaft und den konsumgenossenschaftlichen Betrieben" vom 20. Januar 1971, GBl. der DDR, Teil II, Nr. 13. S. 88.

Die Wirtschaftsforschung für die kommunistischen Staaten befindet sich dieser mokanten Einschätzung ihrer Erkenntnismöglichkeiten gegenüber noch in einer viel ungünstigeren Lage. Sie kann bei den gegebenen Informationssperren und -verfälschungen für ihr Untersuchungsobjekt oft noch nicht einmal im nachhinein zweifelsfrei diagnostizieren, welche Gründe denn nun vorrangig zu wirtschaftlichen Krisen und/oder Änderungen der Wirtschaftspolitik geführt haben.

Dennoch soll im folgenden versucht werden, eine Antwort darauf zu geben, was die Wirtschaftsführung der DDR am meisten veranlaßt haben könnte, *mitten in der Bauzeit ihres ökonomischen Lenkungssystems für den Sozialismus* plötzlich die Flucht zurück zur orthodoxen administrativen Befehlswirtschaft anzutreten.

Nach unserer Analyse der innenpolitischen Debatte über die ökonomisch zweckmäßigste Lenkungskonzeption während der letzten Jahre ergibt sich recht klar, daß die Wirtschaftsführung durch die *Umstellung* von der *primär güterwirtschaftlichen* auf eine vorrangig *finanzwirtschaftliche* Lenkung selbst diejenigen güterwirtschaftlichen Prozesse nicht mehr zureichend zu steuern vermochte, deren planmäßiger Ablauf Voraussetzung für die Verwirklichung der staatlichen *Strukturpolitik* bei *Produktion, Investition* und *Außenhandel* war.

Diese im folgenden am Beispiel der *Investitionspolitik* noch näher belegte Aussage enthält nicht zugleich ein vernichtendes Urteil über die Wirtschaftsleistung der DDR während der Reformjahre 1967—1970. Bekanntlich haben die quantitativen Wirtschaftsanalysen des „Deutschen Instituts für Wirtschaftsforschung", unserer „Forschungsstelle für gesamtdeutsche wirtschaftliche und soziale Fragen" und anderer Institute beachtliche Wachstumserfolge bei Produktion, Investition, Einkommensentwicklung, Bevölkerungsversorgung usw. ermittelt[53].

Es geht hier vielmehr um den Nachweis, daß *unter den gegebenen Funktionsbedingungen* die primär finanzwirtschaftliche Wirtschaftslenkung nicht in der Lage war, folgende Aufgaben zufriedenstellend zu lösen:

1. Die für die Verwirklichung strukturpolitischer Zielsetzungen des Staates benötigten Investitionsgüter in ausreichender Menge und zur rechten Zeit diesen privilegierten Investitionsvorhaben zuzuleiten,

---

[53] Vgl. hierzu unter anderem die statistischen Belege in „DDR-Wirtschaft", hrsg. vom Deutschen Institut für Wirtschaftsforschung (DIW), Berlin, Fischer Bücherei, Frankfurt/Main und Hamburg 1971, und
D. Schröder: „Die Entwicklung der Grundstoffindustrie der DDR im Jahre 1969 und die Planziele für 1970" sowie „Die Entwicklung der Verbrauchsgüterindustrie in der DDR und die Versorgung mit Konsumgütern im Jahre 1969", in „WWI-Mitteilungen", Nr. 7/8 und Nr. 10/1970.

2. das Entstehen ständig neuer Versorgungslücken bei Investitions- und Konsumgütern zu verhindern (Disproportionen zwischen Bedarf und Aufkommen), und

3. für die verfügbaren Produktionsmittel insgesamt eine annähernd optimale Allokation, d. h. eine möglichst effektive Produktionskombination, sicherzustellen[54].

Einsetzend mit dem ersten großen Dezentralisierungsschub in der Investitionspolitik vom September 1964 erhielten die Betriebs-, Kombinats- und VVB-Leitungen nach und nach (bis 1967) das Recht eingeräumt, ihre selbst projektierten Investitionsvorhaben bei Ersatz-, Rationalisierungs- und Komplettierungsinvestitionen in *bestehenden* Betrieben in eigener Verantwortung zu genehmigen[55], sofern mindestens die zentral festgelegten Nutzeffektskriterien[56] und das normierte Verfahren der Investitionsprojektierung eingehalten wurden[57].

---

[54] Zum Problem der *Allokation* in einer zentralgelenkten Wirtschaft vgl. K. P. Hensel, „Das Verhältnis von Allokations- und Wirtschaftssystemen", in „Beiträge zum Vergleich von Wirtschaftssystemen", hrsg. von E. Boettcher, Verlag Duncker & Humblot, Berlin 1970, S. 37 ff.

[55] Unter dem Einfluß des Mitte der 60iger Jahre anerkannten *Organisationsprinzips*, die Entscheidungen dorthin zu verlagern, wo auf Grund des höchsten Informationsstandes Entscheidungen „mit der größten Sachkunde getroffen werden", übertrug man zwischen 1964 und 1967 Prüfung und Bestätigung der Masse der Rekonstruktions- und Modernisierungsinvestitionen den VVB- und Kombinatsdirektionen mit ihren Stäben. Ausgenommen davon waren *Großinvestitionen* in *bestehenden* Betrieben (z. B. Einrichtung neuer Werkskomplexe). *Neugründungen* von selbständigen Betrieben wurden weiterhin grundsätzlich durch die Industrieministerien in Zusammenarbeit mit Plankommission und Ministerrat entschieden.

[56] Darunter die für Neuinvestitionen in der Volkswirtschaft zentral fixierte Mindestkapitalrentabilität von 20 v.H., eine Rückflußfrist des eingesetzten Kapitals von im Durchschnitt 5 Jahren sowie zweigspezifische Kapitalkoeffizienten und Kapitalproduktivitätsziffern.

[57] Zur Methodik der Investitionsplanung und -bestätigung einschließlich der vorgeschriebenen Nutzeffektsberechnungen entsprechend den Bestimmungen des Reformgesetzes vom 25. September 1964 vgl. H. Buck: Technik der Wirtschaftslenkung in kommunistischen Staaten, Bd. II, S. 804—842, dazu die „Verordnung über die Vorbereitung und Durchführung von Investitionen — Investitionsverordnung —" vom 25. September 1964, GBl. der DDR, Teil II, Nr. 95, S. 785 ff.

Die Investitionsverordnung von 1964 wurde 1967 durch eine neue Verordnung abgelöst, in der die durchgeführten Dezentralisierungsmaßnahmen bestätigt wurden. In Anpassung an die 1967 einsetzenden verstärkten Bemühungen zur Durchsetzung eines strukturpolitischen Prioritätenprogramms wurden die Entscheidungsbefugnisse bei Investitionen zwischen *Ministerrat, Industrieministerien* und *VVB- und Kombinatsleitungen* nach neuen Abgrenzungsbegriffen leicht umgruppiert. Die Entscheidungsmacht über Investitionen wurde wie folgt verteilt:

1. „Volkswirtschaftlich strukturbestimmende Investitionen" (Ministerrat);
2. „Weitere strukturbestimmende Investitionen" (Industrieministerien); und
3. „Sonstige Investitionen" (VVB-, Kombinats- und Betriebsleitungen).

Vgl. Abschnitt I, Abs. 6 des „Beschlusses über die Grundsätze zur Vorbereitung und Durchführung von Investitionen" vom 26. Oktober 1967, GBl.

Auf Grund dieser Dezentralisierungsmaßnahmen wurden z. B. im Bereich der Industrie (ohne Bauwirtschaft) die Investitionsentscheidungen für die immer bedeutender werdende Gruppe der Rekonstruktions- und Rationalisierungsinvestitionen den Leitungen von über *3 000* volkseigenen Industriebetrieben, etwa *150* Kombinaten und rund *100* VVB übertragen.

Damit gelangen wir an den *entscheidenden Punkt* für die Ursachenerklärung des wirtschaftspolitischen Kurswechsels vom Herbst 1970.

Entsprechend der Zielvorgabe der Wirtschaftsreformkonzeption orientierten sich die staatlichen Produktionseinheiten etwa ab 1965 bei den *dezentral entschiedenen Investitionsaktivitäten* auf der einen Seite an ihren Gewinninteressen und dem Gebot der „Eigenerwirtschaftung" des künftigen Kapitalbedarfs und auf der anderen Seite an den ermittelten oder zentral vorgegebenen *finanzwirtschaftlichen Erfolgskriterien,* wie zum Beispiel der erreichbaren Kapitalrentabilität, der verlangten Mindestverzinsung, dem erwählten internen Zinsfuß oder der Rückflußfrist des Kapitals.

Werden jedoch *nach diesen Kriterien Investitionen ausgewählt* und Investitionsentscheidungen getroffen, so hängt Effizienz, Stabilität und Wachstum der DDR-Wirtschaft einerseits von der *ökonomischen Brauchbarkeit* der *in die Investitionsrechnungen eingehenden Planpreise* und andererseits vom *Auslese- und Stimulationseffekt des Nutzeffektkriteriums* der „Rückflußdauer des Kapitals" und der „Produktionsfondsabgabe" (Kapitalzinssurrogat) ab.

Handelt es sich bei den Preisen jedoch *nicht um Knappheitspreise* und *fehlt* ein zwischen Kapitalangebot und -nachfrage echt vermittelndes *Investitionsauslesekriterium* (wie der Kapitalzins in einer Marktwirtschaft), so sind Kapitalfehlleitungen unvermeidlich, und zwar sowohl gemessen an den Zielen der staatlichen Strukturpolitik als auch im Hinblick auf eine möglichst effiziente Allokation der knappen Ressourcen.

Sowohl Wirtschaftsentwicklung und Handelsbilanz der DDR als auch die wirtschaftspolitischen Veröffentlichungen der letzten Jahre *liefern nun genügend Belege dafür,* daß die Produktionseinheiten (VEB, Kombinate, VVB) unter Bezug auf solche nur vordergründig günstigen Ergebnisse von Nutzeffektsberechnungen eine Übernachfrage nach Investitionsmitteln entfalteten, welche die Leistungskraft der Investitionsgüterindustrie bei weitem überforderte[58]. Diese Übernachfrage nach

---

der DDR, Teil II, Nr. 116, S. 815, dazu ergänzend W. *Werner:* „Zu den Grundsätzen zur Vorbereitung und Durchführung von Investitionen", in „Vertragssystem", Nr. 2/1968, S. 65/66.

[58] Selbstverständlich waren unter den Investitionsrechnungen auch absichtlich optimistisch gehaltene Investitionsbegründungen, durch welche sich

Investitionsgütern wurde durch die Banken noch verstärkt. Bei erfolgversprechenden Investitionsrechnungen waren häufig die Banken nur zu schnell bereit, unter Hinweis auf die von ihnen verlangte „aktive Kreditpolitik" auch dann noch Kredite zu gewähren, wenn die von den Investoren verlangte Eigenbeteiligung nicht ausreichte und Finanzierungslücken geschlossen werden mußten. Diese Geschäftspolitik ist aus der gewandelten Interessenlage der Geschäftsbanken völlig konsequent, da ihre Zinseinnahmen und Prämieneinkommen um so höher sind, je mehr Kredite gewährt werden. Deshalb wird unter diesen Bedingungen keine „aktive Kreditpolitik" nach staatlichen Wunschvorstellungen betrieben, sondern eine möglichst freigiebige Kreditvergabe stimuliert.

Die übermäßige Produktionsmittelnachfrage durch weitgestreute autonome Investitionsaktivitäten führte insbesondere 1969/70 zu einer starken allgemeinen Verknappung bei Investitionsgütern und zu zahlreichen Lieferengpässen[59].

Die Folge war eine verschärfte Konkurrenz zentraler und dezentraler Investitionsträger um immer knapper werdende Ressourcen, was insbesondere die Fertigstellung der privilegierten staatlichen Investitionsvorhaben von großer strukturpolitischer Wichtigkeit beeinträchtigte[60]. Die Intensität der Nachfrage führte ferner trotz staatlichen Preisdiktats und öffentlicher Preiskontrolle zu trickreichen Heraufsetzungen einzelner Produktionsmittelpreise und zu einer erheblichen Verteuerung im Investitionswesen[61].

---

einzelne Produktionseinheiten Investitionsgenehmigungen erstreiten und ihren Anteil am Investitionsgüteraufkommen sichern wollten.
[59] So mußte der führende Wirtschaftsexperte des ZK der SED, G. Mittag, auf der 12. Tagung des Zentralkomitees im Dezember 1969 zugestehen, daß zu diesem Zeitpunkt die güterwirtschaftliche Absicherung der Planziele des Volkswirtschaftsplanes 1970 nur zum Teil gelungen sei. Nur durch große Anstrengungen sei der *überraschend hohe Bedarfszuwachs* an Energie, Walzstahl, Baustoffen, speziellen Kunststoffen und Fasern sowie einigen anderen hochwertigen Rohstoffen zu decken.
Vgl. *G. Mittag* (Mitglied des Politbüros und Sekretär des Zentralkomitees): „Fragen des Volkswirtschaftsplanes der DDR 1970", in „Die Wirtschaft", Nr. 1/1970, Beilage, S. 16.
[60] Da es sich bei diesen staatlich festgesetzten Investitionsschwerpunkten in der Mehrheit um gesamtwirtschaftlich stark effizienzsteigernde Projekte handelt, wie z. B. die Errichtung von Fabriken für Elektrotechnik, Elektronik, Meß-, Steuer- und Regelungstechnik, Computerbau, wissenschaftlichen Gerätebau, Chemieanlagen, Petrochemie, Chemiefasern, Ausrüstungen für Transport-, Umschlags- und Lagerprozesse, sind die nachteiligen Spätwirkungen für Kapitalproduktivität und Wachstum der DDR-Wirtschaft durch diese Konzentrationsbehinderungen erheblich.
[61] In seinem Rechenschaftsbericht über die Wirtschaftsentwicklung im 1. Halbjahr 1970 auf der 13. Tagung des ZK der SED im Juni 1970 gab *G. Mittag* bekannt:
„Ein Kernproblem der Investitionstätigkeit besteht darin, daß sich bei einer Reihe von Vorhaben *erhebliche Kostenerhöhungen* abzeichnen. Wie durchgeführte Überprüfungen erkennen lassen, treten bei einer größeren

Durch die autonomen Investitionsaktivitäten der meisten Produktionseinheiten wurden die begrenzten Investitionsmittel auf viele Vorhaben zersplittert, wodurch sich partiell die Ausreifungszeiten bereits begonnener Investitionen verlängerten. Diese weite Streuung der Investitionsmittelverwendung mit ihren Bremswirkungen für das Wachstum des Produktionsmittelangebots künftiger Jahre und die allgemeine Überforderung der Produktionsmittelindustrie während der letzten Jahre sind auch ein entscheidender Grund für die *Kürzung der Investitionsziele im neuen Fünfjahrplan (1971—1975)*.

Während noch im Zeitraum von 1966—1970 eine durchschnittliche jährliche Steigerung der Bruttoanlageinvestitionen von 9,7 v.H. erzielt werden konnte, hält die Wirtschaftsführung der DDR im kommenden Planjahrfünft nur noch eine Steigerungsrate bei den Bruttoanlageinvestitionen von durchschnittlich 2—3 v.H. pro Jahr für erreichbar[62].

Die von den Produktionseinheiten kräftig ausgenutzten Möglichkeiten zu autonomen Investitionen haben ferner zu einem bis dahin unbekannten *Importsog* vor allem bei hochwertigen Investitionsgütern auf der einen und zu Stockungen beim Produktionsmittelexport auf der anderen Seite geführt. Daß trotz der zentralen Außenhandelslenkung mit Hilfe der nach Branchen spezifizierten staatlichen „Außenhandelsunternehmen" (AHU) die Importbegehren der Produktionseinheiten nach westlichen Investitionsgütern so kräftig zur Geltung kommen konnten, zeugt einmal von einer nur unzureichend funktionierenden Plankoordinierung zwischen Import und Export. Zum anderen läßt sich vermuten, daß auch bei den AHU eine gewisse Bereitwilligkeit vorhanden war, den Importwünschen der betreuten Produktionseinheiten großzügiger entgegen zu kommen.

Anzahl von Investitionsvorhaben im Durchschnitt Kostenerhöhungen von 20 bis 30 Prozent gegenüber dem geplanten Investitionsvolumen ein. Besonders im Kraftwerksbau und beim Bau von Anlagen der chemischen Industrie liegen die Preisangebote der General- und Hauptauftragnehmer des Maschinenbaus, der Elektrotechnik und des Bauwesens erheblich über den in den Grundsatzentscheidungen festgelegten Investitionsaufwendungen.
Allein bei 22 großen Vorhaben mit einem Gesamtvolumen von 5,3 Milliarden Mark beträgt der Umfang des vorgesehenen Mehraufwandes *rund 1 Milliarde Mark*."
Vgl. *G. Mittag:* „Die Durchführung des Volkswirtschaftsplanes im Jahre 1970", in „Neues Deutschland" vom 12. Juni 1970, S. 4.
[62] Allerdings machte sich schon im vergangenen Wirtschaftsjahr 1970 das Absinken der Investitionsleistungen bemerkbar. Nahmen die Investitionen 1969 im Vergleich zum Vorjahr noch um 14,1 v.H. zu, so betrug der Anstieg der Investitionsleistungen 1970 nur noch 6,7 v.H. Die gesteigerten autonomen Investitionsaktivitäten haben sich statistisch also zunächst in hohen jährlichen Zunahmeraten der Bruttoanlageinvestitionen niedergeschlagen. Nachdem sich jedoch der wachstumsträchtige Konzentrationseffekt einer vorrangigen Entwicklung von Investitionsgüterzweigen mit hocheffektiven Produktionsmitteln abschwächte, gingen auch die Investitionsleistungen zurück.

Begünstigt wurde die Entlastung des inländischen Marktes durch Importe auf Grund verschiedener Lockerungen der zentralgelenkten Außenhandelspolitik sowie durch finanzielle Erleichterungen und Anreize bei Außenhandelsgeschäften (Gewährung von Devisenkrediten, Einräumung von Devisenanrechten), die eigentlich vor allem der Exportstimulierung dienen sollten[63].

Einige dieser Lockerungen sind bei den Ende 1970 ergriffenen Maßnahmen zur Stärkung der Autorität des staatlichen Außenhandelsmonopols wieder abgeschafft worden, wie z. B. die Beteiligung der Exportbetriebe an den Deviseneinnahmen und -einsparungen (= Valutaanrechte). Die Restriktionen der DDR-Wirtschaftsführung zur Eindämmung des Importsogs und zur Einsparung von Devisen gingen 1971 sogar so weit, daß die Zahl der im April 1971 auf der Industriemesse in Hannover vertretenden DDR-Firmen gegenüber dem Vorjahr 1970 zum Teil drastisch reduziert wurde. So durften statt 43 Direktausstellern 1970 im Frühjahr 1971 nur noch 39 Aussteller und von den zusätzlich vertretenen Firmen statt 58 im Jahre 1970 nur noch 17 Unternehmen 1971 nach Hannover kommen[64].

Als Folge des Ungleichgewichts zwischen Im- und Export in die westlichen Industrieländer entstand während der 5 Jahre 1966—1970 *ein Handelsbilanzdefizit von 2,18 Mrd. Valuta-Mark*[65]. Allein 1,2 Mrd. Valuta-Mark dieses Defizits stammen aus dem Jahre 1970[66].

Vgl. die „Direktive des Zentralkomitees der SED zum Fünfjahrplan für die Entwicklung der Volkswirtschaft der DDR 1971—1975", in „Neues Deutschland" vom 5. Mai 1971, Sonderbeilage, S. 5 ff. und S. 24/25, ferner „DDR-Wirtschaft", hrsg.. vom DIW, Berlin, S. 169, und
die Analysen des Deutschen Instituts für Wirtschaftsforschung zum Entwurf für den neuen Fünfjahrplan der DDR, in Wochenbericht Nr. 22/1971 vom 27. Mai 1971 sowie in Nr. 24/1971 vom 10. Juni 1971.
[63] Vgl. zur Eingliederung der Außenwirtschaft in das „Neue ökonomische System" *H. Lambrecht:* „Probleme und Entwicklungstendenzen des mitteldeutschen Außenhandels", in „Vierteljahreshefte zur Wirtschaftsforschung", Nr. 4/1967, S. 415 ff.,
D. Albrecht (1. Stellvertreter des Ministers für Außenwirtschaft), „Die Importwirtschaft in der zweiten Etappe des neuen ökonomischen Systems", in „Die Wirtschaft", Nr. 24 vom 16. Juni 1966, und
H. Rudolph: „Das Neue in der Außenwirtschaftsplanung 1969/70", in „Die Wirtschaft", Nr. 21/1968, S. 13.
[64] Vgl. den Messebericht in der Zeitung „Die Welt" vom 26. April 1971.
[65] Der Wert einer „Valuta-Mark" (Abrechnungseinheit im Außenhandel mit westlichen Staaten) wird dem einer DM gleichgesetzt, wobei die DDR jedoch noch immer von einer Parität von 1 Dollar = 4,20 DM ausgeht, wie sie vor dem März 1961 bestand.
[66] Die Importe der DDR aus westlichen Ländern erhöhten sich allein im Jahre 1970 um 32,0 v.H., während aus „sozialistischen Ländern" nur 12,5 v.H. mehr Güter und Dienstleistungen als im Jahre 1969 bezogen wurden.
Dagegen konnten die Exporte in die Industriestaaten des Westens 1970 lediglich um 7,9 v.H. und die in die sozialistischen Länder um 11,6 v.H. angehoben werden. Extrem ungünstig entwickelte sich 1970 auch der Außenhandelsumsatz mit den Entwicklungsländern. Die Importe aus diesen Län-

Einen letzten Beweis für unsere Ursachenerklärung des wirtschaftspolitischen Kurswechsels liefert die zentral dekretierte *Drosselung fast aller selbständig geplanten Investitionen* der Produktionseinheiten. Nach den verschärften Verteilungs- und Verwendungsvorschriften für Investitionsgüter vom Jahreswechsel 1970/71 dürfen Rationalisierungs- und Komplettierungsinvestitionen mit der Folge von Kapazitätserweiterungen nur noch dann genehmigt werden, wenn sie den staatlichen Investitionsschwerpunkten für die Erneuerung des Produktionsapparates entsprechen, sämtliche Zulieferungen im voraus vertraglich abgesichert sind, die Zuliefer- und Baubetriebe *unveränderbare verbindliche* Preisangebote abgegeben haben, eine hohe Selbstfinanzierung möglich ist, alle Rationalisierungsmöglichkeiten nachweislich ausgeschöpft sind und die vorhandenen Anlagen für die betreffenden Produktionen bereits mehrschichtig ausgenutzt werden[67].

Nur diese drakonischen Regulierungsmaßnahmen hält die Wirtschaftsführung gegenwärtig für durchschlagkräftig, um wieder eine gewisse „Einheit von Strukturpolitik und planmäßiger proportionaler Entwicklung auf dem Gebiete der Grundfondswirtschaft (= Anlagenausbau) zu gewährleisten"[68].

---

dern stiegen 1970 um 23,4 v.H., während die Exporte gegenüber 1969 nur um 1,3 v.H. zunahmen.
Vgl. „Statistisches Taschenbuch der DDR", 1971, S. 117—124.
Dazu ergänzend P. *Mitzscherling:* „Export statt Investitionen — zum Fünfjahrplan 1971 bis 1975 der DDR-Wirtschaft", in „Wochenbericht" des DIW Nr. 24/1971 vom 10. Juni 1971 und
H. *Lambrecht:* „Stärkere Westhandelsorientierung der DDR" und „Innerdeutscher Handel 1969: Umsatzrekord bei starkem Ungleichgewicht", in „Wochenbericht" des DIW Nr. 11/1970 vom 12. März 1970.
In welch starkem Umfang der Außenhandel der DDR auf der Basis des Außenhandelsmonopols des Staates trotz begrenzter Lockerungen noch zentral reglementiert blieb, zeigt die Analyse von J. *Lieser* und B. *Muravo:* „Das Außenhandelsrecht im Schnittpunkt von Markt- und Zentralplanwirtschaft", in „Deutschland-Archiv", Nr. 6/1970, S. 579—590.
[67] Vgl. den „Beschluß über die Planung und Leitung des Prozesses der Reproduktion der Grundfonds" (Auszug) vom 16. Dezember 1970, GBl. der DDR, Teil II, Nr. 1/1971, S. 1 ff.,
die „Richtlinie über Maßnahmen zur Durchsetzung einer straffen Ordnung auf dem Gebiet der Investitionen der zentralen und örtlichen Staatsorgane" vom 4. Januar 1971, GBl. der DDR, Teil II, Nr. 5, S. 37 ff., und
die „Anordnung über die Bildung der Industriepreise für Investitionsleistungen und für den Export von Anlagen durch General- und Hauptauftragnehmer" vom 10. März 1971, GBl. der DDR, Teil II, Nr. 32, S. 259 ff., dazu K. *Fichtner* (Stellvertreter des Vorsitzenden des Ministerrates der DDR): „Für höhere Effektivität der vorhandenen und der neu zu schaffenden Grundfonds", in „Presse-Informationen" Nr. 8 (3468) vom 21. Januar 1971,
„Warum konzentriert investieren?", in „Presse-Informationen" Nr. 8 (3468) vom 21. Januar 1971, und
„Warum konzentriert investieren?", in „Presse-Informationen" Nr. 11 (3471) vom 28. Januar 1971.
[68] Dies bringt auch der Bericht des Politbüros des ZK der SED an die 14. Tagung des ZK im Dezember 1970 zum Ausdruck, in dem es unter Ver-

Zum Resultat der Ursachenanalyse

Um die Ansprüche an die mitteldeutsche Wirtschaft wieder mit ihren Leistungmöglichkeiten ins Gleichgewicht zu bringen — und um außerdem Produktion und Investitionen wieder stärker auf die wirtschaftlichen Entwicklungsziele der Staatsführung zu orientieren (Strukturpolitik) — sah die SED-Führung keinen anderen Weg zur Durchsetzung ihres Willens, als zur *staffen, primär auf der direkten güterwirtschaftlichen Lenkung aufgebauten* Befehlswirtschaft zurückzukehren. Wiederum muß nun der Wirtschaftsbehördenapparat wesentliche Funktionen des Marktes in einer Marktwirtschaft übernehmen und die Hauptlast der Steuerung der Erzeugungs-, Verteilungs- und Verwendungsprozesse tragen.

Der vorläufige Ausgang des bisher umfassendsten und längsten Reformversuchs der kommunistischen Wirtschaft läßt sich daher wie folgt zusammenfassen:

Soll für eine *effizientere Kombination der Produktionsfaktoren* die Rationalität wohlinformierter Leitungskader in der Wirtschaft besser genutzt und sämtliche Leistungsreserven der Produktionseinheiten erschlossen werden, so reichen hierfür angesichts der unterschiedlichen Interessen von Wirtschaftsführung und Produktionseinheiten die Dezentralisierung wirtschaftlicher Entscheidungen, die Ausrichtung der Betriebe auf die Gewinnmaximierung, der Einsatz finanzwirtschaftlicher Lenkungsinstrumente und verstärkte Einkommensanreize nicht aus.

Das Versagen der Lenkungskonzeption der Wirtschaftsreform (= „Neues ökonomisches System") hat trotz vielversprechender Ansätze zur Lösung des Effizienzproblems der kommunistischen Wirtschaften gezeigt, daß ohne Knappheitspreise und ohne eine Auslese unter den möglichen Investitionsvorhaben durch einen ökonomisch begründeten Preis für das Kapital (= Kapitalzins) die Dezentralisierung wirtschaftlicher Entscheidungen auf die Produktionseinheiten und die finanzwirtschaftliche Lenkung (am langen Zügel) keine gesicherte Funktionsgrundlage besitzt.

---

wendung erheblicher politischer Interpretationskunst heißt: „Nun gibt es einige Genossen, darunter Wirtschaftsfunktionäre, die die Ansicht vertreten, das ökonomische System habe sich nicht bewährt und werde mit dem Beschluß des Politbüros vom 8. September 1970 korrigiert. Das ist ein Irrtum. Das ökonomische System hat sich bewährt, wo es sinnvoll angewendet wurde ...
Es geht also keineswegs darum, das ökonomische System zu korrigieren, sondern es geht darum, gewisse überspitzte Vorstellungen und Wünsche zu korrigieren, die nicht den materiellen Möglichkeiten entsprechen...
Antwort auf Fragen gibt der Beschluß des Politbüros vom 8. September 1970, der die notwendigen prinzipiellen Schlußfolgerungen und Maßnahmen

Je flexibler eine zentrale Wirtschaftslenkung angelegt wird — und je weniger die Ergebnisse der wirtschaftlichen Aktivitäten, um der Intensivierung dezentraler Optimierungen willen, im voraus im Detail vorgeschrieben werden, um so labiler, störanfälliger ist das Gefüge der wirtschaftlichen Abläufe (d. h. das wirtschaftliche Gleichgewicht bei dynamischem Wachstumsprozeß). Um so größer sind daneben möglicherweise auch die Abweichungen der tatsächlichen Wirtschaftsentwicklung von den staatlichen Wirtschaftsprojektionen. Die Lenkungskonzeption des NÖS kollidiert bei einer Beibehaltung der Grundmängel des sowjet-sozialistischen Wirtschaftssystems, darunter vor allem der Irrationalität des Preissystems, mit dem Erfordernis nach wirtschaftlichem Gleichgewicht. Die Instabilität würde unter Umständen sogar um so größer werden, je höher das Tempo der Reformen wird.

Deshalb stünde auch bei jedem gleichartigen Reformunternehmen, wie dem des „Neuen ökonomischen Systems", die Wirtschaftsführung der DDR nach gewisser Laufzeit des Experiments wieder vor der Notwendigkeit, durch verschärfte administrative Wirtschaftslenkung zu versuchen, sowohl die infolge der Fehlsteuerung durch verzerrte Planpreise erzeugten Disproportionen in der Wachstumsstruktur und bei der Versorgung der Wirtschaft zu korrigieren als auch die autonomen wirtschaftlichen Aktivitäten der Produktionseinheiten abzubremsen und ihre Leistungsinitiativen auf staatlich gewünschte Entwicklungsziele umzudirigieren. In einer solchen Zwangslage ist die Wirtschaftsführung eines kommunistischen Staates gewöhnlich auch bereit, zugunsten von mehr *Proportionalität* und *Planmäßigkeit* bei der Entwicklung der Volkswirtschaft Effizienzverluste bei den Einzelwirtschaften in größerem Ausmaß in Kauf zu nehmen.

Wachsende Widersprüche zwischen der wirtschaftlich zweckmäßigen und der ab 1970 stark administrativen Wirtschaftslenkung — dargestellt an Beispielen aus der Finanzpolitik

Mit der wirtschaftspolitischen Kehrtwendung zurück zur traditionellen Befehlswirtschaft sowjetischen Typs schuf die SED-Führung keineswegs ein für „Störgrößen"[69] weniger anfälliges Lenkungssystem.

---

enthält. Um das volkswirtschaftliche Wachstum und die Strukturpolitik in Übereinstimmung zu bringen, muß eine planmäßige proportionale Entwicklung der Volkswirtschaft gewährleistet werden."
Vgl. den durch *P. Verner* erstatteten Bericht des Politbüros an das ZK-Plenum in „Neues Deutschland" vom 10. Dezember 1970, S. 5.
[69] Eine der schwerwiegendsten „Störgrößen" während der Jahre der Wirtschaftsreform waren die erörterten *autonomen Investitionsaktivitäten* der Produktionseinheiten.

Bei primär güterwirtschaftlicher Wirtschaftslenkung sind lediglich die „Störgrößen" andere als sie während der Reformjahre auftraten[70].

Die Anpassungsfähigkeit des insgesamt starrer gewordenen Lenkungssystems an die Bedürfnisse und Funktionsbedingungen einer modernen Industriewirtschaft ist geringer geworden. Lediglich die Synchronisation der güterwirtschaftlichen und der finanziellen Planung und Lenkung dürfte besser gelingen als in den Jahren zuvor.

Dafür sind aber durch die Rezentralisierung folgende *drei Mängel* wiedergekehrt, deren Überwindung in den Anfangsjahren der Wirtschaftsreform als die *größten Errungenschaften* der primär finanzwirtschaftlichen Wirtschaftslenkung gefeiert wurden:

1. Durch die wieder eingeführte Bindung der Prämieneinkommen an die Erreichung und Überbietung zentral festgelegter Nettogewinnsummen je Planperiode statt an die erreichte effektive Höhe des Gewinns werden die persönlichen materiellen Interessen von Unternehmensleitungen und Belegschaften erneut fehlgeleitet. Statt auf die Gewinnmaximierung werden sich die Produktionseinheiten zunächst auf die Aushandlung einer möglichst niedrigen „Nettogewinnplankennziffer" *als Bemessungsgrundlage der Prämien* konzentrieren. Dieses aus der Interessenlage der Produktionseinheiten verständliche Streben nach „weichen (leicht erfüllbaren) Plänen" führt zu erheblichen gesamtwirtschaftlichen Effizienzeinbußen und zu einer geringeren Kapitalbildung und Bedarfsdeckung in der Volkswirtschaft als sie ohne diese Fehlsteuerung erreichbar wäre.

2. Durch die erneute Vorgabe detaillierter Produktions- und Investitionsziele *in Wert- und Mengeneinheiten* planen die Produktionseinheiten wiederum *nicht mehr für sich,* wie dies mit dem Ziel der Gewinnmaximierung während der Reformjahre 1967—1970 geschah, sondern sie planen ohne besondere Anreize für private Optimierungsinitiativen wieder für die Planbehörden[71]. Ferner verstärken sich jetzt durch die staatlicherseits *gleichzeitig* verlangte Erfüllung *der Produktions- und der Gewinnpläne* die effizienzmindernden Zielkonflikte bei der Leistungsorientierung der Produktionseinheiten, weil häufig beide Ziele nicht deckungsgleich sind, und die Erfüllung des einen Ziels prämiiert und die des anderen Ziels nicht prämiiert wird.

3. Durch die fast völlige Einschränkung der betrieblichen Entscheidungsrechte auf dem Gebiet der Investitionen hat die Wirtschafts-

---

[70] Neue „Störgrößen" sind beispielsweise die im zentralgeplanten Produktionsprogramm nicht geplanten *Bedarfsverschiebungen* und die *Disproportionen* im Kennziffernkatalog der Produktionsziele.
[71] Die staatliche Wirtschaftslenkung erfolgte bekanntlich während der Zeit der primär finanzwirtschaftlichen Steuerung unter anderem über die Einflußnahme auf die Gewinnbildung, -verteilung und -verwendung.

führung gleichzeitig auch den gewünschten Stimulationseffekt des „Prinzips der Eigenerwirtschaftung der Investitionsmittel" mit dem Ziel einer hohen Kapitalbildung selbst zunichte gemacht. Es kann doch nicht erwartet werden, daß die Produktionseinheiten selbständig eine hohe Akkumulation anstreben, wenn ihnen die wichtigsten Einsatzmöglichkeiten für das gebildete Kapital genommen werden. Die Folge dieses ab 1971 verstärkten Dirigismus im Investitionswesen dürften vermehrte Anforderungen der industriellen Produktionseinheiten auf Kapitalzuweisungen aus dem Staatshaushalt sein, was nach den bisherigen Erfahrungen mit der Haushaltsfinanzierung von Investitionen zur Verschwendung knapper Kapitalien führt.

Diese drei Beispiele sollen als Beweis für die ab 1970 gewachsenen Widersprüche zwischen einer ökonomisch rationalen und der nunmehr wieder stark administrativen Wirtschaftslenkung genügen.

In seiner Eröffnungsansprache auf dem VIII. Parteitag der SED (15. bis 18. Juni 1971) führte der neugewählte 1. Sekretär des ZK, *Erich Honecker*, aus:

„Manche haben in dieser Zeit die Frage nach dem ökonomischen System des Sozialismus gestellt. Genossen, das ökonomische System des Sozialismus entwickelt sich gut"[72].

Der Königsberger Philosoph *Emanuel Kant* hat ein „System" definiert als nach „klaren Prinzipien geordnetes Ganzes". Das „Ökonomische System des Sozialismus" kann auf dem heutigen Stande seiner Entwicklung nicht von sich behaupten, diesem Anspruch an ein „System" zu genügen. Deshalb läßt sich ohne große prophetische Gabe am Schluß dieser Ausführungen als Zukunftsausblick sagen: *Die nächste Wirtschaftsreform kommt bestimmt!*

---

[72] Vgl. *E. Honecker:* „Bericht des Zentralkomitees an den VIII. Parteitag der SED", in „Neues Deutschland" vom 16. Juni 1971, S. 5.

Das ökonomische System der DDR nach dem Anfang der siebziger Jahre

Betriebswirtschaftliche Konsequenzen

Von Prof. Dr. Wolfgang Förster, Berlin

I. Einleitung: Betriebswirtschaft und Ökonomisches System des Sozialismus (ÖSS)

Ein altes Sprichwort sagt: ‚Der Teufel steckt oft im Detail'. Wenn wir uns unter der Rahmenfrage nach einer neuen Phase des Ökonomischen Systems um eine sachbezogene Diagnose der gegenwärtigen wirtschaftlichen Situation und ordnungspolitischen Konzeption in der DDR bemühen, die durch die in mancher Beziehung Pythia-ähnlichen Erklärungen des VIII. Parteitages der SED nicht gerade an Transparenz gewonnen haben, so erscheint es sicherlich nicht nur gerechtfertigt, sondern geboten, auch einmal die Bedingungskonstellationen etwas näher zu würdigen, unter denen sich die wirtschaftlichen Ablaufprozesse in den Betrieben als den Stätten der praktischen und tatsächlichen Realisierung der gesamtwirtschaftlichen Vorhaben im Alltag vollziehen. Dies gilt auch dann, wenn wir bei einer solchen Betrachtung in einigen Teilen unvermeidlich zur Wiederholung von Gedanken und Interpretationen kommen müssen, die teils in dieser, teils in jener Form schon in den Referaten der Herren *Thalheim* und *Buck* ausgebreitet wurden, denn ich meine, gerade erst dadurch ergibt sich ja der Erkenntniswert einer mit wissenschaftlicher Vorsicht angestrebten Diagnose, wenn man sie zum gleichen Thema aus verschiedenen Perspektiven ansetzt.

Speziell für die jetzt und hier angestrebte betriebswirtschaftliche Sicht gilt dies um so mehr, als — für den betriebswirtschaftlichen Betrachter nicht ohne besondere Note — zum Zwecke der Verwirklichung des auf dem vorletzten (VII.) Parteitage der SED proklamierten ÖSS mit Nachdruck die Schaffung einer neuen sozialistischen Betriebswirtschaftslehre dekretiert wurde. So findet sich — um in dem hier versammelten Expertenkreis nur 2 Beispiele in Erinnerung zu bringen — unter den im Gesetz über den Volkswirtschaftsplan 1968 vom 15. 12. 1967 aufgezählten 9 Haupterfordernissen ausdrücklich die Formulierung „Entwicklung eines wissenschaftlichen Systems der sozialistischen Betriebswirtschaft". Korrespondierend heißt es in der Verlautbarung über das neue Studienmodell der Sektion Wirtschaftswissenschaften der Humboldt-Universität von 1969[1], „Die Ausbildung von Hochschulökonomen wird sich ... auf zwei Hauptrichtungen konzentrieren, und zwar

1. sozialistische Betriebswirtschaft, die im Schwerpunkt die Zusammenhänge der komplexen Reproduktion innerhalb der Betriebe behandelt;
2. Volkswirtschaft, die im Schwerpunkt die Zusammenhänge des volkswirtschaftlichen Reproduktionsprozesses behandelt".

Wenn ich mir die Bemerkung erlaubte, daß diese Postulate für die Diagnose des ÖSS und seiner Entwicklung nicht ohne besondere Note erscheinen, so meine ich das deshalb, weil vor noch nicht gar so lange vergangener Zeit namhafte Wirtschaftswissenschaftler in der DDR (so u. a. Fritz Behrens oder Winternitz) die Frage stellten und verneinten, ob denn die Betriebswirtschaftslehre überhaupt eine Wissenschaft sei. Konstruktive betriebswirtschaftliche Konsequenzen aus früheren ablehnenden Einschätzungen dieser Disziplin dürfen wir somit also sicherlich als einen relevanten Bestandteil der Konzeption des ÖSS erachten.

Fragen wir nun aus dieser Sicht nach möglichen Indikatoren einer neuen Phase des ÖSS, so erscheint es geboten, gewissermaßen als Projektionsfläche für die Ableitung von Veränderungen zunächst einmal einige Tatbestände der betriebswirtschaftlichen Motivationen und Kriterien der ursprünglichen Phase des ÖSS zu sammeln.

II. Betriebswirtschaftliche Motivationen und Kriterien der ursprünglichen Phase des ÖSS

1. Motivationen

Ohne im Rahmen der mir verfügbaren Redezeit näher auf die sicherlich interessante Frage eingehen zu können, wie es zu den unterschiedlichen Einschätzungen der Betriebswirtschaftslehre in Mitteldeutschland von gestern und heute kommen konnte oder mußte, darf ich wohl sagen, daß die mit der Verkündung des ÖSS erhobene Forderung nach Entwicklung eines wissenschaftlichen Systems der sozialistischen Betriebswirtschaft letzten Endes dadurch motiviert ist, daß es trotz vielfältiger Experimente — zuletzt durch das sogenannte „in sich geschlossene System ökonomischer Hebel" im Sinne des NÖSPL von

---

[1] Vgl. Sozialistische Finanzwirtschaft, Berlin (Ost) 1969, Heft 21, S. 8—13; hier S. 10.

1963 — noch immer nicht gelungen war, genügend effiziente Methoden zu finden, um die Erfüllung der zentralen Planaufgaben mit der den Betrieben überlassenen notwendigen wirtschaftlichen Selbständigkeit optimal zu verbinden.

Schon Stalin räumte dazu ein — wenn wir ihn noch oder wieder zitieren dürfen — „Kein Fünfjahrplan kann all die Möglichkeiten berücksichtigen, die ... nur im Prozeß der Arbeit, im Prozeß der Verwirklichung des Planes in der Fabrik, im Werk ... aufgedeckt werden"[2]. Und Ulbricht sprach im gegebenen Zusammenhang mit Blick auf das ÖSS vom Problem der „Dialektik von zentraler Leitung und schöpferischer Initiative". Anders ausgedrückt handelt es sich um den Grundstatus der Wechselwirkungen zwischen wirtschaftlich zweckmäßiger und administrativ notwendiger Lenkung der Planungs- und Ablaufprozesse in einer Zentralverwaltungswirtschaft, deren wachsende Widersprüche zuvor Herr *Buck* an Beispielen aus der Finanzpolitik darstellte und auf deren offensichtlich systembedingte Existenz wir hier gleichermaßen als generell betriebswirtschaftliches Phänomen stoßen.

2. Kriterien

Fragen wir nun, mit welchen Methoden man bei der Verkündung des ÖSS dieses generelle betriebswirtschaftliche Phänomen oder — um nochmals mit Ulbricht zu sprechen — das Problem der Dialektik von zentraler Leitung auf staatlicher und schöpferischer Initiative auf betrieblicher Ebene zu regeln gedachte, so lassen Sie mich dazu von folgenden Thesen ausgehen:

(1) Es ging um den Versuch, die Verbindung zwischen Erfüllung der zentralen Planaufgaben und wirtschaftlicher Selbständigkeit der Betriebe durch Einsatz modernster Organisations- und Verfahrenstechniken wie Kybernetik, Operationsforschung, Netzwerkplanung oder EDV operativ neu zu fassen. Durch gleichzeitige Adaptierung dieser Verfahren an das sozialistische Bewußtsein hoffte man erheblich wirkungsvoller als bisher die als selbständige Wirtschaftseinheiten strukturierten Betriebe einerseits auf striktes Rentabilitätsverhalten zu orientieren, andererseits dabei aber zu gewährleisten, daß die Einheit zwischen zentraler Leitung und operativer Betriebsführung transparenter wird. Bei der Strukturierung dieser relativen oder vielleicht treffender gesagt doppelbödigen Aktionskompetenzen unterschied man sorgfältig zwischen schöpferischer sozialistischer Initiative und unsozialistischen Spontaneitäten.

---

[2] „Werke", Bd. 12, S. 347; deutsch in: Finanzen und Kredit, Berlin (Ost) 1952, Bd. II, S. 280.

Schöpferische Initiative bedeutet im gegebenen Zusammenhang optimale Entfaltung von Aktivitäten mit der Zielfunktion eines maximalen Nettogewinns unter Bewahrung strengster Plandisziplin. Nicht zulässige, unsozialistische Spontaneitäten sind demgegenüber (so z. B. nach Matho) solche Verhaltensweisen, welche zwar auch zu einer Gewinnerzielung führen, diese aber durch außerplanmäßige oder gar planwidrige Aktivitäten bewirken. Für Flexibilitäten, bei denen Reaktion auf Vorgänge im Betrieb oder in seinen Außenbeziehungen zugleich auch immer schon Aktion ist, läßt das so geprägte Verständnis der Maxime für die operative Betriebsführung also keinen Raum.

Gleichwohl gilt — so nach Ulbricht, hier wiedergegeben nach dem Lehrbuch „Politische Ökonomie des Sozialismus und ihre Anwendung in der DDR" (S. 683): „Im ÖSS geht es bezüglich der Betriebe im Grunde darum, ihnen die volle Verantwortung für das zu übertragen, was sie ohnehin objektiv unumgänglich selbst vollziehen müssen, nämlich die eigenverantwortliche Vorbereitung, Durchführung, Vervollkommnung und Erweiterung der Reproduktion. Dabei ist vom Gesamtsystem her zu sichern, daß sie dieser Eigenverantwortlichkeit als Warenproduzenten auch ... tatsächlich gerecht werden können."

(2) Prämisse dieser bipolaren Standortsbestimmung der Rolle der Betriebe: zwar Eigenverantwortlichkeit, aber nicht autonom, sondern als organischer Bestandteil der gesamten sozialistischen Planwirtschaft, war — so weiter nach dem DDR-Lehrbuch „Politische Ökonomie" — die Einschätzung, daß in der produktiven Tätigkeit der in den Betrieben schöpferisch arbeitenden Menschen die Anforderungen der ökonomischen Gesetze des Sozialismus gewissermaßen automatisch in hohe Ergebnisse für die Gesellschaft umgesetzt werden. Bezogen auf die Konzipierung des Systems der neuen sozialistischen Betriebswirtschaft meinte man also offensichtlich davon ausgehen zu können, daß der ideologisch erhoffte Prozeß des Heranwachsens einer Interessenharmonie zwischen betrieblichen und gesamtgesellschaftlichen Belangen schon bis zu einem gewissen Grad gediehen und zumindest in seinen Ansätzen installierbar sei.

So erklärt z. B. das Autorenkollektiv Ebert-Koch-Matho-Milke (alle Professoren an der Parteihochschule „Karl-Marx") in seiner Schrift ‚Die SED und die ökonomischen Gesetze des Sozialismus'[3], man könne feststellen, daß sich in der DDR in den vergangenen Jahren ein qualitativ neues Verhältnis der Menschen zu den objektiven Gesetzen ihres eigenen Handelns herausgebildet hat. Dies sei eine wesentliche erste Voraussetzung für das Erkennen und die bewußte Ausnutzung der gesellschaftlichen Gesetze. Ähnlich heißt es im „Neuen Ausbildungs-

---

[3] Vgl. „Wirtschaftswissenschaft", Berlin (Ost), Nr. 4/1971.

modell der Fachrichtung Sozialistische Betriebswirtschaft", das 1968/ 1969 erarbeitet und im Juli 1970 vom Minister für Hoch- und Fachschulwesen der DDR bestätigt wurde[4]: „Die Arbeiterklasse erwirbt in zunehmendem Maße die Fähigkeit, die sozialistische und die wissenschaftlich-technische Revolution als Einheit zu meistern ... Unter Führung ihrer Partei meistert (sie) ... konsequent und erfolgreich die dialektischen Widersprüche im Entwicklungsprozeß der sozialistischen Gesellschaft und überwindet mit Kühnheit, Initiative und schöpferischem Denken und Handeln alle Hemmnisse des gesellschaftlichen Fortschritts."

Ausgedrückt mit dem Vokabularium der nach schwierigem ideologischen Hürdenlauf auch in der DDR anerkannten Kybernetik gibt es demnach in der Tat dokumentierbare Anlässe, daß das System der zu entwickelnden sozialistischen Betriebswirtschaft als ein „sich selbst regulierenden Subsystem" verstanden und entsprechend etabliert wurde. Von dieser Warte her schuf man ein Instrumentarium, welches primär auf die Förderung und ex-post-Kontrolle der ‚schöpferischen Initiative' abgestellt war und die früher dominierende a-priori-Verhinderung von Spontaneitäten zwar nicht gerade außer acht ließ, aber eben doch nicht penetrant in sich einbezog. Das hatte und hat gewiß nichts mit einer Hinwendung zu marktwirtschaftlichen oder ‚kapitalistischen' Betriebsführungsmethoden zu tun, bedeutet doch aber sicherlich innerhalb des zentralverwaltungswirtschaftlichen Systems eine beachtliche Akzentverschiebung der Steuerungsmethodik für die im Spannungsfeld zwischen schöpferischer Initiative und Plandisziplin angesiedelte operative Betriebsführung zugunsten stimulierender statt dirigierender Effekte.

Konfrontieren wir diese Thesen mit den seit Verkündung des ÖSS bis Ende 1970 erfolgten de-facto-Verlautbarungen oder -Regelungen so finden sie, wie ich glaube, durch folgende Hinweise ihre Bestätigung:

(1) Zunächst noch einmal das 1969 erschienene Lehrbuch „Politische Ökonomie des Sozialismus und ihre Anwendung in der DDR". Hier heißt es in Kapitel 5 (Reproduktion, wirtschaftliche Rechnungsführung und sozialistische Wirtschaftsführng im Betrieb)[5]: „Die sozialistische Betriebswirtschaft ist selbst wesentliches Element des ÖSS. Sozialistische Betriebswirtschaft kann nur ausgehend vom Charakter des sozialistischen Gesellschaftssystems insgesamt, der politischen Macht der Arbeiterklasse und ihrer Verbündeten, der sozialistischen Staatsmacht

---

[4] Ebenda, Heft 3/1971, S. 336/37. Ergänzend zu Rolle und Entwicklungsstand des Problems „Interessenharmonie" vgl. DDR-Lehrbuch „Politische Ökonomie", S. 747.
[5] „Lehrbuch", S. 684.

und der Unteilbarkeit des sozialistischen Eigentums richtig verstanden und verwirklicht werden."

(2) Laut dem neuen „Ausbildungsmodell der Fachrichtung Sozialistische Betriebswirtschaft"[6] hat sie in dem umschriebenen Sinne insbesondere zu dienen

— der Vervollkommnung der sozialistischen Wirtschaftsführung in den Kombinaten, Betrieben und Großforschungszentren entsprechend den gesellschaftlichen Erfordernissen im Prognosezeitraum
— Sicherung höchster Rationalität und Effektivität
— der Gewährleistung eines hohen Tempos der sozialistischen Rationalisierung und Automatisierung
— der ökonomisch effektiven Gestaltung des Einsatzes der elektronischen Datenverarbeitung
sowie
— der zielstrebigen Anwendung der marxistisch-leninistischen Organisationswissenschaft, insbesondere der Operationsforschung und der systematischen Heuristik.

(3) Laut einem Kommentar zum Parteilehrjahr 1968 unter dem Titel „Sozialistische Betriebswirtschaft — Instrument der Planung und Leitung sozialistischer Warenproduzenten" im Organ des ZK der SED für Fragen des Parteilebens „Neuer Weg" (Nr. 1/1968) und den dazu ergangenen Begleitartikeln umfassen die zur Erfüllung der vorgenannten Hauptaufgaben zu entwickelnden organisations- und verfahrenstechnischen Maßnahmen insbesondere folgende Einsatzbereiche:

— Leitung von Kollektiven; Arbeit mit den Menschen
— Effektuierung des Prinzips der materiellen Interessiertheit
— Sozialistische Geschäftstätigkeit unter betonter Abhebung vom kapitalistischen Management
— Systemanalyse und Systemgestaltung im Betrieb durch Problemanalyse, Modellierung, Variantenrechnung (Algorithmierung, Programmierung) sowie Analyse der Lösungen und Entscheidungen
— Herbeiführung einer neuen Qualität der wirtschaftlichen Rechnungsführung mit dem Ziel der „Sicherung einer dauerhaften hohen Rentabilität"[7]
— Eigenerwirtschaftung der Mittel
— Allseitige Anwendung der Produktionsfondsabgabe (PFA) in Verbindung mit der Ökonomie der Grundfonds

---

[6] Vgl. „Wirtschaftswissenschaft", Berlin (Ost) Heft 3/1971, hier S. 335.
[7] „Lehrbuch", S. 751.

Das ökonomische System der DDR nach dem Anfang der siebziger Jahre 115

— Optimierung von Investitionsentscheidungen
— Verbesserung des Informationssystems mit dem Ziel, daß „einmal erfaßte bearbeitete Zahlenangaben für verschiedene Entscheidungsbereiche genutzt und Doppelerfassungen vermieden werden"[8] sowie im Zusammenhang damit nicht zuletzt
— Einhaltung und Realisierung des ab 1. Januar 1968 in Kraft gesetzten einheitlichen Systems von Rechnungsführung und Statistik

Kurz zusammengefaßt ist unter der in der ursprünglichen Phase des ÖSS konzipierten neuen sozialistischen Betriebswirtschaft die Leitung und Organisation des betrieblichen Reproduktionsprozesses zu verstehen, „angefangen von der Forschung und Entwicklung über die Vorbereitung und Durchführung der Produktion bis hin zum Absatz ... Sie hat zum Inhalt die komplexe Anwendung der wirtschaftlichen Rechnungsführung auf der Grundlage ... moderner Methoden und Verfahren der Leitung. Dazu gehören die kybernetische Wissenschaft, die Operationsforschung, die Netzwerkplanung, die Information und Dokumentation, das Arbeitsstudium, die Arbeitsgestaltung und Arbeitsnormung sowie die elektronische Datenverarbeitung"[9].

III. Betriebswirtschaftliche Analyse der Entwicklungstatbestände und -tendenzen aus der Anwendung des ÖSS

1. Das Problem der Disproportionen

Fragen wir nun nach den Ergebnissen dieses ohne Zweifel umfassend und mit Bedacht angelegten neuen Systems zur Meisterung des Problems der Dialektik von zentraler Leitung und schöpferischer Initiative und orientieren wir uns für diese Zwecke zunächst an den gesamtwirtschaftlichen Entwicklungsdaten der DDR im Jahre 1970, dem im Zeichen des ÖSS abgewickelten letzten Jahre des Perspektivplanes 1966—1970, so kann ich mich unter Bezugnahme auf die vorangegangenen Referate der Herren *Gleitze* und *Thalheim* sehr kurz fassen. Es ist klar ersichtlich, daß gegenüber den ursprünglichen Planvorhaben manches Ziel, auch manches nennenswerte, nicht erreicht wurde. Zahlreiche Investitionen blieben unvollendet. Maßgebliche Positionen des Volkswirtschaftsplanes 1970 wurden durch Beschluß des Ministerrates vom 23. 9. 1970 revidiert. Der Wachstumspfad für die bevorstehende Planperiode wurde erheblich niedriger angesetzt als zuvor. In seinem Rechenschaftsbericht auf dem VIII. Parteitag übte Honecker harte Kritik an der

---
[8] Ebenda, S. 380.
[9] So lt. „Presse-Informationen des Ministerrates der DDR", Nr. 29 (3040) vom 28. 3. 1968, S. 4.

wirtschaftlichen Entwicklung seit dem letzten Parteitag 1967. Als Folge „ungenügend bewältigter Aufgaben" wurde für die kommenden Jahre ein „bedeutender Anstieg der Arbeitsproduktivität und der Effektivität der Arbeit in der ganzen Wirtschaft"[10] verlangt. Kurz es geht, was ich an dieser Stelle nach Maßgabe der vorangegangenen Referate und Diskussionen ohne nochmalige nähere Deduktion einfach registrieren darf, um eine nicht gerade erbauliche Bilanz. Sie hat — wie ebenfalls in den vorangegangenen Beiträgen deutlich wurde — ihre Ursache in einer Reihe erneuter *Disproportionen*, was im übrigen schon auf der 14. Tagung des ZK der SED (9.—11. 12. 1970) unmißverständlich eingeräumt wurde[11]. Dabei gilt es zu bedenken, daß nach dem Selbstverständnis der politischen Ökonomie des Sozialismus die planmäßig hergestellte proportionale Entwicklung eine überaus wichtige Bedingung hoher Effektivität ist. Wird die Bedeutung der Proportionalität unterschätzt, wird sie im Verhältnis zur Rolle der Dynamik auf einen zweitrangigen Platz verdrängt, so erwachsen daraus ernste Probleme für die Sicherung des notwendigen Entwicklungstempos und der Effektivität der Wirtschaft.

Suchen wir nun auf dem Hintergrund der aufgebauten Projektionsfläche des Konzepts der neuen sozialistischen Betriebswirtschaft nach den Bedingungskonstellationen, unter denen das so eklatante Problem der Disproportionen heranwuchern konnte, so meine ich, wir dürfen oder müssen sagen: Es geht um die Konsequenzen einer falschen oder zumindest verfrühten Einschätzung der Prämisse, daß der Prozeß des Heranwachsens einer Interessenharmonie zwischen betrieblichen und gesamtwirtschaftlichen Belangen schon installierbar sei. Die Betriebe mißbrauchten den ihnen für die operative Betriebsführung eingeräumten Spielraum für „schöpferische sozialistische Initiative" zu einem Freiraume für außerhalb der Plandisziplin angesiedelte „Spontaneitäten". Zum Zwecke der Effektuierung des Prinzips der materiellen Interessiertheit versuchten sie, die dekretierte Zielfunktion „Maximaler Nettogewinn" (vgl. hierzu Schaubild im Anhang) mit Mitteln zu erfüllen, die zwar dem Betriebe, aber nicht unbedingt auch der Gesellschaft nützten. Die sogenannte „strukturbestimmenden Aufgaben" wurden zu stark in den Vordergrund gestellt und die Deckung des übrigen Bedarfs vernachlässigt[12]. Die Pläne der Betriebe und Kombinate entsprachen in ihrer Summe nicht voll dem Staatsplan und in verschiedenen Positionen nicht dem festgelegten Aufkommen in den Bilanzen[13]. Die von Ulbricht ausgegebene Losung: „In jeder ökonomischen Situation eines Betriebes oder

---

[10] Hier zitiert nach „Neues Deutschland" vom 16. 6. 1971.
[11] Vgl. „Deutschland Archiv", Nr. 3/71, S. 304.
[12] Vgl. u. a. „Die Wirtschaft", Berlin (Ost) 1971, No. 12, S. 5—6.
[13] Ebenda.

Kombinates läßt sich unter Einsatz der schöpferischen Kraft aller Beteiligten die Lösung finden, die unter den gegebenen Bedingungen die beste ist"[14], führte zur Entfaltung von Dynamiken, die eben die Proportionalität auf einen zweitrangigen Platz zurückdrängten. Die Devise „Eigenerwirtschaftung der Mittel für Investitionen" führte zu Hypertrophien einerseits und Friktionen andererseits, wie sie zuvor des Näheren von Herrn *Buck* aufgezeichnet wurden.

Kurz, die praktischen Erfahrungen bestätigten, daß das „entwickelte gesellschaftliche System des Sozialismus in den 70er Jahren"[15], dargestellt an dem zuvor angesprochenen Harmonisierungsprozeß zwischen betrieblichen und gesamtgesellschaftlichen Interessen sich offensichtlich in der derzeitigen Phase als noch nicht soweit „entwickelt" erwies, wie man bei der Konzeption der neuen sozialistischen Betriebswirtschaft davon auszugehen können glaubte. Wenn auch in vorgerückten Entwicklungsdimensionen zeigt sich damit, daß das zuvor nach dem Lehrbuch „Politische Ökonomie des Sozialismus und ihre Anwendung in der DDR" umschriebene Verständnis der sozialistischen Betriebswirtschaft als wesentliches Element des ÖSS in ähnlichem Maße noch so wenig in das Bewußtsein der Alltagspraxis eingekehrt ist, wie Lenin vor über 50 Jahren hinsichtlich der von ihm installierten „Arbeiterkontrolle" konstatieren mußte, indem er erklärte: „Die Arbeiterkontrolle ist bei uns Gesetz geworden, aber ins Leben und sogar ins Bewußtsein der breiten Masse beginnt sie kaum erst einzudringen[16]."

Zur Konkretisierung, wie es in der betrieblichen Alltagspraxis der DDR zu Beginn der 70er Jahre aussieht, nur 2 Beispiele:

(1) Laut Erich Wappler (Leiter der Abt. Planung und Finanzen beim ZK der SED) in seinem Beitrag „Den VIII. Parteitag vorbereiten heißt tägliche Planerfüllung" im Organ der ZK der SED für Fragen des Parteilebens „Neuer Weg"[17]: „In den letzten Wochen ergaben Überprüfungen durch Mitarbeiter zentraler Staatsorgane, daß in manchen Betrieben die Bilanzanforderungen und Materialbereitstellungen in oberflächlicher und auch bewußt egoistischer Weise zu hoch angegeben waren. Von einem Erfurter Betrieb wurden z. B. 350 t Schmiedestücke dringend gefordert, obwohl dazu keine Notwendigkeit vorlag."

(2) Laut Alfred Binz (Stellvertreter des Ministers für Materialwirtschaft) in seinem Beitrag „Die Aufgaben der Bilanzorgane zur Siche-

---

[14] Hier zitiert nach „Deutschland Archiv", 3/71, S. 305.
[15] Ebenda, S. 299.
[16] So in: „Die Bedeutung des Kampfes für die allumfassende Rechnungsführung und Kontrolle"; hier zitiert nach „Ausgewählte Werke in zwei Bänden", Verlag für fremdsprachige Literatur, Moskau 1947, Bd. II, S. 371.
[17] Vgl. „Neuer Weg", Nr. 5/1971, S. 198.

rung der planmäßigen proportionalen Entwicklung der Volkswirtschaft" in „Die Wirtschaft" Nr. 12/1971, S. 5—6: Hier wird u. a. ausgeführt, daß im 1. Quartal 1971 durchgeführte Bedarfsprüfungen zu ausgewählten Plasthalberzeugnissen zeigten, daß eine Reihe von Betrieben nicht in der Lage war, den von ihnen angemeldeten Bedarf technisch und ökonomisch zu begründen. Analysen für Erzeugnisse des Maschinenbaues ergaben den Nachweis möglicher Mengenreduzierungen bis zu 40 %.

Nach diesem Blick auf einige Details der Alltagspraxis zurück zum Grundproblem der entstandenen Disproportionen aus betriebswirtschaftlicher Sicht. Neben der irrealen Prämisse der Installierbarkeit des Harmonisierungsprozesses von betrieblichen und gesamtgesellschaftlichen Interessen für die Maxime der operativen Betriebsführung erscheint mir für die offenkundig gewordenen Schwächen insbesondere die Überforderung des konzipierten Informationssystems maßgeblich.

Durch das ab 1.1.1968 in Kraft getretene einheitliche System von Rechnungsführung und Statistik sollen die erforderlichen zahlenmäßigen Informationen auf allen Ebenen der Wirtschaft — angefangen von der Betriebs- und Finanzbuchhaltung der Betriebe über die den Betrieben übergeordneten Organe bis hinauf zu den verantwortlichen zentralen Staatsorganen — in einem einzigen in sich geschlossenen System erfaßt und ausgewertet werden und als Erkenntnisgrundlage für alle Dispositionen, Planungen oder sonstigen Maßnahmen der zentralen und betrieblichen Leitungstätigkeiten dienen. Dieses vom Konzept her sicherlich beachtlich „runde" Modell löste indessen in der Praxis — so zumindest in der betrieblichen Praxis, von der hier die Rede ist — das Problem aus, wie es gelingen kann, die gewünschten Informationen von unten nach oben und von oben nach unten so zuverlässig und schnell zu übermitteln, daß sie für die Entfaltung plandisziplinierter Aktivitäten wirksam werden können. Es entstanden Akkumulationen von Daten im Sinne von Zahlenfriedhöfen, die die erhofften Erkenntnismöglichkeiten eher verschütteten als förderten. Der zur Überwindung solcher Friktionen vorgesehene Einsatz der elektronischen Datenverarbeitung kollidierte mit dem Problem mangelnder Kapazitäten der Computer-Technik oder da, wo solche Kapazitäten wenigstens in gewissem Umfange verfügbar waren, mit dem Mangel an einsatzfähigen Spezialisten. (Ich erinnere in diesem Zusammenhang an die auf dem Juli-Plenum des Forschungsbeitrates 1968 näher ausgebreiteten Bedarfsrechnungen an Computer-Energien allein für Informations-Teilsysteme in Verbindung mit dem Referat von Dr. *Ludwig Bress* zum Thema „Kybernetik und dialektischer Materialismus".)

Durch diese Schwachstellen des — wie ich noch einmal betonen möchte — vom Modell her zwar imposanten, praktisch aber der Installierbarkeit weit vorausgeeilten Informationssystems waren schwerwiegende Fehleinschätzungen der Realitäten zwangsläufig unvermeidbar. Für die Aktionsmöglichkeiten bei der operativen Betriebsführung führte das entweder zu mangelnder plankonformer Reagibilität gegenüber Störfaktoren oder — im Zweifel sogar ohne Absicht — zum Ausgleiten aus dem Spielraum für schöpferische Initiative in den Freiraum für Spontaneitäten.

2. Die Weichenstellung

Verstehen wir nach dem zuvor Gesagten, von der betrieblichen Basis her analysiert, das am Ende der Fünfjahrplan-Periode 1966—1970 eklatant gewordene Problem der Disproportionen zu einem maßgeblichen Teil als Folge von Überforderungen der im Zeichen des ÖSS entwickelten neuen sozialistischen Betriebswirtschaft, so lassen Sie uns nunmehr abschließend fragen, was sozusagen als Rückkopplungskonsequenz aus den über die Regelstrecke bewirkten Resultaten gezogen wurde.

Hier geht es seit Anfang dieses Jahres um die von Herrn *Buck* als „ruckartig", von Herrn *Thalheim* als längerfristig bedingt interpretierte Weichenstellung. Zwar lauten die dazu ergangenen höchstinstanzlichen Formulierungen sehr gefällig — so übereinstimmend nach dem Entwurf der Direktive des ZK der SED zum Fünfjahrplan 1971 bis 1975 laut Sonderbeilage zu „Neues Deutschland" vom 5. Mai 1971 und Neufassung dieser Direktive laut Sonderbeilage vom 23. Juni 1971 — „Bewährte Methoden der sozialistischen Betriebswirtschaft ... sind weiter anzuwenden und zu entwickeln"[18]. Vergleichen wir aber die ursprünglich aufgezählten Entwicklungs- und Einsatzbereiche und vor allem, wie sie determiniert waren, mit den Direktiven von heute, so ergeben sich nicht nur Akzentverschiebungen, sondern auch veränderte Sachverhalte.

So werden z. B. in den zitierten Direktiven vom 5. Mai und 23. Juni 1971 als „bewährte" Methoden apostrophiert: „Die Betriebsanalyse, die Anwendung des Haushaltsbuches, Betriebsvergleiche, die Gebrauchswert-Kosten-Analyse, die Planaufschlüsselung und die Plankontrolle". Abgesehen von dem Stichwort „Betriebsanalyse" sind das Aspekte, die nach dem ursprünglichen Katalog in die Dimension der Durchführungsbestimmungen fielen, nun aber als Hauptsache hervorgehoben werden.

---

[18] Vgl. zitierte Quelle vom 5. 5. 1971; S. 10; vom 23. 6. 1971, S. 11.

Besonders charakteristisch erscheint mir dabei die im übrigen auch an verschiedenen anderen Stellen der Direktiven massiv in den Vordergrund gerückte Bedeutung der „Kontrolle", wobei nicht unerwähnt bleiben darf, daß diese Hervorhebung in der neuen Fassung vom 23. Juni 1971 noch häufiger pointiert ist, als in der vom 5. Mai 1971. Demgegenüber glaubten wir doch gerade bei der Analyse der ursprünglichen Konzeption der neuen sozialistischen Betriebswirtschaft im Zeichen des ÖSS als eines ihrer Kriterien konstatieren zu können, daß den stimulierenden Effekten ein leichter Vorrang eingeräumt wurde gegenüber den dirigierenden und kontrollierenden. Hier scheint sich also eine genaue Umkehrung anzubahnen.

Entsprechendes bestätigen in der Relation zum Aspekt „Eigenverantwortlichkeit der Betriebe" die in den neuen Direktiven enthaltenen Formulierungen über die Stärkung der Rolle und Autorität des Staatsplanes und die wirkungsvollere Verbindung der wirtschaftlichen Rechnungsführung mit dem Plan[19]. „Durch weitere Stärkung der Rolle der zentralen Planung und Leitung ... sind notwendige Bedingungen zur Lösung der Hauptaufgabe des Fünfjahrplans zu schaffen"[20], heißt es dazu wörtlich im Abschnitt III der Direktive; und weiter: „Die Normative und Kennziffern der wirtschaftlichen Rechnungsführung sind so zu gestalten, daß die Einheit zwischen materieller und finanzieller Planung besser gewährleistet wird und die Betriebe ... an der Erfüllung des Staatsplanes stärker interessiert werden".

Wie drastisch diese durch die Direktiven vom 5. Mai bzw. 23. Juni bekundete Weichenstellung in Richtung eines vermehrten Einsatzes dirigierender, administrierender und kontrollierender Elemente gemeint ist, wird am besten deutlich, wenn man sie mit dem bereits um die Jahreswende 1970/71 verkündeten Beschluß über die Durchführung des ÖSS im Jahre 1971 verbindet, in dessen Folge Schlag auf Schlag ein beträchtliches Bündel weiterer Beschlüsse, Verordnungen, Anordnungen oder Richtlinien zu Fragen der Planung und Leitung erschien.

Nachdem meine Herren Vorredner diesen Sachverhalt bereits in gesamtwirtschaftlicher Sicht gewürdigt und speziell an Beispielen der Finanzpolitik dargestellt haben, kann ich mich an dieser Stelle darauf beschränken, die Quellengrundlagen dieses Bündels lediglich insoweit auswahlweise anzuführen, als sie für die gezogenen betriebswirtschaftlichen Konsequenzen relevant sind.

Neben dem bereits zitierten Beschluß über die Durchführung des ÖSS im Jahre 1971 vom 1. Dezember 1970, verkündet im Gesetzblatt der DDR Teil II Nr. 100 vom 22. Dezember 1970 gehören hierzu insbesondere:

---
[19] Vgl. ebenda 5. 5. 1971, S. 9; 23. 6. 1971, S. 9/10.
[20] Vgl. ebenda 5. 5. 1971, S. 9.

Das ökonomische System der DDR nach dem Anfang der siebziger Jahre 121

— Anordnung zur weiteren Arbeit am Volkswirtschaftsplan 1971 vom 17. Dezember 1970; GBl. II Nr. 101 vom 24. Dezember 1970
— Beschluß über die Planung und Leitung des Prozesses der Reproduktion der Grundfonds vom 16. Dezember 1970; GBl. II Nr. 1 vom 6. Januar 1971
— eine neue Verordnung über die Produktionsfondsabgabe vom 16. Dezember 1970; GBl. II Nr. 4 vom 14. Januar 1971
— Richtlinie über Maßnahmen zur Durchsetzung einer straffen Ordnung auf dem Gebiete der Investitionen vom 4. Januar 1971; GBl. II Nr. 5 vom 15. Januar 1971
— Finanzierungsrichtlinie für 1971 vom 31. Dezember 1970; GBl. II Nr. 6 vom 18. Januar 1971
— Verordnung über die Planung und Bilanzierung der Umlaufmittel vom 20. Januar 1971; GBl. II Nr. 13 vom 5. Februar 1971
— Verordnung über die Einstellung und Verlagerung der Produktion von Erzeugnissen und Leistungen vom 6. Januar 1971; GBl. II Nr. 16 vom 11. Februar 1971
— eine neue einheitliche und zusamenfassende Verordnung über die Planung, Bildung und Verwendung des Prämienfonds usw. vom 20. Januar 1971; ebenfalls GBl. II Nr. 16 vom 11. Februar 1971
— eine neue Hauptbuchhalter-Verordnung vom 20. Januar 1971; GBl. II Nr. 18 vom 15. Februar 1971
— Verordnung zur Änderung der Verordnung über das einheitliche System von Rechnungsführung und Statistik; vom gleichen Tage und an gleicher Stelle wie die neue Hauptbuchhalter-Verordnung
— Anordnung über die Bildung und Verwendung des Betriebsergebnisses aus der Außenhandelstätigkeit usw. vom 11. Februar 1971; GBl. II Nr. 27 vom 4. März 1971
— Richtlinie des Ministerrates pp. für die Arbeit mit dem Haushaltsbuch im sozialistischen Wettbewerb vom 17. Februar 1971; GBl. II Nr. 28 vom 8. März 1971
— Verordnung über die Planung und Abrechnung des Industrieanlagenbaues vom 10. März 1971; GBl. II Nr. 32 vom 19. März 1971
— Anordnung über die Anwendung der Gebrauchswert-Kosten-Analyse vom 17. März 1971; GBl. II Nr. 35 vom 2. April 1971.

Zu diesem ein reichliches Dutzend umfassenden Auswahlkatalog kommt eine fast gleich große Zahl neuer Vorschriften über die betriebliche Besteuerung, Eigenerwirtschaftung der Mittel, Preisbildung oder planmethodische Leitlinien.

Es würde den Rahmen dieses Berichtes sprengen, wollte ich eine jede dieser zahlreichen Bestimmungen für sich inhaltlich auch nur annähernd würdigen. Machen wir den vielleicht etwas kühnen Versuch, ihnen hinsichtlich der darin geregelten betriebswirtschaftlichen Tatbestände einen kurzen Extrakt abzugewinnen, so darf ich sagen:

Allein vom Titel der zitierten Verordnungen usw. her ist zu erkennen, daß davon praktisch alle Einsatzbereiche der „neuen" sozialistischen Betriebswirtschaft betroffen werden. Im Gegensatz zur bislang propagierten Reduzierung der Zahl von Planvorgaben durch übergeordnete Instanzen für die operative Betriebsführung ergibt sich deren erneute Ausweitung in Gestalt von bis in letzte Einzelheiten reichenden Organisationsanleitungen und Wirkungskennzahlen, wobei die nach dem Konzept der „ökonomischen Hebel" primär auf Wertkennziffern orientierten Vorgaben wieder penetrant mit Mengenkennziffern verbunden, oder sogar durch solche ersetzt werden. Es werden strenge Formeln zur Messung des Automatisierungs-, Mechanisierungs- und Rationalisierungsgrades, der Entwicklung der Arbeitsproduktivität, der Grundfondsquote oder Materialintensität in den Betrieben in Verbindung mit zahlreichen neuen Normativen ausgegeben. Die übergeordneten Organe haben für die ihnen unterstellten Betriebe auch dann Planauflagen festzulegen, wenn ihnen selbst hierfür keine zentrale Auflage erteilt wurde[21]. Die Betriebe haben ihren Betriebsplan auf Monatsaufgaben aufzugliedern. Produktionsumstellungen, auch von einzelnen Erzeugnissen oder Leistungen dürfen nur mit Zustimmung des zuständigen Ministers vorgenommen werden. Für die Anwendung des Prinzips der materiellen Interessiertheit als einem der maßgeblichen Stimuli für die „schöpferische Initiative" erhalten die Betriebe 1971 den Lohnfonds als staatliche Plankennziffer. Eine erhebliche Verschärfung der Kontrollmethodik und Erweiterung der Sanktionen sowohl durch Vertiefung der Kontrollaufgaben, -rechte und -pflichten der den Betrieben übergeordneten Organe als auch durch Stärkung der Rolle des Hauptbuchhalters als staatlicher Kontrolleur im Betrieb ist in Gang gesetzt[22].

IV. Zusammenfassung

Fassen wir unser hier ausgebreitetes Material mit Blick auf die nach dem Lehrbuch „Politische Ökonomie des Sozialismus und ihre Anwendung in der DDR" zitierte Aussage zusammen, die sozia-

---

[21] So z. B. wörtlich lt. GBl. 1970 II Nr. 100, S. 733.
[22] Wegen näherer Einzelheiten zu diesem Extrakt vgl. Erdmann, Kurt: Abkehr vom bisherigen Modell des Ökonomischen Systems des Sozialismus, in: „Deutschlandarchiv" 8/71, S. 816—832.

listische Betriebswirtschaft sei selbst wesentliches Element des ÖSS, so dürfen wir nach Maßgabe der seit der Jahreswende 1970/71 verordneten Weichenstellungen für die Aktionsmöglichkeiten bei der operativen Betriebsführung in der Tat wohl sagen, daß das ÖSS in eine neue Phase eingetreten ist. Denn wenn ein als wesentliches Element dieses Systems deklariertes Teilstück derart gewichtig nicht nur um-, sondern teilweise sogar neu-strukturiert wird, wie wir sahen, so kann das nicht ohne Konsequenzen für das System als Ganzes bleiben.

Dabei vollzieht sich der Wandel nach der Lesart, die neuen Regelungen sollten einer Verbesserung des ÖSS dienen, ohne Schlagzeilen still in den Textspalten des Gesetzblattes und der offiziösen fachlichen Kommentare, ähnlich wie seinerzeit die erste bedeutsame Abwandlung des NÖSPL von 1963, die schlicht und einfach im GBl. I Nr. 5 vom 1. Februar 1966 unter dem Rubrum „Erlaß . . . über die Weiterentwicklung und Vereinfachung der staatlichen Führungstätigkeit in der zweiten Etappe des NÖSPL" kundgetan wurde.

Unter dem Aspekt, für die im Spannungsfeld zwischen schöpferischer Initiative und Plandisziplin angesiedelte operative Betriebsführung der sozialistischen Betriebe eine optimale Methodik zu entwickeln, um die man sich in der UdSSR schon seit über einem halben Jahrhundert bemüht, geht es in der derzeitigen Entwicklungsphase in der DDR um die Erkenntnis, daß auch das 1967 konzipierte ÖSS hierfür noch keine geeigneten Lösungen bietet. Um die dadurch entstandenen Disproportionen in den Griff zu bekommen, entschloß man sich — unter Beibehaltung der modernen Verfahrenstechniken wie Kybernetik, EDV usw. — zu einer drastisch-schwergewichtigen Neuinstallierung des Organisationselementes „Disziplin". Von hier aus würde sich auch eine Erklärung ergeben, warum — wie Herr *Thalheim* fragte — sicher mehr als zufällig der Abschnitt III in der Direktive vom 23. Juni 1971 „Vervollkommnung der Leitung und Planung" überschrieben ist, gegenüber der Folge „Planung und Leitung" in der Fassung vom 5. Mai 1971.

Ob sich der für die ursprüngliche betriebswirtschaftliche Konzeption des ÖSS unterstellte Harmonisierungsprozeß zwischen betrieblichen und gesamtgesellschaftlichen Interessen vielleicht in fernerer Zukunft einmal als Organisationselement für die operative Betriebsführung installieren läßt, ohne das System der Dialektik von zentraler Leitung und schöpferischer Initiative mit antagonistischen Widersprüchen zu verquicken, bleibt mit Spannung abzuwarten. Ich meine, wir haben hierin für längere Zeit eine interessante Forschungsaufgabe zu erblicken.

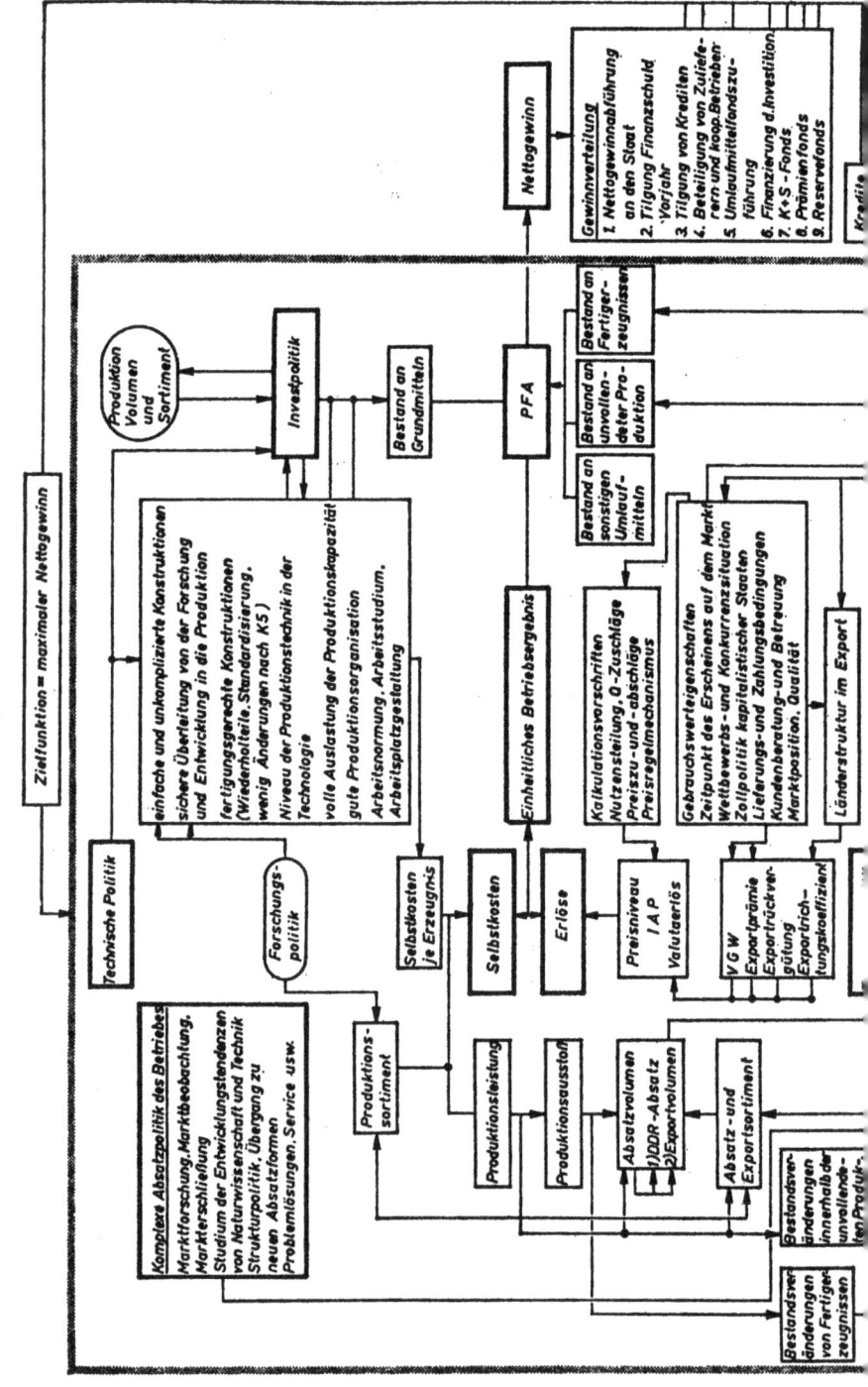

Anhang

**Beschluß
über die Durchführung des ökonomischen Systems
des Sozialismus im Jahre 1971
vom 1. Dezember 1970**

— GBl. der DDR, Teil II, Nr. 100, S. 731 —

I.

Zur Durchführung
des ökonomischen Systems des Sozialismus
im Jahre 1971

Seit dem VII. Parteitag der Sozialistischen Einheitspartei Deutschlands wurden unter Führung der Partei der Arbeiterklasse bedeutsame Abschnitte des ökonomischen Systems des Sozialismus ausgearbeitet und in der Praxis eingeführt, in dessen Ergebnis eine weitere Erhöhung der Effektivität, die Erhöhung des Nationaleinkommens und auf dieser Grundlage ein kontinuierliches Wirtschaftswachstum erreicht werden konnten. Das ökonomische System des Sozialismus bestimmt im wachsendem Maße das Denken und Handeln der Arbeiterklasse und aller Werktätigen. In der Praxis der letzten Jahre hat sich erwiesen, daß seine konsequente Durchführung von entscheidender Bedeutung für die volle Ausschöpfung der Vorzüge der sozialistischen Ordnung unter den Bedingungen der wissenschaftlich-technischen Revolution ist. Die Verwirklichung der Grundprinzipien des ökonomischen Systems des Sozialismus ist daher erstrangige Aufgabe bei der Durchführung des Volkswirtschaftsplanes 1971.

Die Erfüllung aller im Gesetz über den Volkswirtschaftsplan 1971 und im Gesetz über den Staatshaushaltsplan 1971 festgelegten Aufgaben stellt höhere Anforderungen an die Durchführung des ökonomischen Systems des Sozialismus.

Es geht darum, das Prinzip des demokratischen Zentralismus konsequent zu verwirklichen, die Initiative und Schöpferkraft der Arbeiterklasse, der Klasse der Genossenschaftsbauern, der Intelligenz und aller anderen Werktätigen allseitig zu entfalten und durch die staatliche Planung und Leitung die planmäßige proportionale Entwicklung der Volkswirtschaft bei hoher Effektivität zu sichern.

Dabei ist die **enge brüderliche Zusammenarbeit mit der Sowjetunion und allen RGW-Ländern** für die Gestaltung einer hocheffektiven Volkswirtschaft in der Deutschen Demokratischen Republik von großem Wert. Im Jahre 1971 wird die ökonomische Integration der sozialistischen Bruderländer wesentlich vertieft und erweitert.

Entsprechend dem Beschluß des Politbüros vom 8. September 1970 und dem Kommuniqué des Präsidiums des Ministerrates vom 23. September 1970 ist die Kontinuität und Stabilität des volkswirtschaftlichen Reproduktionsprozesses im Plan 1971 durch die **planmäßige proportionale Gestaltung der volkswirtschaftlich entscheidenden Staatsbilanzen** — Nationaleinkommensbilanz, Investitionsbilanz, Rohstoff-, Material- und Energiebilanz, Zahlungsbilanz, Bilanz der Kaufkraft und des Warenfonds sowie Arbeitskräftebilanz — zu gewährleisten.

Die Wirkungsweise des ökonomischen Systems des Sozialismus ist besonders darauf zu richten, auf allen Ebenen und in allen Bereichen die Effektivität zu erhöhen. Aus der Durchführung des Planes 1970 sind Konsequenzen für den Einsatz des Nationaleinkommens im Jahre 1971 zu ziehen. Grundlinie muß dabei sein, sich bei der erweiterten Reproduktion auf die Zweige zu konzentrieren, die den höchsten Beitrag zum Nationaleinkommen leisten.

Es ist unbedingt der Vorrang den Betrieben und Erzeugnissen einzuräumen, die gewährleisten:
— höchste volkswirtschaftliche Effektivität
— hohen Automatisierungsgrad
— Exportfähigkeit der Erzeugnisse
— maximale Entwicklung der Produktion auf der Basis einheimischer Rohstoffe
— Erfüllung von Konsumbedürfnissen der Bevölkerung.

Das erfordert, das Prinzip der Eigenerwirtschaftung der Mittel in den Betrieben der Industrie, des Bauwesens, des Handels, der Landwirtschaft und Nahrungsgüterwirtschaft sowie des Verkehrswesens für die erweiterte Reproduktion strikt anzuwenden.

Gleichzeitig sind der Wohnungsbau, die Schulbauten und die Kindereinrichtungen zu sichern.

Bei der Auswahl der Vorhaben und der Aufnahme in den Plan sind kürzeste Bauzeiten und niedrigster spezifischer Investitionsaufwand zu sichern. Die in der gesamtstaatlichen Konzeption beschlossenen Aufgaben sind nach Bezirken festzulegen und in den Territorien zu realisieren.

Die Hauptaufgabe für die Durchführung des ökonomischen Systems des Sozialismus im Jahre 1971 besteht darin, durch die **weitere Qualifizierung der Leistungstätigkeit, der Planung und der Bilanzierung** solche Bedingungen zu schaffen, daß die im Zusammenhang mit der wissenschaftlich-technischen Revolution zunehmenden volkswirtschaftlichen Verflechtungen beherrscht werden.

Vor allem ist die staatliche Planung und die Bilanzierung so auszubauen, daß die planmäßige proportionale Entwicklung der Volkswirtschaft gesichert wird, das heißt, daß die im Volkswirtschaftsplan enthaltenen Objekte der Strukturpolitik durchgeführt werden und gleichzeitig die notwendigen Proportionen in der Entwicklung der Bereiche und Zweige, insbesondere der Zulieferindustrie, des Exports und für die Versorgung der Bevölkerung, planmäßig gewährleistet werden.

Es geht darum, daß auf allen Ebenen — in der Staatlichen Plankommission, den Ministerien, in den VVB, Kombinaten und Betrieben — eine solche Leitungsfähigkeit entwickelt wird, die die im Volkswirtschaftsplan festgelegten Aufgaben sichert und die Arbeiter, Genossenschaftsbauern, Wissenschaftler und alle anderen Werktätigen eng in die Lösung der Aufgaben einbezieht.

Wesentliche Voraussetzung für die Entwicklung der Masseninitiative zur Steigerung der Produktivität und Effektivität der Arbeit ist die allseitige, umfassende Information der Werktätigen über den Inhalt des Planes sowie über die Konsequenzen und Möglichkeiten, die sich aus der Anwendung der ökonomischen Gesetze des Sozialismus im Betrieb, im Forschungsbereich, in der Brigade usw. ergeben.

Das ökonomische System des Sozialismus schafft gute Bedingungen für eine noch größere Wirksamkeit der sozialistischen Wettbewerbsbewegung. Die Maßnahmen sind darauf gerichtet, ausgehend von den Erfahrungen des Jahres 1970 den Wettbewerb differenziert zu führen, damit die im Plan 1971 enthaltenen Leistungsziele auf der Grundlage realer Bedingungen verwirklicht werden.

Es wird konsequent das Prinzip durchgesetzt, daß diejenigen Arbeiter, Forscher, Wissenschaftler, Genossenschaftsbauern und Angestellten, die hohe ökonomische Ergebnisse erzielen, auch eine entsprechende moralische und materielle Anerkennung durch die Gesellschaft erhalten. Gerade die beispielhaften Leistungen der Werktätigen zur Lösung der komplizierten Aufgaben im Jahre 1970 zeigten, welche bedeutsamen moralischen Potenzen und Fortschritte in der Bewußtseinsbildung durch die sozialistische Gemeinschaftsarbeit erreicht werden können.

Ausgehend von der im Beschluß des Politbüros vom 8. September 1970 dargelegten Grundlinie werden entsprechend den Erfahrungen bei der Durchführung des Volkswirtschaftsplanes 1970 zur Erfüllung der im Volkswirtschaftsplan 1971 enthaltenen Aufgaben in den folgenden Abschnitten die notwendigen Maßnahmen und Regelungen zur Anwendung des ökonomischen Systems des Sozialismus im Jahre 1971 festgelegt.

II.

Zur Qualifizierung der Leitungstätigkeit, der Planung und der Bilanzierung

1. **Zur Leitung der Durchführung des Volkswirtschaftsplanes 1971**

   Mit der Ausarbeitung und Durchführung des Volkswirtschaftplanes 1971 wird entsprechend den Erfahrungen des Jahres 1970 und den vorliegenden Entwicklungsbedingungen die Verwirklichung des ökonomischen Systems des Sozialismus konsequent weitergeführt, qualifiziert und gefestigt.

   Das bedeutet insbesondere, daß die Rolle und Autorität des Planes erhöht und seine Realisierung durch eine qualifizierte und von hoher Staatsdisziplin getragene Leitungstätigkeit auf allen Ebenen verwirklicht werden. Die Durchführung des Volkswirtschaftsplanes 1971 erfordert in allen Bereichen und von allen Leitern ein hohes gesellschaftliches Verantwortungsbewußtsein, hierauf begründete Eigeninitiative und Entscheidungsfreudigkeit sowie eine ständige Analysen- und Kontrolltätigkeit über die Erfüllung der Aufgaben.

1.1. Die staatliche Leitung der Durchführung des Volkswirtschaftsplanes 1971 erfolgt auf der Grundlage **staatlicher Plankennziffern, staatlicher Normative und volkswirtschaftlicher Berechnungskennziffern**, die als Wert- und Naturalkennziffern (nach Menge und Sortiment) die Erfordernisse des Reproduktionsprozesses zum Ausdruck bringen.

Anhang

Hierfür sind folgende staatliche Plankennziffern, staatliche Normative und volkswirtschaftliche Berechnungskennziffern anzuwenden:

Staatliche Plankennziffern

1. Industrielle Warenproduktion (wertmäßig)*
2. Entwicklung der Arbeitsproduktivität (auf Basis Warenproduktion) in Prozent
3. Entwicklungsverhältnis Arbeitsproduktivität zu Durchschnittslohn
4. Lohnfonds
5. Nettogewinn
6. Nettogewinnabführungsbetrag an den Staat (in Mark)
7. Produktionsauflage für wichtige Erzeugnisse (Gesamterzeugung bzw. Warenproduktion) in Menge bzw. in Menge und Wert je Erzeugnis
8. Lieferauflagen für wichtige Erzeugnisse und Zuliefererzeugnisse an volkswirtschaftlich wichtige Abnehmer und Versorgungsbereiche (in Menge bzw. in Menge und Wert je Erzeugnis)
9. Abgesetzte Produktion an Fertigerzeugnissen für die Bevölkerung (wertmäßig)
10. Export, gegliedert nach UdSSR sowie Wirtschafts- und Währungsgebieten (wertmäßig)
11. Exportrentabilität, gegliedert nach Wirtschaftsgebieten
12. Export wichtiger Erzeugnisse und Leistungen, gegliedert nach Wirtschaftsgebieten (in Menge bzw. in Menge und Wert je Erzeugnis)
13. Import, gegliedert nach UdSSR sowie Wirtschafts- und Währungsgebieten (wertmäßig — fob —) — nur für Bilanzorgane —
14. Import wichtiger Erzeugnisse und Leistungen, gegliedert nach Wirtschaftsgebieten (in Menge bzw. in Menge und Wert — fob — je Erzeugnis) — nur für Bilanzorgane —
15. Bilanzanteile zum Bezug volkswirtschaftlich wichtiger Rohstoffe, Materialien, Erzeugnisse und Energie (in Menge)
16. Aufkommen an Sekundärrohstoffen (in Menge)
17. Aufgabenbezogene ökonomische Vorgaben für Wissenschaft und Technik
18. Investitionen (materielles Volumen), darunter Bau, Ausrüstungen
19. Im Planjahr zu beginnende Investitionsvorhaben, darunter Automatisierungsvorhaben (gemäß zentraler Titelliste)
20. Anzahl der Arbeiter und Angestellten (in Personen)
21. Aufnahme von Schulabgängern in die Klassen Berufsausbildung mit Abitur
22. Spezielle Planauflagen für die Sicherung des materiell-technischen Bedarfs der Versorgungsbereiche 7710 und 7770 sowie zur bauseitigen Durchführung der Investitionen der Landesverteidigung und der diesen gleichgestellten Investitionen.

---

* Industrielle Warenproduktion ist die für den Absatz bestimmte Warenproduktion lt. Definitionen für Rechnungsführung und Statistik. In der Plandurchführung werden die industrielle und wie bisher auch die abgesetzte industrielle Warenproduktion abgerechnet.

Anhang 129

Staatliche Normative

1. Normativ der Produktions- und Handelsfondsabgabe in Prozent
2. Normativ der Nettogewinnabführung (für Übererfüllung der Kennziffer Nettogewinn) in Prozent
3. Normativ für die Bildung des Fonds Wissenschaft und Technik in Prozent
4. Normativ für den leistungsabhängigen Lohnfondszuwachs (für ausgewählte Kombinate und Betriebe)
5. Normativ für den Prämienfonds
6. Normativ für den Kultur- und Sozialfonds
7. Normative Rate der Fondsrentabilität mit Toleranzen für VVB und den Ministerien direkt unterstellte Kombinate sowie Normativ der Ober- und Untergrenze der Fondsrentabilität für Erzeugnisgruppen zur Anwendung des Industriepreisregelsystems
8. Normativ für Exportstützungen
9. Normativ Exportgewinnanteil des Betriebes in Prozent (für ausgewählte Kombinate und Betriebe)
10. Normativ der Amortisationsabführung in Prozent (für ausgewählte VVB, Kombinate und Betriebe).

Volkswirtschaftliche Berechnungskennziffern

1. Entwicklung der Grundfondsquote (auf Basis Warenproduktion)
2. Gesamtausgaben für Wissenschaft und Technik (untergliedert in Eigenmittel und Staatshaushaltsmittel)
3. Automatisierungsgrad und Mechanisierungsgrad
4. Materialkostenintensität in Prozent
5. Spezifischer Materialeinsatz an Wahlzstahl, Kupfer und Aluminium
6. Schichtkoeffizient
7. Kapazitätszuwachs durch in Produktion zu überführende Investitionen
8. Export und Import in der Gliederung nach kapitalistischen Industrieländern und Entwicklungsländern in VM
9. Export und Import in der Gliederung nach SW und NSW zu Industrieabgabepreisen/Betriebspreisen bzw. zu Importabgabepreisen
10. Import, gegliedert nach UdSSR sowie Wirtschafts- und Währungsgebieten (wertmäßig — cif —) — nur für Bilanzorgane —
11. Import wichtiger Erzeugnisse und Leistungen, gegliedert nach Wirtschaftsgebieten (in Menge bzw. in Menge und Wert — cif — je Erzeugnis) — nur für Bilanzorgane —
12. Veränderung des Kreditvolumens
13. Beschäftigte für Forschung und Entwicklung gesamt, darunter Hochschulkader, Fachschulkader
14. Zuführung von Hoch- und Fachschulabsolventen aus dem Direktstudium
15. Aufnahme von Schulabgängern in die Berufsausbildung (ohne Berufsausbildung mit Abitur).

Um den mit der Planung verbundenen Verwaltungsaufwand für kleinere volkseigene Betriebe einzuschränken, erhalten diese eine reduzierte Nomenklatur staatlicher Plankennziffern und staatlicher Normative. Dabei ist zu sichern, daß die Planerfüllung exakt kontrolliert werden kann.

Für diese — von den VVB, Kombinaten und Wirtschaftsräten der Bezirke festzulegenden Betriebe — sind folgende staatliche Plankennziffern und staatliche Normative **nicht anzuwenden:**
— Aufkommen an Sekundärrohstoffen.
— aufgabenbezogene ökonomische Vorgaben für Wissenschaft und Technik,
— im Planjahr zu beginnende Investitionsvorhaben, darunter Automatisierungsvorhaben (gemäß zentraler Titelliste).
— Normativ für die Bildung des Fonds Wissenschaft und Technik in Prozent,
— Normativ für den leistungsabhängigen Lohnfondszuwachs,
— Normative Rate der Fondsrentabilität mit Toleranzen für VVB und den Ministerien direkt unterstellte Kombinate sowie Normativ der Ober- und Untergrenze der Fondsrentabilität für Erzeugnisgruppen zur Anwendung des Industriepreisregelsystems,
— Normativ Exportgewinnanteil des Betriebes in Prozent,
— alle volkswirtschaftlichen Berechnungskennziffern.

1.2. **Die Staats- und Wirtschaftsorgane sind verpflichtet, das Gesamtvolumen der ihnen mit den staatlichen Plankennziffern, staatlichen Normativen sowie volkswirtschaftlichen Berechnungskennziffern übertragenen Leistungsaufgaben und Fonds des Volkswirtschaftsplanes 1971 auf die ihnen nachgeordneten Betriebe, volkseigenen Kombinate und Einrichtungen differenziert aufzuschlüsseln und ihnen zu übergeben.**

Um eine gezielte Leitungstätigkeit entsprechend den Erfordernissen der gebrauchswert- und wertmäßigen Bilanzierung durch staatliche Planauflagen zu gewährleisten, haben die Staats- und Wirtschaftsorgane — soweit dies durch Bilanzentscheidungen erforderlich wird — auch dann staatliche Planauflagen für die Betriebe (bzw. Kombinate und VVB) festzulegen, wenn ihnen selbst hierfür keine zentrale Auflage erteilt wurde. Hierfür sind insbesondere die staatlichen Plankennziffern Nr. 7, 8, 12, 14 und 15 anzuwenden. **Es ist jedoch niemand berechtigt, ohne Zustimmung der Staatlichen Plankommission die Nomenklatur der staatlichen Plankennziffern, staatlichen Normative und volkswirtschaftlichen Berechnungskennziffern zu erweitern.**

Die jeweils übergeordneten Organe haben dafür Sorge zu tragen, daß die volkseigenen Betriebe, Kombinate und Einrichtungen im eigenverantwortlichen Planungsprozeß den Grundsätzen einer ordnungsgemäßen, bilanzierten und realen Planung gerecht werden.

Die Leiter der Staats- und Wirtschaftsorgane sowie der volkseigenen Betriebe, Kombinate und Einrichtungen sind für die exakte Durchführung des Volkswirtschaftsplanes 1971, die Sicherung einer hohen Kontinuität und Stabilität der planmäßigen Reproduktion und für die Mobilisierung der Werktätigen zur Erfüllung und Übererfüllung der Planauflagen verantwortlich.

Auf der Grundlage des Volkswirtschaftsplanes haben die volkseigenen Betriebe, Kombinate und Einrichtungen die materielle, wertmäßige und

Anhang 131

finanzielle Bilanzierung durchzuführen und ihren Betriebsplan für 1971 auszuarbeiten.

Zur Sicherung einer kontinuierlichen Durchführung des Volkswirtschaftsplanes 1971 und einer wirksamen Kontrolle über die Einhaltung der staatlichen Planauflagen haben die Betriebe, Kombinate und Einrichtungen ihren **Betriebsplan auf Monatsaufgaben** zumindest für die staatlichen Plankennziffern (ausgenommen die Kennziffern Nr. 3, 11, 17, 18 und 19) **aufzugliedern.** Der so ausgearbeitete Betriebsplan 1971 ist von den Betrieben, Kombinaten und Einrichtungen ihrem übergeordneten Organ vorzulegen.

Dies prüft die Einhaltung der staatlichen Planauflagen, die ökonomische Richtigkeit der Monatsaufgliederung und bestätigt die Betriebspläne und übergibt den eigenen auf Monatsaufgaben aufgegliederten Plan seinem zuständigen Minister zur **Kontrolle über die Einhaltung der staatlichen Planauflagen.**

Der vom jeweils übergeordneten Organ bestätigte Plan ist den zuständigen Stellen der Staatlichen Zentralverwaltung für Statistik zu übergeben. Die Minister übergeben den nach Monatsaufgaben gegliederten Plan ihres Bereiches der Staatlichen Plankommission, dem Ministerium der Finanzen und der Staatlichen Zentralverwaltung für Statistik für die Zwecke der Abrechnung, Analyse und Kontrolle. **Grundlage der Planabrechnung ist der bestätigte Plan, gegliedert nach Monaten.**

Der bestätigte Plan ist verbindlich. Die zur Erfüllung des Planes notwendigen ökonomischen Beziehungen zwischen den Betrieben sind durch Wirtschaftsverträge zu regeln.

Bei der Planausarbeitung und -durchführung ist unbedingt davon auszugehen, daß Produktionseinstellungen und -verlagerungen von Erzeugnissen oder Leistungen nur durchgeführt werden dürfen, wenn dafür die Zustimmung des zuständigen Ministers vorliegt.

Diese Genehmigungen sind mit dem Minister für Materialwirtschaft, dem Minister für Handel und Versorgung (bei Konsumgütern) und dem Minister für Außenwirtschaft (bei Exportgütern) abzustimmen. Der Minister für Materialwirtschaft hat ein Register über erteilte Genehmigungen dieser Art zu führen. Andere Staats- und Wirtschaftsorgane haben nicht das Recht, Produktionseinstellungen bzw. -verlagerungen zu genehmigen.

Bei genehmigten Produktionsverlagerungen ist zu sichern, daß die Produktion in dem abgebenden Betrieb erst dann eingestellt wird, wenn im übernehmenden Betrieb die Technologie beherrscht wird und die Produktion bereits längere Zeit stabil läuft. Ausnahmen von diesem Prinzip bedürfen besonderer Entscheidung. Bei gleichen Erzeugnissen gelten die gleichen Preise wie vorher. Der zuständige Minister hat eine strenge Kontrolle darüber auszuüben.

Die Verwirklichung der staatlichen Planaufgaben erfordert die umfassende Einbeziehung der Betriebe mit staatlicher Beteiligung und der Privatbetriebe. **Die Aufgabe besteht darin, daß sich diese Betriebe zu stabilen Zulieferpartnern der volkseigenen Betriebe und Kombinate entwickeln** und durch ihre Arbeit dazu beitragen, die Aufgaben des Volkswirtschaftsplanes allseitig zu erfüllen.

Die Grundlage für diese Beziehungen bildet die **Erzeugnisgruppenarbeit.** Durch den Abschluß exakter Verträge zwischen den beteiligten Betrieben verschiedener Eigentumsformen erhält diese Zusammenarbeit rechtlich verbindlichen Charakter. Durch die Erzeugnisgruppenarbeit sind vor allem zu gewährleisten:

— die Abstimmung der perspektivischen Entwicklung der Erzeugnisgruppe,
— die einheitliche und komplexe Zusammenarbeit für die wissenschaftlich-technische Entwicklung wichtiger Erzeugnisse und Verfahren.
— die systematische Arbeit mit Kosten und Preisen und ihre Ausnutzung für die Erhöhung der Effektivität,
— die Erzielung eines maximalen ökonomischen Effektes für die Volkswirtschaft,
— die Überwindung der Zersplitterung der Produktion durch entsprechend vereinbarte Konzentrations- und Spezialisierungsmaßnahmen.

2. **Effektive Durchführung der Strukturpolitik**

Mit dem Volkswirtschaftsplan 1971 kommt es darauf an, die zur Verwirklichung der Strukturpolitik festgelegten Maßnahmen mit höchster Effektivität durchzuführen.

Ausgangspunkt dafür, ob eine Aufgabe Gegenstand der Planung strukturbestimmender Aufgaben wird und entsprechend den festgelegten Regelungen zu behandeln ist, ist der Nachweis ihrer gesellschaftlichen oder volkswirtschaftlichen Notwendigkeit, hoher Gebrauchseigenschaften und hoher Effektivität, insbesondere der Steigerung der Arbeitsproduktivität sowie Senkung der Selbstkosten, einer hohen Exportrentabilität und der rationellen Nutzung der vorhandenen produktiven Fonds bzw. der Deckung entscheidender volkswirtschaftlicher Bedürfnisse. Dabei ist konsequent das Prinzip der Eigenerwirtschaftung der Mittel für die erweiterte Reproduktion der Betriebe und Kombinate anzuwenden.

Die Planung, Bilanzierung und Durchführung der im Volkswirtschaftsplan 1971 enthaltenen volkswirtschaftlich strukturbestimmenden Aufgaben ist auf den gesamten Zusammenhang und auf die hierbei auftretenden Verflechtungen zwischen den jeweils erforderlichen wissenschaftlich-technischen Aufgaben, Investitionsaufgaben, Bildungsaufgaben, Materialversorgungs-, Produktions- und Absatzaufgaben, einschließlich der außenwirtschaftlichen Aufgaben, zu richten. Das gilt für alle wesentlichen Zulieferbereiche und für den Finalproduzenten sowie für die sich ergebenden Hauptaufgaben ihrer territorialen Einordnung.

Ausgehend hiervon legt der Ministerrat für die im Jahre 1971 durchzuführenden volkswirtschaftlich strukturbestimmenden Aufgaben eine gesonderte Liste als Bestandteil des Volkswirtschaftsplanes fest. Die für die jeweilige Aufgabe verantwortlichen Minister und anderen Leiter zentraler Staatsorgane erhalten hierzu aufgabenbezogene staatliche Planauflagen und Terminstellungen als Bestandteil des Volkswirtschaftsplanes.

Die mit dem Volkswirtschaftsplan 1971 festgelegten volkswirtschaftlich strukturbestimmenden Aufgaben sind durch alle zu ihrer Realisierung herangezogenen Staats- und Wirtschaftsorgane, einschließlich der örtlichen Organe, Kombinate, Betriebe und Einrichtungen ,**vorrangig zu planen, zu bilanzieren und durchzuführen.** Die vorrangige Planung,

Bilanzierung und Durchführung gilt auch für die erteilten speziellen Planauflagen.

Für hocheffektive Automatisierungsvorhaben kann zur Erleichterung der Finanzierung in der Vorbereitungs- und Überleitungsphase eine besondere staatliche Förderung gewährt werden. Voraussetzung dafür ist ein hoher ökonomischer Nutzeffekt des Vorhabens, der sich insbesondere in einer überdurchschnittlichen Effektivität und Rentabilität nach Inbetriebnahme des Vorhabens ausdrücken muß. Die Förderungsmaßnahmen werden bis spätestens 1 Jahr nach Inbetriebnahme gewährt.

3. Höchste Effektivität durch Wissenschaft und Technik

3.1. Durch die **weitere Gestaltung der sozialistischen Wissenschaftsorganisation** sind die für eine maximale Steigerung der Produktivität der gesellschaftlichen Arbeit **notwendigen hohen Leistungen in Wissenschaft und Technik zu gewährleisten.**

Das Neue auf dem Gebiet der Planung und Leitung von Wissenschaft und Technik in der Industrie ab 1971 besteht deshalb darin, die **wissenschaftlich-technische Arbeit eindeutig auf hohe ökonomische Ziele zu orientieren,** die Kollektive, Wissenschaftler, Ingenieure und Neuerer zum Einhalten und Überbieten dieser ökonomischen Ziele moralisch und materiell zu stimulieren und die wissenschaftlich-technischen Leistungen an den ökonomischen Resultaten zu messen.

Die Grundaufgabe besteht darin, Pionier- und Spitzenleistungen auf den Schwerpunktgebieten zu erreichen und gleichzeitig auf allen anderen Gebieten die Kräfte und Mittel in Wissenschaft und Technik auf solche Aufgaben zu konzentrieren, die durch Neu- oder Weiterentwicklung der jeweils wichtigsten Erzeugnisse oder Verfahren der betreffenden Betriebe, Kombinate oder Zweige kurzfristig zu einer hohen Effektivitätssteigerung führen. Dazu ist erforderlich, in der wissenschaftlich-technischen Arbeit der Betriebe und Kombinate konsequent das Primat der Ökonomie zu verwirklichen und Inhalt, Umfang, Niveau und Termine von Forschungs- und Entwicklungsaufgaben von Anfang an auf die Erreichung der im Plan festgelegten ökonomischen Vorgaben zu orientieren.

Die ökonomischen Vorgaben sind aus den Reproduktionsbedingungen der Volkswirtschaft, ihrer Zweige, Kombinate und Betriebe abzuleiten. Sie müssen eindeutig zum Ausdruck bringen, welches ökonomische Resultat mit der wissenschaftlich-technischen Leistung zu erbringen ist.

Für die Vorgabe ökonomischer Ziele der Forschung, Entwicklung und Automatisierung sind in Abhängigkeit von der volkswirtschaftlichen Bedeutung der jeweiligen Aufgabe die Staatliche Plankommission, die zuständigen Industrieminister, Generaldirektoren der VVB, Direktoren der Kombinate und Betriebe verantwortlich.

Ökonomische Vorgaben sind für die zu lösenden wissenschaftlich-technischen Aufgaben in Form **ökonomischer und technisch-ökonomischer Kennziffern, Realisierungstermine und einzuhaltender volkswirtschaftlicher Bedingungen,** wie rohstoffmäßige Voraussetzungen, Importbegrenzungen u. ä. festzulegen.

Das betrifft besonders die Aufgaben zur Durchführung der komplexen sozialistischen Rationalisierung, Teilautomatisierung und Automatisierung entsprechend dem Volkswirtschaftsplan.

Für die ökonomischen Vorgaben sind in Ableitung aus den jeweiligen volkswirtschaftlichen Erfordernissen vor allem folgende ökonomische Kriterien — und zwar in ihrem komplexen Zusammenhang — anzuwenden:

- **Niveau der Arbeitsproduktivität** (gemessen an für den Anwender wichtigen Leistungsparametern neu zu entwickelnder Verfahren oder Produktionsmittel, wie Leistung je Zeiteinheit, Automatisierungsgrad, Bedienungsfaktor),
- **Reduzierung der Anzahl von Arbeitsplätzen** durch Rationalisierung und Automatisierung, Senkung des Verwaltungsaufwandes,
- **Selbstkosten- bzw. Preisentwicklung** (bezogen auf Mengen- oder Leistungseinheiten neu zu entwickelnder Erzeugnisse und Verfahren, zum Beispiel Mark je Tonne oder kg, Pfennige je kWh, Mark je Tonnenkilometer),
- **Exportrentabilität**,
- **Gebrauchseigenschaften** (für volkswirtschaftlich wichtige Produkte und Werkstoffe, deren Qualitätsmerkmale in entscheidendem Maße die ökonomische Effektivität bei ihrer Verwendung bestimmen),
- **Produktionsumfang** bzw. Seriengröße auf der Basis realer Absatzmöglichkeiten im Export bzw. eines begründeten Inlandbedarfs.

Die ökonomische Vorgabe ist Grundlage für das dafür einzusetzende wissenschaftlich-technische Potential.

Die Verwirklichung des Primats der Ökonomie in Wissenschaft und Technik erfordert, daß jeder Leiter (Minister, Generaldirektor der VVB, Direktoren der Kombinate und Betriebe) in seinem Verantwortungsbereich eine **perspektivische Arbeit** leistet. Die Leiter der Forschungszentren, Kombinate, Betriebe und wissenschaftlich-technischen Einrichtungen haben zur Sicherung der günstigsten wissenschaftlich-technischen Lösungsverfahren den **Ideenreichtum und die schöpferische Initiative aller Wissenschaftler, Ingenieure und Neuerer** zu fördern und zu nutzen.

Eine besonders hohe Verantwortung für die Erreichung effektiver volkswirtschaftlicher Ergebnisse haben die Einrichtungen der sozialistischen **Großforschung**.

Die Planung der **Grundlagenforschung** zur Einbeziehung der Potentiale der Akademien und Hochschulen in die Lösung von Forschungsaufgaben erfolgt auf folgende Weise:

a) Bei Forschungsaufgaben mit einer aus den ökonomischen Vorgaben für die Industrie abgeleiteten Zielstellung sind diejenigen Staatsorgane bzw. VVB und Kombinate verantwortlich, in deren Verantwortungsbereich die Nutzung der Forschungsergebnisse erfolgen muß. Die Einbeziehung erfolgt nach dem Prinzip der auftragsgebundenen Forschung und aufgabenbezogenen Finanzierung.

b) Für Aufgaben der naturwissenschaftlichen Grundlagenforschung, die hinsichtlich des Verwendungszwecks ihrer Ergebnisse oder ihres Querschnittcharakters in der Anwendung keinem einzelnen Zweig zugeordnet werden können, ist das Ministerium für Wissenschaft und Technik für die Planung der Aufgaben und die Finanzierung verantwortlich.

c) Die Planung der Aufgaben der Grundlagenforschung auf solchen Gebieten, die von allgemeinem gesellschaftlichem Interesse sind und deren Ergebnisse von vornherein noch nicht für eine volkswirtschaftliche Verwertung bestimmt werden können, wie z. B. medizinische Wissenschaft Pädagogik, Aufgaben der historischen Wissenschaften, erfolgt auf der Grundlage eigener Planvorschläge der wissenschaftlichen Institutionen sowie von Vorschlägen anderer Organe und unterliegt der Bestätigung durch den Ministerrat. Die Finanzierung dieser Aufgaben erfolgt über den Staatshaushaltsplan im Rahmen der haushaltsgebundenen Finanzierung.

3.2. Zur Realisierung dieser Grundlinie sind **im Jahre 1971 in der Industrie auf dem Gebiet der Planung von Wissenschaft und Technik folgende Aufgaben zu lösen:**

— **Für die 1971 neu zu beginnenden Aufgaben, die von volkswirtschaftlicher Bedeutung sind, werden vom Ministerrat** die zu erreichenden ökonomischen Ziele und Einführungstermine **festgelegt** und den verantwortlichen Industrieministern zur weiteren Präzisierung auf die für die Realisierung verantwortlichen VVB und Kombinate übergeben. Sie sind verbindliche Grundlage für die von den Ministerien, VVB, Kombinaten, Betrieben und ihren Forschungseinrichtungen zu lösenden Aufgaben.

Das Ministerium für Wissenschaft und Technik hat in Abstimmung mit der Staatlichen Plankommission die sich aus der Verflechtung solcher Aufgaben zwischen den Zweigen und Bereichen ergebenden Leistungsabschnitte kontrollier- und meßbar festzulegen und auf dieser Basis die konsequente Durchführung des zentralen Planes Wissenschaft und Technik zu kontrollieren. Das betrifft insbesondere die Aufgaben, die die Einrichtungen der sozialistischen Großforschung durchzuführen haben.

— **Für die neu zu beginnenden wissenschaftlich-technischen Aufgaben zur Entwicklung und Weiterentwicklung von Erzeugnissen und Verfahren, die für die Betriebe, Kombinate und einzelne Zweige von Bedeutung sind,** tragen die Minister, Generaldirektoren der VVB, Direktoren der Kombinate und Betriebe die Verantwortung. Sie haben dazu ökonomische Vorgaben auf der Grundlage der volkswirtschaftlichen Bedürfnisse und der Ergebnisse der perspektivischen Arbeit auszuarbeiten. Diese Vorgaben sind Grundlage für die Planung von der Forschung bis zur produktiven Nutzung der Ergebnisse.

3.3. Die **Verteidigung** wissenschaftlich-technischer Aufgaben und Ergebnisse vor den Ministern, Generaldirektoren der VVB und Direktoren der Kombinate und Betriebe ist dahingehend zu qualifizieren, daß **im Mittelpunkt die Einhaltung der ökonomischen Vorgaben steht.**

In diese Verteidigung sind **obligatorisch die Hauptabnehmer bzw. Anwender,** wichtige an der Verflechtung der Aufgabe beteiligte Partner, das Deutsche Amt für Meßwesen und Warenprüfung (DAMW), das Amt für Preise, Außenwirtschaftsorgane u. a. einzubeziehen.

3.4. **Die moralische und materielle Interessiertheit der Beschäftigten in Forschung und Entwicklung ist stärker an die Erfüllung der ökonomischen Aufgaben zu binden.**

Die dazu notwendigen Regelungen hat der Minister für Wissenschaft und Technik dem Ministerrat im I. Quartal 1971 vorzulegen.

3.5. Gegenstand der **staatlichen Kontrolle und Abrechnung** sind in erster Linie die im Plan 1971 enthaltenen ökonomischen Vorgaben.

Die staatliche Abrechnung ist so umzugestalten, daß künftig nicht mehr formale Arbeitsstufen erfaßt und abgerechnet werden, die in ihrer Aussage für die zu erreichende ökonomische Effektivität nicht meßbar sind, sondern die **für die staatliche Kontrolle und Entscheidung notwendigen ökonomisch meßbaren Zwischen- und Endergebnisse bis zur Einführung in die Produktion.**

4. **Zur Planung der Reproduktion der Grundfonds**

Die staatliche Planung der Reproduktion der Grundfonds ist vor allem auf die **Erhöhung der Effektivität der vorhandenen und der neu zu schaffenden Grundfonds** durch ihre optimale Auslastung gerichtet. Sie hat zu gewährleisten, daß die im Jahre 1971 fertigzustellenden Investitionsvorhaben durch konzentrierten Einsatz der materiellen und finanziellen Mittel planmäßig in Betrieb genommen und die geplanten ökonomischen Ergebnisse erreicht werden.

Das erfordert, daß die Staatliche Plankommission, die Ministerien, VVB, Kombinate und Betriebe, **beginnend mit dem Jahre 1971, die Grundfondsplanung weiter vervollkommnen** und die Plan- und Staatsdisziplin bei der Vorbereitung und Durchführung der Investitionen entscheidend erhöhen.

Zur Reproduktion der Grundfonds gehört ihre **planmäßige Instandhaltung, Aussonderung und Erneuerung sowie Erweiterung.**

Die **Erhöhung der mehrschichtigen Auslastung** der vorhandenen Grundfonds, insbesondere der hochproduktiven Ausrüstungen und Anlagen, ist in die Aufgabenstellungen zur komplexen sozialistischen Rationalisierung aufzunehmen. **Der zentrale Investitionsplan ist nach Zweigen und Bereichen auszuarbeiten und die zentral geplanten Investitionsvorhaben sind nach Bezirken zu gliedern,** um durch eine richtige Rang- und Reihenfolge der Investitionen auch in den Territorien die erweiterte Reproduktion der Industrie vorrangig und in Übereinstimmung mit der gesamtgesellschaftlichen Entwicklung festzulegen.

In der Investitionsdurchführung sind **die für den unmittelbaren Produktionsprozeß bestimmten Vorhaben bzw. Teilvorhaben zuerst fertigzustellen.**

Zur Gewährleistung der proportionalen Entwicklung, insbesondere der materiellen Sicherung der Investitionsdurchführung auf der Basis der Eigenerwirtschaftung der Mittel durch die Betriebe und Kombinate, werden für den Plan 1971 staatliche Planauflagen für Investitionen erteilt. Die **staatliche Planauflage für Investitionen ist Grundlage für den Abschluß von Liefer- und Leistungsverträgen** mit den Betrieben und Kombinaten des Bauwesens und der Investitionsgüterindustrie.

Die im Volkswirtschaftsplan 1971 geplanten Investitionsmittel sind so einzusetzen, daß ein hoher Effektivitätszuwachs gesichert und die erforderlichen Proportionen zwischen der Zulieferindustrie und den Finalproduzenten hergestellt werden.

In die Bezirksinvestitionspläne sind aufzunehmen:

— die Vorhaben zentralgeleiteter Betriebe, Kombinate und Einrichtungen (Industrie, Landwirtschaft, Verkehrswesen, Handel, Volksbildung, Hochschulwesen),

Anhang 137

— Vorhaben der bezirksgeleiteten Verantwortungsbereiche (Industrie, Nahrungsgüterwirtschaft, Verkehrswesen, Handel, Volksbildung),
— der Aufbau der Stadtzentren,
— Gesamtsumme der Investitionen und wichtige Einzelvorhaben der Landwirtschaft und der anderen Verantwortungsbereiche der Kreise, Städte und Gemeinden.

Die Realisierung der Investitionspläne und die Erreichung der projektierten ökonomischen Zielstellungen sind dadurch zu sichern, daß die Durchführung von Investitionen nur dann begonnen und die Genehmigung zum Baubeginn nur dann erteilt werden, wenn

— das Vorhaben in der Titelliste enthalten ist,
— das zu realisierende Volumen mit den Auftragnehmern vertraglich gebunden ist und ein verbindliches Angebot (einschließlich eines verbindlichen Preisangebots) für den Liefer- und Leistungsumfang sowie die Grundsatzentscheidung vorliegen.
— die Vorbereitung des Auftragnehmers eine schnelle Bau- und Montageaufnahme sowie Realisierung ermöglichen.

Durch die Ausarbeitung und Zugrundelegung der **verbindlichen Preisangebote** sowie durch **Normierung des zulässigen Aufwandes** für Bauten, Ausrüstungen und Anlagen sind die Bedingungen für eine höhere Effektivität der Investitionsdurchführung zu schaffen.

Für das Jahr 1971 werden zunächst verbindliche Aufwandsnormative für den einmaligen Aufwand bei Investitionen im Wohnungsbau, den Bau von sozialen und kulturellen Gebäuden sowie Einrichtungen des Bildungswesens festgelegt. Zur Qualifizierung der Baubilanzierung und als Grundlage für die staatliche Beauflagung der Baubetriebe sind festzulegen:

— ausgewählte Vorhaben aus der Titelliste
— die Investitionsbauanteile für die Ministerien und anderen zentralen Staatsorgane
— die territoriale Einordnung von Bauinvestitionen der zentralgeleiteten Industrie, des Bauwesens, des Produktionsmittelhandels sowie die zentrale Reserve
— der Einsatz von Bau- und Montagekombinaten im Bilanzbereich der Räte der Bezirke
— der Einsatz von örtlichgeleiteten Kapazitäten für die zentralgeleitete Industrie, das Bauwesen und den Produktionsmittelhandel
— der Einsatz von Baukapazitäten des Rates für landwirtschaftliche Produktion und Nahrungsgüterwirtschaft

Die Baubilanzierung ist fest in das Gesamtsystem der ökonomischen Regelungen einzubeziehen.

Es sind ab Juli 1971 ökonomische Sanktionen einschließlich der persönlichen materiellen Verantwortung für solche Auftraggeber vorzusehen, die über den im bestätigten Plan enthaltenen Bauanteil hinaus weitere Bauleistungen bei Baubetrieben bestellen.

5. **Qualifizierung des Bilanzsystems**

Mit dem Bilanzsystem ist die Aufgabe zu lösen, die der planmäßigen proportionalen Entwicklung entsprechenden materiellen Verflechtungen effektiv zu gestalten und planmäßig zu verwirklichen. Das erfordert in der Weiterentwicklung des Bilanzsystems

- die **Einheit von Plan und Bilanz** auf allen Ebenen und in allen Phasen der Planung und Plandurchführung durchzusetzen und davon auszugehen, daß die Bilanzierung eine Hauptfunktion der Planung ist.
- die für den volkswirtschaftlichen Gesamtprozeß **entscheidenden Verflechtungen und Proportionen**, unter Berücksichtigung der sich aus langfristigen Verträgen und Abkommen mit anderen sozialistischen Ländern ergebenden Verpflichtungen der internationalen sozialistischen Arbeitsteilung, **zentral zu bilanzieren** und die sich hieraus ergebenden volkswirtschaftlichen Aufgaben und Bedingungen der komplexen Planung und Bilanzierung der Teilbereiche und Teilprozesse der gesellschaftlichen Reproduktion verbindlich zugrunde zu legen.
- die **Kontinuität der Bilanzierung** als Voraussetzung einer stufenweisen Entscheidung der dynamischen Struktur- und Proportionsentwicklung zu gewährleisten und dabei die Auswirkungen aus Entscheidungen der Gegenwart für die Folgejahre zu erfassen,
- die Rolle des **Wirtschaftsvertrages** in den ökonomischen Beziehungen zu erhöhen, indem exakte Vereinbarungen über Umfang, Sortiment, Qualität, Preis und Termin der zu erbringenden Lieferungen und Leistungen getroffen werden, durch die die Erfüllung der staatlichen Planauflagen gewährleistet wird,
- schrittweise eine zielgerichtete Arbeit mit **Bilanzreserven** zu entwickeln.

Dazu sind ab 1971 folgende Regelungen einzuführen und anzuwenden:

5.1. Das Bilanzsystem ist wie folgt als Bilanzpyramide zu gestalten

- Die **Staatsbilanzen sind** auf der Basis von Wert- und Naturalkennziffern auszuarbeiten, kontinuierlich zu führen und mit dem Planansatz, dem Planentwurf sowie bei anderen Entscheidungen, die die Grundproportionen des Planes berühren, **dem Ministerrat zur Bestätigung** vorzulegen,

Für die **Nationaleinkommensbilanz,** die **Investitionsbilanz,** die **Rohstoff-, Material- und Energiebilanz,** die **Zahlungsbilanz,** die **Bilanz der Kaufkraft und des Warenfonds,** die **Arbeitskräftebilanz** und die zusammengefaßte **Baubilanz** in der materiellen und territorialen Grobstruktur ist die Staatliche Plankommission verantwortlich.

Die Zahlungsbilanz ist von der Staatlichen Plankommission in Abstimmung mit dem Ministerium der Finanzen und dem Ministerium für Außenwirtschaft zu führen.

Für die **Finanzbilanz des Staates** sowie die **Bilanz des Staatshaushaltes** ist der Minister der Finanzen voll verantwortlich. Die **Bilanz der planmäßigen Industriepreisänderungen** ist durch das Amt für Preise zu führen. Ausarbeitung und Führung dieser Bilanzen erfolgen in Abstimmung mit der Staatlichen Plankommission.

Die **Kreditbilanz** ist vom Präsidenten der Staatsbank der Deutschen Demokratischen Republik in Abstimmung mit der Staatlichen Plankommission und dem Ministerium der Finanzen zu führen.

Anhang 139

Die **zusammengefaßte Baubilanz** ist durch das Ministerium für Bauwesen auszuarbeiten und kontinuierlich zu führen. Ihre Bestätigung erfolgt durch die Staatliche Plankommission.

Die Staatliche Plankommission bilanziert ferner **volkswirtschaftlich entscheidende Rohstoffe, Halbzeuge, Ausrüstungs-, Versorgungs- und Exportgüter.** Sie ist berechtigt, die Nomenklatur der in die zentrale staatliche Bilanzierung einbezogenen Positionen entsprechend den Erfordernissen der planmäßigen proportionalen Entwicklung der Volkswirtschaft unter den jeweils konkreten Bedingungen zu erweitern oder zu verringern.

Mit den Staatsbilanzen werden die volkswirtschaftlichen Proportionen festgelegt, und davon ausgehend erfolgt die Bilanzierung der entscheidenden Reproduktionsbeziehungen in allen Bereichen und auf allen Ebenen.

Sie sind auf der Basis volkswirtschaftlicher Gesamtrechnungen zu erarbeiten und durch Verflechtungsbilanzen für volkswirtschaftlich entscheidende Erzeugnisse und Positionen zu fundieren.

— Weitere für die Planung des volkswirtschaftlichen Reproduktionsprozesses **wichtige Bilanzen werden von den hierfür zuständigen Ministerien ausgearbeitet** und kontinuierlich geführt. Ihre Festlegung und Bestätigung erfolgt durch die Staatliche Plankommission; das betrifft auch beabsichtigte Veränderungen in diesen Bilanzen im Verlaufe der Plandurchführung.

Hierzu gehören insbesondere die nach Hauptwarenarten gegliederten **Außenwirtschaftsbilanzen** für einzelne Länder, die zentrale **Versorgungsbilanz**, die **Industriebaubilanz** sowie Bilanzen für **wichtige Material-, Ausrüstungs- und Konsumgüterpositionen** und die **Positionen der Sondernomenklatur** der Staatlichen Plankommission.

— In den Bezirken sind **territoriale Bilanzen** (Arbeitskräftebilanzen, Baubilanzen, Versorgungsbilanzen) auszuarbeiten. Sie sind ebenfalls der Staatlichen Plankommission bzw. dem Ministerium für Bauwesen und dem Ministerium für Handel und Versorgung vorzulegen.

— Die **Bilanzierung** der konkreten materiell-technischen Beziehungen erfolgt im Rahmen des Bilanzsystems **durch volkseigene Kombinate, VVB und große volkseigene Betriebe** bzw. andere wirtschaftliche Einrichtungen

Die Verantwortlichkeit für die Bilanzpositionen ist in einem Bilanzverzeichnis (Bilanzkatalog) festzulegen.

Das Bilanzverzeichnis ist vom Ministerium für Materialwirtschaft in Zusammenarbeit mit der Staatlichen Plankommission auszuarbeiten, im I. Quartal 1971 dem Ministerrat zur Bestätigung vorzulegen und den Betrieben, Kombinaten und Organen zu übergeben.

Jede Veränderung der darin festgelegten Bilanzverantwortung bedarf der Zustimmung des Leiters des jeweils übergeordneten Organs, des Ministers für Materialwirtschaft und der Staatlichen Plankommission.

Für die Festlegung der Bilanzverantwortung gilt:

a) Entsprechend dem Grundprinzip der Einheit von Planung und Leitung und Bilanzverantwortung ist **in der Regel der jeweilige Hauptproduzent der Bilanzposition bzw. dessen übergeordnetes Organ** mit der Bilanzverantwortung zu beauftragen;

b) in den Fällen, wo **Erzeugnisse und Leistungen ausschließlich** (bzw. fast ausschließlich) **für einen Verbraucher bestimmt sind, werden diese Verbraucher mit der Bilanzverantwortung beauftragt;** das gilt insbesondere dann, wenn die Erzeugnisse importiert werden.

5.2. **Die bilanzierenden Organe erfüllen als eine staatliche Funktion im Rahmen der Planung des volkswirtschaftlichen Reproduktionsprozesses den Auftrag, durch Bilanzierung von Aufkommen und Verwendung an der proportionalen Entwicklung der Volkswirtschaft aktiv mitzuwirken.**

Treten im Bilanzierungsprozeß Disproportionen zwischen Aufkommen und Bedarf auf, so hat auf Verlangen des bilanzierenden Organs das zuständige übergeordnete Leitungsorgan Bilanzentscheidungen zu treffen und eventuell erforderliche Planveränderungen zu veranlassen.

Für die Deckung des volkswirtschaftlich begründeten Bedarfs bzw. für die Bereitstellung von Erzeugnissen entsprechend den zentral festgelegten Versorgungsaufgaben **sind die Betriebe und Kombinate verantwortlich.** Sie haben in Übereinstimmung mit den bilanzierenden Organen in Liefer- und Leistungskatalogen ihr planmäßiges Erzeugnissortiment festzulegen und ihre Produktion entsprechend dem Bedarf zu entwickeln. Die Produzenten haben den Abnehmern gegenüber die Pflicht, Angebote zu unterbreiten und Wirtschaftsverträge abzuschließen.

Die den Betrieben und Kombinaten übergeordneten Organe haben die Wahrnehmung dieser Aufgabe zu kontrollieren.

Der volkswirtschaftlich begründete Bedarf ergibt sich vor allem aus der zentralen staatlichen Planung und Bilanzierung der grundlegenden Proportionen, aus den erteilten staatlichen Auflagen an das bilanzierende Organ und vorliegenden Vorbestellungen, Bestellungen sowie abgeschlossenen Wirtschaftsverträgen.

5.3. **Die Plan- und Bilanzdisziplin ist entscheidend zu erhöhen und bei Verletzung die Anwendung ökonomischer Sanktionen festzulegen.**

Die Produzenten bzw. Verbraucher haben bei wesentlichen Veränderungen ihrer bisherigen Aufkommensleistung bzw. ihres bisherigen Bedarfs das bilanzierende Organ **rechtzeitig und unabhängig von den Terminen der Bilanzabstimmung zu informieren.**

Um eine hohe Qualität, Stabilität und Realität der vom Verbraucher auf der Basis des bestätigten Planes auszulösenden Bestellungen zu erwirken, werden Sanktionen für den Fall festgelegt, daß der Verbraucher nachträglich seine Vorbestellung bzw. Bestellung verändert.

Im Jahre 1971 wird dieses System zunächst für die Positionen Bauleistungen, Projektierungsleistungen, komplette Datenverarbeitungsanlagen, BMSR-Anlagen, Werkzeugmaschinen, Traktoren und Metalleichtbaukonstruktionen für Hochbau- und Transportleistungen entsprechend den Bestimmungen des Vertragsgesetzes angewandt.

5.4. Zur weiteren **Qualifizierung der Planung und Bilanzierung des gesellschaftlichen Arbeitsvermögens** wird ab 1971 folgendes festgelegt:

— Die Planung und Bilanzierung der Arbeitskräfte erfolgt in Übereinstimmung mit den für die planmäßige proportionale Entwicklung der Volkswirtschaft im Plan festgelegten Aufgaben durch zentrale Vorbilanzierung der Entwicklung und des Einsatzes des gesellschaftlichen Arbeitsvermögens nach Zweigen und Bereichen der Volks-

Anhang 141

wirtschaft sowie nach Bezirken. Sie ist die verbindliche zentrale Orientierung für die Ausarbeitung von Bilanzen in den Bezirken und Kreisen.
— Die Bilanzen der Räte der Bezirke sind vor der Staatlichen Plankommission zu verteidigen und zu bestätigen.

Die zentral bestätigten Bilanzen sind verbindliche Grundlage für die Abstimmung der Räte der Bezirke mit den verantwortlichen wirtschaftsleitenden Organen zur Sicherung des geplanten Arbeitskräfteeinsatzes in der zentralgeleiteten Wirtschaft sowie für den Arbeitskräfteeinsatz in den Bereichen der Bezirke.

III.

Zur Gestaltung der wirtschaftlichen Rechnungsführung und der materiellen Interessiertheit, des Preissystems, der Haushalts- und Finanzwirtschaft

Auf der Grundlage des zentralen staatlichen Planes haben die Betriebe und Kombinate die erforderlichen Mittel für gesamtgesellschaftliche Aufgaben des Staates, für ihre erweiterte Reproduktion und die materielle Interessiertheit zu erwirtschaften.

Die Gesellschaft kann nur verbrauchen, was erwirtschaftet ist.

Mit der konsequenten Anwendung des Prinzips der Eigenerwirtschaftung der Mittel wird das Entwicklungstempo der Volkswirtschaft maßgeblich beeinflußt. Ausgehend von der Übereinstimmung der betrieblichen Interessen mit den gesellschaftlichen Erfordernissen wird die Verantwortung und materielle Interessiertheit der sozialistischen Warenproduzenten auf den Nutzeffekt ihres Reproduktionsprozesses gerichtet.

Mit der Anwendung der staatlichen Normative der wirtschaftlichen Rechnungsführung und der materiellen Interessiertheit werden die **Planung und die wirtschaftliche Rechnungsführung** entsprechend den materiellen und finanziellen Reproduktionsbedingungen **enger miteinander verbunden.**

Für das Jahr 1971 haben folgende **staatliche Normative der wirtschaftlichen Rechnungsführung und der materiellen Interessiertheit** Gültigkeit:

— Produktionsfonds- bzw. Handelsfondsabgabe
— Nettogewinnabführung an den Staat
— Bildung des Fonds Wissenschaft und Technik
— leistungsabhängiger Lohnfondszuwachs (für ausgewählte Kombinate und Betriebe)
— Prämienfonds
— Kultur- und Sozialfonds.

In Fortführung der mit dem ökonomischen System des Sozialismus erreichten Ergebnisse liegen auch dem Plan 1971 **hohe Effektivitätsforderungen** zugrunde. Sie stellen die ökonomische Zielsetzung für die Leiter der Betriebe und für die Führung des Kampfes der Werktätigen um die kontinuierliche allseitige Planerfüllung dar.

1. **Anwendung der staatlichen Normative der wirtschaftlichen Rechnungsführung**

Die volkseigenen Betriebe, Kombinate und VVB erhalten — ausgehend von den gesellschaftlichen Erfordernissen — staatliche Normative, die mit den materiellen Bedingungen des Planes übereinstimmen. Dazu haben die Staatliche Plankommission, das Ministerium der Finanzen, die zuständigen Ministerien und die anderen Staatsorgane dem Plan 1971 u. a. folgende Kriterien zugrunde gelegt:

— Finanzbedarf des Staates,
— zu realisierendes materielles Investitionsvolumen und die Grundfondsquote,
— Kosten je 100 M Warenproduktion; Zuwachs an Warenproduktion bzw. Gewinn je 1 000 M Investitionen; Fondsrentabilität; Export- und Importrentabilität,
— volkswirtschaftliches Kreditvolumen für die Finanzierung der Fondsvorschüsse.

Diese Kriterien sind auch bei der Kontrolle der Durchführung des Planes, insbesondere für die Beurteilung der Effektivitätsentwicklung, auszunutzen.

Zur Erhöhung des ökonomischen Drucks auf hohe Grundfondseffektivität, insbesondere durch die volle Auslastung hochproduktiver Maschinen und Anlagen, auf den effektivsten Einsatz der Investitionsmittel sowie auf die Materialökonomie beträgt die **Produktionsfondsabgabe** (außer Landwirtschaft) für 1971 grundsätzlich 6 %. Durch den Minister der Finanzen sind Vorschläge für die stärkere Stimulierung der Ausnutzung der vorhandenen Grundfonds, insbesondere durch höhere Schichtauslastung, auszuarbeiten.

Grundlage für die Kontrolle der Durchführung des Planes bildet ein komplexes Kennziffernsystem. Die Planerfüllung wird an der Gesamtheit der dafür festgelegten staatlichen Aufgaben, z. B. der Warenproduktion, des Exports, der Versorgung der Bevölkerung sowie wichtiger Effektivitätskennziffern, insbesondere dem Nettogewinn, gemessen.

Das verlangt, den **Nettogewinn als staatliche Plankennziffer** auf allen Ebenen fest in das Planungssystem einzubeziehen. Das ermöglicht zugleich die Anwendung des langfristigen Normativs der Nettogewinnabführung an den Staat zu vereinfachen. Ab 1971 wird der zu erwirtschaftende Nettogewinn staatliche Plankennziffer. Davon ausgehend erhalten die Ministerien, VVB, volkseigenen Betriebe und Kombinate für das Jahr 1971 die Planauflage „Nettogewinnabführung an den Staat".

Zur materiellen Anerkennung hoher Leistungen der Betriebskollektive wird **für das Jahr 1971 ein Prozentnormativ festgelegt, das auf die Übererfüllung des mit dem Plan vorgegebenen Nettogewinns Anwendung findet. Es beträgt einheitlich 50 %.**

Im Interesse höchster Ökonomie werden die volkseigenen Betriebe und Kombinate darauf orientiert, im Jahre 1971 zusätzlich erwirtschaftete Nettogewinne, die den Betriebskollektiven aus höheren ökonomischen Leistungen verbleiben, neben den gesetzlichen Zuführungen zum Prämienfonds sowie Kultur- und Sozialfonds, zielgerichtet vor allem für folgende Maßnahmen einzusetzen:

— Durchsetzung neuer wissenschaftlich-technischer Erkenntnisse, insbesondere auch auf dem Gebiet der Arbeitsorganisation,

Anhang 143

— Eigenherstellung von Automatisierungs- und Rationalisierungsmitteln aus eigenen Kräften,
— Erhöhung des Eigenmittelanteils an der Finanzierung der Umlaufmittel und Investitionen,
— vorfristige Tilgung von Krediten,
— Verbesserung der Arbeits- und Lebensbedingungen, insbesondere der Schichtversorgung und Schichtbetreuung.

In den planmethodischen Bestimmungen sind Maßnahmen aufzunehmen, die die Nettogewinnverwendung innerhalb der Kombinate und die Abführungen aus dem einheitlichen Betriebsergebnis bei ausgewählten Exportbetrieben regeln.

Bei der planmäßigen Finanzierung der Reproduktion der Grundfonds ist davon auszugehen, daß die Mehrzahl der volkseigenen Betriebe und Kombinate über ihre **Amortisationen** verfügt. Damit soll ein stärkerer Anreiz für eine planmäßige einfache bzw. erweiterte Reproduktion in diesen Betrieben gegeben werden. Im Jahre 1971 ist zur Finanzierung konzentriert durchzuführender Investitionen erforderlich, daß eine Reihe von Betrieben einen Teil ihrer Amortisationen abführt. Das betrifft solche Betriebe, für die im Jahre 1971 die einfache Reproduktion planmäßig nicht vorgesehen ist bzw. bei denen das Amortisationsaufkommen die im Plan vorgesehenen Aufwendungen für die einfache Reproduktion übersteigt.

2. **Anwendung der materiellen Interessiertheit**

Die weitere Vervollkommnung der wirtschaftlichen Rechnungsführung und des Prinzips der Eigenerwirtschaftung der Mittel ist auf eine hocheffektive Gestaltung des Reproduktionsprozesses und die Verbesserung der Arbeits- und Lebensbedingungen gerichtet.

Die Betriebe der volkseigenen Industrie und des volkseigenen Bauwesens sowie der anderen Bereiche der volkseigenen Wirtschaft erhalten 1971 den **Lohnfonds als staatliche Plankennziffer.**

Unter Berücksichtigung der volkswirtschaftlich notwendigen Leistungs- und Lohnentwicklung erhalten **ausgewählte volkseigene Kombinate und Großbetriebe** der zentralgeleiteten Industrie und des zentralgeleiteten Bauwesens, die die Automatisierung und komplexe sozialistische Rationalisierung durchführen, **ab 1971 ein staatliches Normativ für den leistungsabhängigen Lohnfondszuwachs.** Das staatliche Normativ für den leistungsabhängigen Lohnfondszuwachs wird differenziert festgelegt und umfaßt die Entwicklung der Löhne zur Stimulierung höherer Leistungen einschließlich der Veränderungen in der Qualifikations- und Beschäftigungsstruktur.

Für eine wirksame Unterstützung von Aufgaben zur Automatisierung und komplexen sozialistischen Rationalisierung wird die bereits im Jahre 1970 in Automatisierungsbetrieben angewandte **produktivitätsfördernde Lohngestaltung** für Produktionsarbeiter, Meister, Hoch- und Fachschulkader im Jahre 1971 schrittweise weitergeführt. Ihre Einführung erfolgt vorrangig in solchen volkseigenen Betrieben und Kombinaten, bei denen eine hohe Zuwachsrate in der Steigerung der Arbeitsproduktivität geplant und erreicht wird. Die Anwendung der produktivitätsfördernden Lohngestaltung erfolgt nach Bestätigung durch den

Ministerrat im Rahmen der für 1971 zur Verfügung stehenden planmäßigen Lohnfonds.

In Abhängigkeit eines hohen Effektivitätszuwachses wird für **die Planung und Bildung des Prämienfonds 1971** ein staatliches Normativ festgelegt. Um die persönliche materielle Interessiertheit der Werktätigen auf die Erfüllung der Schwerpunktaufgaben des Planes zu lenken, ist die volle Zuführung zum Prämienfonds von der Erfüllung der dafür festgelegten staatlichen Planauflagen und von der Einhaltung des zulässigen Lohnfonds abhängig. Über die Verwendung der Mittel des Prämienfonds für die Erreichung hoher Leistungen im sozialistischen Wettbewerb und über die Anwendung von Jahresendprämien entscheiden die Leiter der volkseigenen Betriebe und Kombinate in Übereinstimmung mit der Betriebsgewerkschaftsleitung. Die im jeweiligen Quartal zulässige Höhe der Verwendung des Prämienfonds wird mit dem Quartalsklassenplan festgelegt.

3. **Industriepreise und Konsumgüterpreise**

Durch die planmäßige Entwicklung der **Industriepreise** und die Anwendung wirksamer Methoden der Kosten- und Preiskalkulation wird ein wirkungsvoller Druck auf die Senkung der Selbstkosten, die rationelle Nutzung der Fonds, eine hohe Materialökonomie und die Produktion von Erzeugnissen mit hoher Qualität und hohen Gebrauchseigenschaften ausgeübt.

Für den Volkswirtschaftsplan 1971 werden die staatlichen Auflagen auf der Preisbasis des Jahres 1970 herausgegeben. Zur Sicherung der Übereinstimmung zwischen dem bestätigten Volkswirtschaftsplan und den Betriebsplänen **wird der Plan 1971 in den volkseigenen Betrieben und Kombinaten bei wichtigen festgelegten Kennziffern sowohl zu Basispreisen als auch zu neuen Industriepreisen ausgearbeitet.** Seine Durchführung und Abrechnung erfolgt zu Preisen des Jahres 1971. Die statistische Erfassung der tatsächlichen Preisveränderungen im Prozeß der Plandurchführung bleibt auch im Jahre 1971 bestehen.

Im Jahre 1971 erfolgen mit den bereits bekanntgegebenen neuen Einzelpreisen **weitere Schritte zur planmäßigen Senkung der Industriepreise.** Gleichzeitig werden **gezielte Maßnahmen zur Erhöhung der Preise für wichtige Energieträger** wirksam, um die Senkung der Energieintensität in der Produktion und die sparsame Verwendung von Elektroenergie und festen Brennstoffen in allen Bereichen der Volkswirtschaft wirksam zu unterstützen. Diese Preiserhöhungen müssen **von den Verbrauchern grundsätzlich durch Kosteneinsparungen ausgeglichen werden.**

Die Preiserhöhungen für Energieträger betreffen nicht den Bevölkerungsbedarf.

Zur Sicherung einer straffen **Kosten- und Preisdisziplin bei der Durchführung der Investitionen** in allen Bereichen der Volkswirtschaft ist vom Amt für Preise in Zusammenarbeit mit anderen staatlichen Kontrollorganen die **Preiskontrolle zu verstärken.** Das gilt insbesondere für die Prüfung der Kalkulationen bei Preisbestätigungen auf Einhaltung der Kalkulationsrichtlinien.

Ab 1971 kommen neue Bestimmungen für die Bildung und Bestätigung der **Preise für Industrieanlagen zur Anwendung.** Damit werden zur Senkung der spezifischen Investitionskosten sowie der Selbstkosten je Erzeugniseinheit schrittweise Aufwands- und Gebrauchswert-Leistungs-

Anhang 145

maßstäbe für die Preisbildung im Industrieanlagenbau angewandt. Sie werden beginnend für die Investitionsvorhaben mit Massen- und Großserienproduktion bis zu Vorhaben mit Einzelfertigung wirksam gemacht und bilden insbesondere die Zielsetzung für die Ermittlung des verbindlichen Preisangebotes.

Um die Sorgfalt bei der Vorbereitung der Investitionen zu erhöhen, wird ab 1971 das vom Investitionsauftraggeber geprüfte verbindliche Preisangebot des Generalauftragnehmers/Hauptauftragnehmers (GAN/HAN) Bestandteil der Grundsatzentscheidung zur Durchführung der Investitionen. Die Preisbildung für die Leistung der GAN/HAN erfolgt auf der Grundlage ökonomisch begründeter Kostennormative für Leitung, Koordinierung u. a. sowie einem auf die Eigenleistung bezogenen Gewinnanteil.

Nach der Aufnahme des verbindlichen Preises in den Wirtschaftsvertrag gehen alle im Prozeß der Durchführung der Investitionen aus guter oder schlechter Leistungstätigkeit der GAN/HAN hervorgerufenen Auswirkungen auf die Selbstkosten grundsätzlich zugunsten bzw. zu Lasten der Gewinne der GAN/HAN.

Zur **Stimulierung von Pionier- und Spitzenleistungen** bei neuen Erzeugnissen, Technologien und Verfahren werden die Preisbildungsmethoden so gestaltet, daß die in der Anlaufperiode anfallenden, ökonomisch begründeten Kosten gedeckt und ein Teil des volkswirtschaftlichen Nutzens vor allem aus der Durchführung der Automatisierung und der komplexen sozialistischen Rationalisierung den Betrieben verbleibt. Die Hersteller erhalten einen gegenüber der normativen Rate der Fondsrentabilität hohen Gewinn, wenn die neuen Erzeugnisse, Technologien und Verfahren in ihren technischen und ökonomischen Parametern (Niveau der Arbeitsproduktivität, Selbstkosten bzw. Preisentwicklung, Exportrentabilität, Gebrauchseigenschaften) den Welthöchststand bestimmen bzw. ihn mitbestimmen. Dabei ist gleichzeitig das Preis-Gebrauchswert-Verhältnis zu verbessern.

Zur wirksamen Anwendung dieses Prinzips ist ab 1971 das Preislimit bereits mit der Aufgabenstellung für Forschung und Entwicklung in Abstimmung zwischen dem Produzenten, den Hauptanwendern, dem DAMW und dem zuständigen Organ für die Preisbestätigung vorzugeben. Der Gewinn aus Nutzensteilung und der Zusatzgewinn verbleiben **anteilmäßig** und zeitlich begrenzt beim Hersteller. Sie werden in dieser Zeit nicht durch planmäßige Preissenkungen abgebaut. Ab 1971 werden Maßnahmen zur Verbesserung der Planung, Bildung, Bestätigung und Kontrolle auf dem Gebiet der **Konsumgüterpreise** (EVP) wirksam. Sie sind darauf gerichtet, die Produktion entsprechend dem Bedarf der Bevölkerung nach Sortiment und Preisgruppen zu fördern, die Preisdisziplin zu verstärken und die Kontrolle über die staatlich festgelegten Einzelhandelsverkaufspreise zu gewährleisten. Die Preisbildung für neue hochwertige Erzeugnisse, mit denen das Sortiment entsprechend den wachsenden Bedürfnissen erweitert wird, erfolgt auf der Grundlage des Aufwandes und unter Berücksichtigung des Gebrauchswertes.

4. Örtliche Haushalts- und Finanzwirtschaft

Die örtliche Haushalts- und Finanzwirtschaft ist in die Gesamtmaßnahmen zur disziplinierten Durchführung des Volkswirtschaftsplanes 1971 und des Staatshaushaltsplanes 1971 einzuordnen.

Zur strikten Durchsetzung des Prinzips der sozialistischen Sparsamkeit ist auf der Grundlage der staatlichen Aufwandsnormative (z. B. Kosten je Wohnungseinheit, je Kindergartenplatz u. a.) von den Räten der Bezirke, Kreise und Städte mit dem Investitionsplan für die Durchführung des Volkswirtschaftsplanes 1971 zugleich der **Investitionsfinanzierungsplan** auszuarbeiten.

Diese Pläne sind von den jeweils übergeordneten Organen zu prüfen und zu bestätigen. Die Investitionsfinanzierungspläne der Räte der Bezirke sind dem Minister der Finanzen vorzulegen. Er bestätigt sie in Übereinstimmung mit den von der Staatlichen Plankommission zu bestätigenden materiellen Investitionsplänen.

Die örtlichen Räte sind dafür verantwortlich, daß im Rahmen ihres staatlichen Haushaltsnormativs das Prinzip der **Zweck- und Objektgebundenheit der finanziellen Mittel für Investitionen** durchgesetzt wird. Damit ist auszuschließen, daß Investitionsmittel für andere Haushaltsaufgaben verwendet werden.

In diesem Zusammenhang wird ab 1971 zur Erhöhung der Staats- und Finanzdisziplin bei der Erwirtschaftung und Realisierung der Haushaltseinnahmen und deren sparsamsten Verwendung festgelegt, die im Plan bestätigten Haushaltsmittel der örtlichen Staatsorgane für alle Neubauten und Baumaßnahmen mit mehr als 100 TM Wertumfang auf Sonderbankkonten bei der Industrie- und Handelsbank der Deutschen Demokratischen Republik zu überweisen. Die Industrie- und Handelsbank der Deutschen Demokratischen Republik hat die Pflicht, diese Mittel einschließlich der im Plan festgelegten Kredite zur Finanzierung nur freizugeben, wenn

— es sich um ein bestätigtes Objekt des Planes handelt, welches ordnungsgemäß vorbereitet ist,

— verbindliche Preisangebote und Verträge im Rahmen der staatlichen Aufwandsnormative und Bauzeitnormen vorliegen.

Die örtlichen Räte sind dafür verantwortlich, daß außerhalb des bestätigten Investitionsplanes keine Investitionen durchgeführt und finanziert werden. Entsprechend dem Beschluß des Staatsrates der Deutschen Demokratischen Republik vom 16. April 1970 „Die weitere Gestaltung des Systems der Planung und Leitung der wirtschaftlichen und gesellschaftlichen Entwicklung, der Versorgung und Betreuung der Bevölkerung in den Bezirken, Kreisen, Städten und Gemeinden" — zur Entwicklung sozialistischer Kommunalpolitik — (GBl. I S. 39) können die örtlichen Volksvertretungen beschließen, daß Mittel des Volksvertreterfonds für die Finanzierung bestätigter Objekte des Investitionsplanes eingesetzt werden.

Die Initiative der Bevölkerung bei der Durchführung von Investitionen ist im Jahre 1971 auf die Schwerpunkte des Volkswirtschaftsplanes zu lenken.

Wenn eigene materielle Reserven erschlossen werden und der bestätigte Investitionsplan erfüllt wird, können Kleininvestitionen und schnell wirksam werdende Rationalisierungsmaßnahmen für eine zusätzliche Verbesserung der Versorgung und Betreuung der Bevölkerung durchgeführt und finanziert werden.

Anhang 147

Die staatliche Leitungstätigkeit ist im Jahre 1971 stärker auf die **planmäßige Durchführung der Maßnahmen zur Erweiterung und Erhaltung des staatlichen Vermögens** zu richten. Der effektive Einsatz dieser Mittel muß unmittelbar zur planmäßigen Erhöhung der Leistungsfähigkeit und Betreuung der Bevölkerung wirksam werden.

Wenn auf das Folgejahr übertragene Mittel zur Aufholung von Planrückständen nicht realisiert werden können, sind sie zur vorfristigen Tilgung von Krediten (Obligationen) oder zur Finanzierung planmäßiger Aufgaben einzusetzen.

Mit dem Beschluß des Staatsrates der Deutschen Demokratischen Republik vom 16. April 1970 wird den örtlichen Räten das Recht übertragen, ausgehend vom Plan eigenverantwortlich über den **zweckmäßigsten Einsatz ihrer materiellen und finanziellen Mittel** zu entscheiden. Das verpflichtet sie, die dem Haushaltsnormativ zugrunde gelegten **Effektivitätsmaßstäbe** für die Eigenerwirtschaftung der Mittel sowie die **Aufwandsnormative** und **Berechnungskennziffern** für Haushaltsausgaben einzuhalten.

Zuschüsse für Aufwendungen im Bereich der Kultur und Naherholung, Ausgaben für den Staatsapparat einschließlich des Lohnfonds für die Staatsorgane dürfen als Höchstsätze nicht überschritten bzw. nicht aus anderen Planteilen zusätzlich finanziert werden.

In staatlichen Einrichtungen, wie Theatern, Kulturhäusern, staatlichen Kunstsammlungen u. a., die nach Leistungsfinanzierung arbeiten, ist nach **Leistungsplänen** zu arbeiten. Die Leistungspläne sind von den örtlichen Räten zu prüfen und zu bestätigen. Mit den geplanten Mitteln sind hohe Leistungen für die Bevölkerung zu erreichen und das Leistungsprinzip zu verwirklichen. Die Finanzierung ist unmittelbar von der Leistungseffektivität und der damit verbundenen Realisierung geplanter Einnahmen abhängig zu machen. Die Staatszuschüsse sind nur für den planmäßig festgelegten Zweck zu verwenden und dürfen nicht überschritten werden. Der Industrie- und Handelsbank der Deutschen Demokratischen Republik obliegt die Verantwortung, mit der Finanzierung der in den Leistungs- und Quartalskassenplänen bestätigten Ausgaben die Kontrolle über die planmäßige Erwirtschaftung und Realisierung der Einnahmen sowie über die Einhaltung der Ausgaben auszuüben.

5. **Kontrolle, Rechenschaftslegung und Abrechnung**

Zur Kontrolle des gesellschaftlichen Reproduktionsprozesses und der Realisierung des Volkswirtschaftsplanes ist die **systematische Analyse und Kontrolle der ökonomischen Prozesse und der Wirkung der Rechtsvorschriften** durch alle Staats- und Wirtschaftsorgane, volkseigenen Kombinate, volkseigenen Betriebe und Einrichtungen weiter zu qualifizieren. Für die ständige Analyse des volkswirtschaftlichen Reproduktionsprozesses und die Kontrolle der konsequenten Durchführung des Volkswirtschaftsplanes sind die Staatliche Plankommission, das Ministerium der Finanzen, das Amt für Preise, das Ministerium für Materialwirtschaft und die Staatliche Zentralverwaltung für Statistik verantwortlich. Sie haben die sich daraus ergebenden Erkenntnisse und Schlußfolgerungen dem Ministerrat zu unterbreiten und über Abweichungen von den festgelegten staatlichen Aufgaben im Prozeß der Plandurchführung zu informieren.

Die Staatliche Zentralverwaltung für Statistik hat eine eindeutige Abrechnung der Durchführung des beschlossenen Volkswirtschaftsplanes zu gewährleisten.

In den volkseigenen Kombinaten und Betrieben ist die **Kontrolle durch die Mark** zu verstärken. Die Kontrolle der ökonomischen Beziehungen zwischen den sozialistischen Warenproduzenten und anderen Vertragspartnern hat über die konsequente Anwendung des sozialistischen Wirtschaftsrechts zu erfolgen.

Die **Gebrauchswert-Kosten-Analyse** ist in den volkseigenen Betrieben und Kombinaten der zentralgeleiteten Industrie und des zentralgeleiteten Bauwesens verbindlich und in den übrigen Betrieben und Kombinaten schrittweise anzuwenden.

Die Kontrolle des gesellschaftlichen Reproduktionsprozesses durch die **örtlichen Staatsorgane** ist auf die Erschließung und optimale Nutzung der territorialen Ressourcen sowie auf die Verwirklichung der im Plan festgelegten Maßnahmen zur Entwicklung der Arbeits- und Lebensbedingungen der Werktätigen zu konzentrieren.

Im Interesse der strikten Einhaltung der Staats- und Preisdisziplin wird die **staatliche und gesellschaftliche Preiskontrolle** entsprechend den gewachsenen Anforderungen des ökonomischen Systems des Sozialismus weiter verstärkt. Sie hat zu verhindern, daß sich Betriebe und Kombinate durch ungesetzliche Preise Vorteil verschaffen und dem Druck auf die Senkung der Kosten ausweichen. Die Kontrolle der Entwicklung der Industrie- und Verbraucherpreise wird durch das Amt für Preise in enger Zusammenarbeit mit anderen staatlichen Kontrollorganen organisiert.

Im Rahmen der festgelegten Verantwortung auf dem Gebiet der Preise sind im Jahre 1971 erzeugnisbezogene Analysen über die ökonomische Wirkung der Preise auszuarbeiten und für die planmäßige Gestaltung der Preise auszuwerten.

Die Werktätigen haben das Recht und die Pflicht, aktiv an der gesellschaftlichen Kontrolle teilzunehmen. Dazu haben die Leiter der Staats- und Wirtschaftsorgane, der volkseigenen Kombinate und Betriebe in Zusammenarbeit mit den gesellschaftlichen Organisationen der Werktätigen insbesondere durch gezielte Informationen über die technisch-ökonomischen Schwerpunkte des Bereiches die Voraussetzungen zu schaffen.

IV.

Die Anwendung des ökonomischen Systems des Sozialismus in weiteren Bereichen des gesellschaftlichen Reproduktionsprozesses

1. **Außenwirtschaft**

Durch die kontinuierliche Erfüllung und Übererfüllung der im Volkswirtschaftsplan 1971 festgelegten Exportaufgaben und Valutaeinnahmen sind die Voraussetzungen für die Durchführung der zur Versorgung der Volkswirtschaft und der Bevölkerung notwendigen, im Plan festgelegten Importe zu schaffen.

Die Leitungstätigkeit hat sich auf außenwirtschaftlichem Gebiet vorrangig auf die **unbedingte Sicherung der Exportpläne** und der dazu erforderlichen Zulieferungen sowie auf die **sparsamste Verwendung der Importe** zu konzentrieren.

Deshalb sind die **Exporte ab 1971 von allen an der Durchführung von Außenwirtschaftsaufgaben beteiligten Kombinaten, Industrie- und Außenhandelsbetrieben** sowie Außenhandelsorganen — auf der Grundlage der **staatlichen Auflagen** — **nach Quartalen und Monaten zu planen** und von dem jeweils übergeordneten Organ zu bestätigen. Außerdem sind die Zahlungseingänge aus früheren Forderungen zu planen.

Die zentralen Staatsorgane erhalten auf Vorschlag des Ministers für Außenwirtschaft durch den Vorsitzenden der Staatlichen Plankommission die staatlichen Auflagen für den Export in die Sowjetunion sowie in die Wirtschafts- und Währungsgebiete gegliedert nach Quartalen.

Ausgewählte Betriebe, volkseigene Kombinate und VVB, die für das Wachstum der Exportkraft der Deutschen Demokratischen Republik von entscheidender Bedeutung sind, erhalten die staatlichen Auflagen für den Export von ihrem übergeordneten Organ in der verbindlichen Unterteilung nach Quartalen vorgegeben. Sie planen die Exportlieferungen auf dieser Grundlage nach Quartalen und Monaten.

Durch die Organe der Außenwirtschaft sind für die in den Ländern festgelegten Exportwaren rechtzeitig die erforderlichen Importlizenzen zu beschaffen.

Im Interesse der Sicherung der Zahlungsbilanz erhalten die bilanzverantwortlichen Ministerien auf Vorschlag des Ministers für Außenwirtschaft durch den Vorsitzenden der Staatlichen Plankommission **staatliche Plankennziffern für den Import nach Quartalen vorgegeben.** Die bilanzverantwortlichen Ministerien übergeben den bilanzierenden Organen die entsprechenden Kennziffern.

Die Quartalsvorgaben sind von den Ministern auf der Grundlage des Planes so festzulegen, daß sie den Erfordernissen des Reproduktionsprozesses und der erteilten staatlichen Auflagen für die Produktion entsprechen.

Die Quartalsvorgaben für den Import sind in Verbindung mit den vom Minister für Außenwirtschaft erteilten Lizenzen die verbindliche Begrenzung für die Durchführung des Importplanes.

Für volkswirtschaftlich entscheidende Rohstoffe und versorgungswichtige Importgüter sind durch die bilanzverantwortlichen Staatsorgane im Rahmen der bestätigten Quartalsvorgaben Liefergrafiken auszuarbeiten. Sie sind durch den Vorsitzenden der Staatlichen Plankommission in Abstimmung mit dem Minister für Außenwirtschaft zu bestätigen.

Das außenwirtschaftliche Informationssystem ist so zu vervollkommnen und zu handhaben, daß eine **wirksame Kontrolle und vorausschauende Leitungstätigkeit** zur Sicherung der Planaufgaben und zur Steuerung der Zahlungsbilanzen nach Ländern und Währungsgebieten gewährleistet ist.

Aus zwischenstaatlichen Abkommen und Vereinbarungen, einschließlich der Vereinbarungen über Kooperation und Spezialisierung zu realisierende Verpflichtungen, sind im Rahmen der staatlichen Plankennziffern für den Ex- und Import durchzuführen.

Die Industrieminister und die anderen Leiter der zentralen Staatsorgane sind verpflichtet, die ihnen nachgeordneten Organe, Betriebe und Kombinate anzuweisen, die in zwischenstaatlichen Abkommen und Vereinbarungen eingegangenen Verpflichtungen im Rahmen des Volkswirtschaftsplanes zu realisieren.

Durch die staatliche Ordnung ist für alle auf dem Gebiet der Außenwirtschaft abzuschließenden zwischenstaatlichen Abkommen und Vereinbarungen das Verfahren ihrer Vorbereitung, Planung und Bilanzierung sowie Realisierung einschließlich des Zusammenwirkens der daran beteiligten Organe und wichtiger Betriebe und Kombinate zu regeln.

Zur Stimulierung der Übererfüllung der staatlichen Planauflagen für den Export nach Wirtschafts- und Währungsgebieten erhalten die Betriebe, Kombinate und Außenhandelsbetriebe bei **Übererfüllung** der kumulativen Monatsaufgaben des Planes **Sonderzuführungen zum Prämienfonds. Bei Nichterfüllung** der kumulativen Monatsaufgaben des Planes sind die Zuführungen zum **Prämienfonds spürbar zu kürzen.** Die hierzu erforderlichen Regelungen sind vom Leiter des Staatlichen Amtes für Arbeit und Löhne und dem Minister für Außenwirtschaft in Abstimmung mit den zuständigen Staatsorganen auszuarbeiten und dem Ministerrat zur Beschlußfassung vorzulegen.

Die bisher geltende Regelung über Valutaanrecht und Valutaschuld wird aufgehoben.

In den volkseigenen Betrieben und Kombinaten, die einer VVB eines Industrieministeriums oder des Ministeriums für Bauwesen unterstehen, sowie in den volkseigenen Kombinaten, die einem Industrieministerium oder dem Ministerum für Bauwesen direkt unterstehen, wird ein **einheitliches Betriebsergebnis** gebildet.

Betriebe und Kombinate, die noch Zuschüsse für den Export benötigen, erhalten **staatliche Exportstützungen** auf der Grundlage der im Plan festgelegten Exportrentabilität. Diese Exportstützungen sind den Betrieben und Kombinaten in der mit einem staatlichen Normativ prozentual festgelegten Höhe **auch für die Übererfüllung** der staatlichen Planauflage für den Export nach Wirtschaftsgebieten zu gewähren.

Ausgewählte Betriebe und Kombinate erhalten ein **staatliches Normativ für den Exportgewinnanteil des Betriebes.**

Die **Außenhandelsbetriebe** haben verstärkte Anstrengungen darauf zu richten, gemeinsam mit den volkseigenen Betrieben und Kombinaten durch die Erschließung aufnahmefähiger und stabiler Märkte und den Aufbau einer rationellen Absatz- und Bezugsorganisation die Erfüllung der staatlichen Außenwirtschaftsaufgaben mit wachsender volkswirtschaftlicher Effektivität zu gewährleisten.

Um die Leitungstätigkeit und die Initiative der Werktätigen in den Organen der Außenwirtschaft mit großem Nachdruck auf die Realisierung eines höchstmöglichen Valutaaufkommens, die weitere Verbesserung der Valutapreise und auf die Gestaltung optimaler Zahlungsbedingungen auszurichten, ist ab 1971 als **Maßstab für die Bewertung der Leistungen der Außenhandelsbetriebe die Erfüllung des Valutaaufkommensplanes einzuführen.**

Die Erfüllung des Valutaaufkommensplanes für das sozialistische und das nichtsozialistische Wirtschaftsgebiet wird zur Hauptkennziffer für die Zuführung zum Prämienfonds der Außenhandelsbetriebe. Die Erfüllung und Übererfüllung dieser Hauptkennziffer ist stark zu stimulieren. Bei Nichterfüllung des Valutaaufkommensplanes sind die Zuführungen zum Prämienfonds in erheblichem Maße zu reduzieren. Diese Prämienfondsregelung für 1971 ist durch den Minister für Außenwirtschaft in Zusammenarbeit mit dem Leiter des Staatlichen Amtes für Arbeit und Löhne und den übrigen staatlichen Organen bis Ende Dezember 1970 auszuarbeiten.

Die in Abhängigkeit von der Erfüllung der Planaufgaben für den Export und Import zu realisierende Handelsspanne dient den Außenhandelsbetrieben zur Finanzierung der Zirkulationskosten und zur Erwirtschaftung eines planmäßigen Gewinns.

Das Betriebsergebnis der Außenhandelsbetriebe wird aus der Handelsspanne gebildet, die durch die Erfüllung des staatlichen Außenhandelsplanes zu erwirtschaften ist*.

Die Außenhandelsbetriebe erhalten vom übergeordneten Organ eine Planauflage (Mindestbetrag) zur Abführung von Gewinn und Amortisationen. Die Außenhandelsbetriebe verfügen auf der Grundlage des Planes über den Teil des Plangewinns, der ihnen nach Abführung des Mindestbetrages verbleibt, sowie über 40 % des erwirtschafteten Überplangewinns für die Bildung ihrer finanziellen Fonds.

2. **Landwirtschaft und Nahrungsgüterwirtschaft**

Die weiteren Schritte zur Anwendung des ökonomischen Systems des Sozialismus sind **in der Landwirtschaft und in der Nahrungsgüterwirtschaft** entsprechend den Beschlüssen des VII. Parteitages der Sozialistischen Einheitspartei Deutschlands darauf gerichtet,

— das Bündnis der Arbeiterklasse mit der Klasse der Genossenschaftsbauern weiter zu festigen,

— die sozialistische Intensivierung zur Steigerung der Produktion zielstrebig fortzusetzen und dadurch eine planmäßige Versorgung der Bevölkerung mit Nahrungsmitteln und der Industrie mit Rohstoffen zu sichern sowie

— durch steigende Arbeitsproduktivität und sinkende Selbstkosten die Effektivität zu verbessern und den Beitrag zum Nationaleinkommen zu erhöhen.

Aufbauend auf den bewährten Prinzipien wird bei der Vervollkommnung der Planung in engem Zusammenwirken mit den Genossenschaftsbauern, Landarbeitern und Werktätigen der Nahrungsgüterwirtschaft zur immer besseren Ausnutzung der ökonomischen Gesetze des Sozialismus von dem Grundsatz ausgegangen, die **gesetzliche Verbindlichkeit der staatlichen Planaufgaben und ihre Einheit mit den ökonomischen Regelungen weiter zu erhöhen.**

Die Hauptrichtung zur Weiterentwicklung des Planungssystems besteht in der wirkungsvolleren Steuerung der sozialistischen Intensivierung der landwirtschaftlichen Produktion zur Sicherung der planmäßigen Versorgung der Bevölkerung. Durch das einheitliche Wirken von staatlichem Plan und ökonomischen Regelungen ist die planmäßige Erhöhung und

---

* Die volkseigenen Betriebe, Kombinate und Organe, denen Außenhandelsfunktionen übertragen wurden, bilden das Ergebnis aus Außenhandelstätigkeit als Bestandteil ihres Betriebsergebnisses.

Stabilisierung der Hektarerträge auf allen landwirtschaftlich nutzbaren Böden bei Erweiterung des Anbaues von ertragsreichen Kulturen und Sorten, die erweiterte Reproduktion der Viehbestände sowie die Erhöhung ihrer Leistungen besonders durch verbesserte Jungviehaufzucht und planmäßige Sanierung zu gewährleisten.

Die staatliche Leitung der Durchführung des Volkswirtschaftsplanes 1971 in der Landwirtschaft erfolgt auf der Grundlage von

— **staatlichen Plankennziffern** für
- das staatliche Aufkommen landwirtschaftlicher Erzeugnisse (z. B. Schlachtvieh, Milch, Eier, Getreide, Kartoffeln, Zuckerrüben, Gemüse und Obst),
- Investitionen insgesamt und unterteilt nach Bau, Meliorationen und Ausrüstungen,
- materielle Fonds für Düngemittel, Schädlingsbekämpfungsmittel;

— **Berechnungskennziffern**, z. B. für
- den Anbau wichtiger Kulturen,
- die Entwicklung der Viehbestände,
- Sauenbedeckung.

Darüber hinaus erhalten volkseigene Güter (VEG) auch staatliche Plankennziffern und **staatliche Normative**, wie Arbeitsproduktivität, Lohnfonds, Nettogewinnabführungsbetrag an den Staat (in Mark).

Ab 1971 erfolgt die Planung der Investitionen getrennt für staatlich bilanzierte Maßnahmen und für Leistungen, die keine staatlich bilanzierten materiellen Fonds erfordern.

Die Investitionen sind konsequent auf die sozialistische Intensivierung der Produktion mit höchster Effektivität zu konzentrieren. Dabei ist zur Einhaltung der staatlichen Plankennziffern für Investitionen die Übereinstimmung der Betriebspläne der landwirtschaftlichen Produktionsgenossenschaften (LPG), gärtnerischen Produktionsgenossenschaften (GPG) und VEG mit den staatlichen Planauflagen der Kreise und Bezirke zu sichern, wobei alle Maßnahmen bis zu 1 Million M je Vorhaben im Kreis, bis zu 5 Millionen M je Vorhaben im Bezirk und über 5 Millionen M je Vorhaben durch den Rat für landwirtschaftliche Produktion und Nahrungsgüterwirtschaft der Deutschen Demokratischen Republik zu bestätigen sind.

Bei der weiteren Anwendung des ökonomischen Systems des Sozialismus in der Landwirtschaft werden die unterschiedlichen Bedingungen, wie das vorwiegend genossenschaftlich-sozialistische Eigentum an Produktionsmitteln sowie das Niveau der Produktion, Effektivität und gesellschaftlichen Entwicklung, berücksichtigt.

Die ökonomischen Maßnahmen werden deshalb differenziert für die LPG Typ I/II, III, GPG, VEG und ihre Kooperationsgemeinschaften, den Bereich landtechnische Instandsetzung, Landbau und Meliorationswesen sowie die Nahrungsgüterwirtschaft angewandt.

In den LPG, GPG und VEG ist davon ausgehend die Weiterentwicklung
— der Agrarpreise bei gleichzeitiger Verringerung der Abblockungen der Industriepreisreform und der indirekten Förderungsmittel,

Anhang 153

— der Normativzuschläge für den Zuwachs an zukaufsfreier Marktproduktion und
— der Abgaben

in ihrer komplexen Wirkung darauf gerichtet,

. vorrangig die Pflanzenproduktion als Grundlage einer hohen Tierproduktion zu entwickeln,

. alle Produktionfonds bestmöglich auszunutzen und mit Material rationell umzugehen sowie

. die Auswirkungen der Differentialrente einzuschränken.

Durch diese Maßnahmen werden alle LPG, GPG und VEG noch stärker darauf orientiert, die Leistungsfähigkeit der Landwirtschaft weiter zu heben, dabei die sozialistische Betriebswirtschaft konsequent anzuwenden, die freiwillige kooperative Zusammenarbeit zur Ausnutzung weiterer Wachstumsfaktoren zu entwickeln und einen wachsenden Beitrag zum Nationaleinkommen zu sichern. Dadurch wird es möglich, die zentrale staatliche Planung noch enger mit der Planungs- und Leitungstätigkeit in den LPG, GPG und VEG zu verbinden. Zugleich wird damit erreicht, daß im Prinzip alle Kosten im Reproduktionsprozeß der LPG, GPG und VEG sichtbar werden. Dadurch weiß jeder, wie hoch die Kosten tatsächlich sind und welche Anstrengungen zu ihrer Senkung unternommen werden müssen. Die Wirkung des Preises auf Maßnahmen zur Senkung der Kosten wird erhöht. Gleichzeitig werden die Erzeugerpreise so gestaltet, daß sie den gesellschaftlich notwendigen Aufwand für die Produktion landwirtschaftlicher Erzeugnisse besser widerspiegeln und ausgeglichenere Preisrelationen entstehen, indem insbesondere die Erzeugerpreise für Speise- und Stärkekartoffeln, für Milch, Schlachtschweine, Schlachtrinder, Schlachtschafe und Wolle entsprechend erhöht werden. Von diesen Preisveränderungen werden die Einzelhandelsverkaufspreise nicht berührt.

In Durchführung dieser Grundlinie wird der schrittweise Abbau der Abblockungen der Industriepreisreform und der indirekten Förderungsmittel weiter fortgesetzt. Der Wegfall der Abblockungen der Industriepreisreform bei Baumaterial, Bau- und Meliorationsleistungen und die Einführung eines durchschnittlichen Zinssatzes von 5 % unterstützen alle LPG, GPG und VEG dabei, jede Investition mit höchstem Nutzen durchzuführen und die vorgegebenen Investitionskennziffern einzuhalten. Gleichzeitig werden dadurch die tatsächlichen Kosten sichtbar, und die Wirksamkeit der wirtschaftlichen Rechnungsführung wird erhöht. In gleicher Richtung wirken die Übernahme des 10prozentigen Betriebsanteils der Sozialversicherung und die Anhebung des persönlichen Anteils von 9 % auf 10 % zur Gleichstellung der Genossenschaftsbauern mit den Arbeitern auf dem Gebiet der Sozialversicherung, die Aufhebung des Vorzugspreises für die Landwirtschaft bei Dieselkraftstoff, die Anhebung des Preises für Futtermagermilch und andere Maßnahmen.

Mit Hilfe der zentral festgelegten einheitlichen landwirtschaftlichen Erzeugerpreise und eines Systems von Preiszuschlägen sowie eines Normativzuschlages für die Steigerung der zukaufsfreien Marktproduktion gegenüber dem bisher höchsten Ergebnis seit 1969 wird vor allem die Steigerung der Produktion von Schlachtvieh, Milch, Obst und Gemüse sowie Speisekartoffeln entsprechend den volkswirtschaftlichen Erfordernissen unterstützt.

In diese komplexen Maßnahmen, die insbesondere die Anstrengungen aller LPG, GPG und VEG zur Erhöhung der eigenen Produktionsleistungen unterstützen, ist die **Weiterentwicklung des Rückführungsbetrages zu einer ökonomisch begründeten Abgabe** sinnvoll eingeordnet. Die Abgabe wird in Abhängigkeit von der Höhe des Bruttoeinkommens unter Beachtung der unterschiedlichen natürlichen und ökonomischen Produktionsbedingungen sowie vom Niveau der Konsumtion ermittelt. Dadurch werden die Auswirkungen der Differentialrente auf die Betriebsökonomie eingeschränkt, alle LPG und GPG verstärkt daran interessiert, ihre Produktionsmöglichkeiten voll zu nutzen und ein richtiges Verhältnis zwischen Akkumulation und Konsumtion zur Erwirtschaftung von Eigenmitteln für die erweiterte Reproduktion gefördert. Mit steigender Effektivität wird gleichzeitig ein wachsender Beitrag der LPG und GPG zum zentralisierten Reineinkommen der sozialistischen Gesellschaft geleistet.

Die Regelungen auf dem Gebiet des Meliorationsbaues, Landtechnik und Landbau sind darauf gerichtet, die rasche Steigerung der landwirtschaftlichen Produktion und ihre Verarbeitung vorrangig durch billige, materialsparende Meliorationen und Rationalisierungsmittel zur Erleichterung der Arbeit in alten Ställen und den Verarbeitungsbetrieben zu unterstützen. Deshalb führen die zwischengenossenschaftlichen Bauorganisationen und Meliorationsgenossenschaften als Einrichtungen der LPG und VEG ihre **Leistungen gegenüber ihren Mitgliedsbetrieben zu aufwanddeckenden Preisen durch,** die gleichzeitig ihre planmäßig vorgesehene Reproduktion sichern. Die praktische Anwendung dieses Grundprinzips erfolgt über die Gewährung von Preisabschlägen. Das ist notwendig, weil sich sonst die Tendenz fortsetzt, anstelle von zwischengenossenschaftlichen Bauorganisationen und Meliorationsgenossenschaften mit eigenen Brigaden der LPG zu arbeiten, was zu einem Rückgang der Arbeitsproduktivität und Kapazität führen würde.

Bei der Gestaltung der ökonomischen Regelungen für die volkseigenen Betriebe des Meliorationsbaues und der Landtechnik wird das Prinzip der Anwendung von Höchstpreisen, die nicht überschritten werden dürfen, weiter ausgebaut. Dabei werden die Betriebe daran interessiert, diese Höchstpreise zu unterbieten, indem Senkungen der Selbstkosten nach Sicherung der Nettogewinnabführung und der anderen Fonds zu 50 % an den Staatshaushalt, zu etwa 25 % für Preisabschläge und etwa 25 % für die Erweiterung der betrieblichen Fonds einschließlich des Prämienfonds verwendet werden.

Für den Bereich der **Nahrungsgüterwirtschaft** werden im Prinzip die Rechtsvorschriften der Industrie angewandt, wobei die speziellen Produktions- und Reproduktionsbedingungen und ihre Verflechtung mit der Landwirtschaft und dem Handel berücksichtigt werden.

Die landwirtschaftlichen Erzeugerpreise sind Einstandspreise für die Betriebe der Nahrungsgüterwirtschaft. Auf der Grundlage der ab 1971 für die Landwirtschaft gültigen Erzeugerpreise werden für die Betriebe der Nahrungsgüterwirtschaft für das Jahr 1971 Übergangsregelungen angewandt. Gleichzeitig werden für die Nahrungsgüterwirtschaft neue Betriebspreise vorbereitet.

Die Produktionsfondsabgabe und weitere staatliche Normative der wirtschaftlichen Rechnungsführung werden differenziert für die einzelnen Zweige festgelegt. Unter Beachtung der volkswirtschaftlichen Möglich-

Anhang   155

keiten und zur Durchsetzung des Prinzips der Eigenerwirtschaftung der Mittel ist die Hauptrichtung der Investitionen die komplexe sozialistische Rationalisierung.

Das bewährte Prinzip der Vertragsproduktion auf der Grundlage des Volkswirtschaftsplanes zwischen den Betrieben der Nahrungsgüterwirtschaft und den LPG, GPG und VEG wird weiter ausgebaut.

3. **Verkehrswesen**

Die Durchführung des Transportplanes als Bestandteil des Volkswirtschaftsplanes stellt hohe Anforderungen an alle Verkehrszweige. Deshalb ist es notwendig, das Planungssystem zu vervollkommnen und die rationellste Organisation des Transportes in den Territorien zu gewährleisten.

Durch die Anwendung des Prinzips der Eigenerwirtschaftung der Mittel hat das Verkehrswesen seinen eigenen Beitrag zum Nationaleinkommen zu erhöhen.

Auf der Basis der vollen Anwendung der wirtschaftlichen Rechnungsführung ist die Qualifizierung der Planung und Leitung darauf zu richten, daß

— die **Entwicklung der Transportleistungen** aller Eigentumsformen als entscheidender Faktor der Effektivität des gesellschaftlichen Reproduktionsprozesses **fester Bestandteil der proportionalen Entwicklung der Volkswirtschaft** wird; dazu ist die Transportbedarfsplanung und -bilanzierung aufzubauen und anzuwenden.

— eine **größtmögliche Kontinuität in der Inanspruchnahme des Transportraumes** durch die Verkehrsnutzer und **die mengen-, zeit- und relationsgerechte Befriedigung der Transportbedürfnisse durch die Verkehrsbetriebe** erfolgt, dazu sind wirksam ökonomische Maßnahmen bei der Gestaltung der Vertragsbeziehungen (Transportverordnung [GBl. II 1961 S. 365]) anzuwenden,

— eine **enge Verbindung der Verkehrsplanung der örtlichen Räte mit der zentralen Planung** gesichert wird.

Ab 1971 ist die wirtschaftliche Rechnungsführung einschließlich des Prinzips der Eigenerwirtschaftung der Mittel, der Anwendung der Grundsätze für die Fondsbildung sowie der Nettogewinnabführung, so wie sie für die Industrie gelten und nach denen bereits in den Verkehrszweigen Seeverkehr und Hafenwirtschaft, Binnenwirtschaft, zivile Luftfahrt, Reisebüro der DDR, Deutrans gearbeitet wird, auch in den Bereichen

— staatliches Verkehrsunternehmen Deutsche Reichsbahn,

— volkseigene Kraftverkehrs-, Kraftfahrzeuginstandsetzungs- und städtische Nahverkehrsbetriebe,

— zentral- und dezentralgeleitete Bau- und Unterhaltungsbetriebe bzw. Kombinate des Straßenwesens und der Wasserstraßen,

— Projektierungs- und Forschungs- sowie Entwicklungseinrichtungen, Ingenieurbüros für Rationalisierung

anzuwenden.

Die Bereiche Wasserstraßen und Straßenwesen arbeiten auch künftig nach dem Prinzip der Haushaltswirtschaft.

Abgesehen von diesen beiden letztgenannten Bereichen wird damit **im gesamten Verkehrswesen die wirtschaftliche Rechnungsführung** angewandt.

Zwischen den Verkehrsbetrieben und den Außenhandelsbetrieben ist auf der Grundlage der Transportraumplanung für Auslandstransporte schrittweise die **Valutarechnung** einzuführen. Das erfordert, ab 1971 den Aufwand für Außenhandelstransporte zum Bestandteil der **Valutaplanung** der Außenhandelsbetriebe zu machen. Dieses Prinzip gilt auch gegenüber anderen Bereichen, die Auslandstransport- oder Personenverkehrsleistungen in Anspruch nehmen.

Durch wirksame Maßnahmen der Plandurchführung und Kontrolle ist eine Einschränkung der Valutaausgaben für Verkehrsleistungen zu erreichen.

Zur Gewährleistung der Anwendung des Prinzips der Eigenerwirtschaftung der Mittel in den Verkehrsbetrieben sind **künftig die Stützungen aus dem Staatshaushalt für den Personenverkehr leistungsgebunden** zu gewähren, die insgesamt mit den tarifmäßigen Einnahmen Erlöse in Höhe der Selbstkosten mit einem Reineinkommenszuschlag — wie im Güterverkehr — sichern.

Damit wird die **Voraussetzung** in diesem Leistungsbereich geschaffen, **Betriebspreise zu bilden, die die Eigenerwirtschaftung der Mittel ermöglichen.**

Darüber hinaus werden für Transport- und Dienstleistungen im internationalen Verkehr Rückvergütungen, Stützungen und in besonderen Fällen Förderungsprämien gezahlt.

Die Erhaltung und Erweiterung der materiell-technischen Territorialstruktur (Verkehrswege und der damit verbundenen Anlagen) unterliegt **nicht** dem Prinzip der Eigenerwirtschaftung durch die Verkehrsbetriebe.

Die dafür notwendigen Mittel werden für

. Erweiterungsvorhaben **objektbezogen** und

. für die Erhaltung **auf der Grundlage von Normativen**

aus dem Staatshaushalt entsprechend dem Plan finanziert.

4. **Konsumgüterbinnenhandel**

Zur Durchführung des Volkswirtschaftsplanes und speziell des staatlichen Versorgungsplanes hat der Konsumgüterbinnenhandel im Jahre 1971 hohe Leistungen zur stabilen Versorgung der Bevölkerung und zur Verbesserung der Ökonomie der Handelstätigkeit zu vollbringen. Die Versorgungsplanung ist so zu entwickeln, daß mit den zur Verfügung stehenden Warenfonds die höchstmögliche Versorgungseffektivität erzielt wird. Die Effektivität der Leistungen des Groß- und Einzelhandels ist durch differenzierte Beschleunigung des Warenumschlags und eine rationelle Bestandswirtschaft bedeutend zu erhöhen. Es sind wirksame Schritte zur Senkung der Handelskosten und zur Vermeidung von Verlusten durchzuführen. Die **Leitung, Kontrolle und Abrechnung der Versorgung** der Bevölkerung erfolgt im Jahre 1971 auf der **Grundlage des zentralen Versorgungsplanes und der bezirklichen Versorgungspläne.**

Im gesamten Konsumgüterbinnenhandel ist die Planung vor allem durch die Bilanzierung der Positionen des Versorgungsplanes und die Ein-

Anhang 157

führung von Quartalsplänen zu qualifizieren. Der zentrale Versorgungsplan ist mit seinen Positionen in das volkswirtschaftliche Planungs- und Bilanzsystem einzubeziehen. Das Ministerium für Handel und Versorgung bilanziert die Positionen des Versorgungsplanes nach Bezirken und nach Quartalen und legt den Gesamtplan dem Ministerrat zur Bestätigung vor. Die Räte der Bezirke erarbeiten eigene Versorgungspläne, auf deren Grundlage sie die planmäßige Versorgung der Bevölkerung in ihrem Territorium verantwortlich leiten.

Die Staatliche Zentralverwaltung für Statistik sichert die kurzfristige Abrechnung der zentralen und bezirklichen Versorgungspläne nach Menge, Wert und Sortiment. Alle Positionen sind quartalsweise abzurechnen, ausgewählte Lebensmittelpositionen in kürzeren Zeitabständen. Der Minister für Handel und Versorgung hat bei versorgungswichtigen Positionen erforderlichenfalls den Ausgleich der territorialen Bestandsentwicklung vorzunehmen.

Im Jahre 1971 ist zu beginnen, die **Planung und Abrechnung bei wichtigen Sortimenten nach Menge, Wert und Preisentwicklung** gemeinsam mit der Produktion vorzunehmen. Es muß ersichtlich sein, wie sich bei wichtigen Sortimenten die Preisgruppen und ihr Anteil an der gesamten Warenbereitstellung verändern. Auf dieser Grundlage sind die ökonomischen Beziehungen zwischen Handel und Produktion zu gestalten.

Bei der Durchführung der planmäßigen Investitionen geht es im Jahre 1971 insbesondere um die **effektive Ausnutzung der Grundfonds des Binnenhandels durch Maßnahmen der komplexen sozialistischen Rationalisierung.** Auf allen Gebieten der Investitionstätigkeit ist durch eine straffe Disziplin und Kontrolle die konsequente Einhaltung von Aufwands- und Ausstattungsnormen für Handelseinrichtungen, Gaststätten und Hotels zu gewährleisten.

Durch die Ausarbeitung und **Anwendung von Nutzensnormativen der Grundfondswirtschaft** ist die optimale Auslastung der Grundfonds zur Erhöhung der Versorgungswirksamkeit und zur Sicherung einer kontinuierlichen Versorgung der Bevölkerung zu erreichen. Dabei ist das **Leistungsgefälle bei wichtigen ökonomischen Kennziffern,** insbesondere auch durch Verallgemeinerung der Erfahrungen der besten Kollektive des Handels, **einzuschränken.**

Der Prozeß der effektiven Rationalisierungs- und Investitionstätigkeit ist durch Erhöhung des Konzentrationsgrades der Investitionen und der Mittel für die komplexe sozialistische Rationalisierung auf tempobestimmende Handelseinrichtungen sowie die Erarbeitung und schrittweise Durchsetzung komplexterritorialer Handelsnetzpläne zu unterstützen.

Bauten für den Handel sind nur im Rahmen des Volkswirtschaftsplanes mit geringstem Kostenaufwand und bei Beachtung der für Investitionen gültigen Bestimmungen durchzuführen.

Zur weiteren **Entwicklung der wirtschaftlichen Rechnungsführung** im Binnenhandel werden im Jahre 1971 die Voraussetzungen geschaffen, um **schrittweise ab 1972 ökonomisch begründete Handelsspannen** einzuführen. Mit der Einführung neuer differenzierter Handelsspannen im Groß- und Einzelhandel ist ein **ökonomischer Druck auf die Senkung der Zirkulationskosten** und Warenverluste auszuüben.

Der Handelsgewinn ist stärker von den Leistungen zur planmäßigen Versorgung der Bevölkerung entsprechend Sortiment, Qualität und Preisgruppen abhängig zu machen. Dazu ist insbesondere bei den Handelsspannen für hochwertige Erzeugnisse vom gesellschaftlich notwendigen Aufwand auszugehen.

Die **Kontrolle zur Einhaltung der gesetzlichen Einzelhandelsverkaufspreise** ist im **Groß- und Einzelhandel** zu verstärken. Dabei geht es insbesondere um die Erweiterung der gesellschaftlichen Preiskontrolle unter aktiver Einbeziehung der Werktätigen.

Die örtlichen Volksvertretungen und ihre Räte sind für die Gestaltung sozialistischer Arbeits- und Lebensbedingungen in ihrem Territorium verantwortlich.

Das erfordert zur Entwicklung der **Reparaturen und Dienstleistungen** ab 1971:

— die Mittel der Volksvertreterfonds verstärkt zur planmäßigen Entwicklung der Reparatur- und Dienstleistungen für die Bevölkerung einzusetzen und

— durch gezielte Rationalisierungsmaßnahmen weitere örtliche Reserven zu erschließen.

5. **Planung der Ausgaben des Staates für die Bereiche der gesellschaftlichen Konsumtion**

Die Durchführung des Volkswirtschaftsplanes 1971 und des Staatshaushaltsplanes 1971 verlangt in allen Bereichen die konsequente Durchsetzung des sozialistischen Sparsamkeitsprinzips, indem jeglicher Aufwand materieller und finanzieller Mittel nur im Maße seiner gesellschaftlichen Notwendigkeit und des hierdurch zu erzielenden gesellschaftlichen Nutzeffektes zulässig ist. In den Bereichen der gesellschaftlichen Konsumtion erfordert dies insbesondere, das hier **eingesetzte Nationaleinkommen so zu verwenden, daß die heutigen Ausgaben** unseres Staates für Bildung, kulturelle und sportliche Betätigung, gesundheitliche und soziale Betreuung der Bevölkerung **zum künftigen weiteren beträchtlichen Wachstum der Produktion von Nationaleinkommen wirksam beitragen.**

Die Planung und Verwendung dieser Ausgaben des Staatshaushaltes (insbesondere für kulturelle Einrichtungen, Gesundheits- und Sozialwesen, Sozialversicherung, Rundfunk, Fernsehen, Naherholung, Staatsapparat usw.,) erfolgt ab 1971 **grundsätzlich nach 2 Gesichtspunkten:**

— Lohnfonds, Renten, Stipendien, Unterhaltsbeihilfen und ähnliche Ausgaben des Staatshaushaltes werden auf Grund der dafür geltenden Rechtsvorschriften geplant und finanziert;

— den geplanten Ausgaben für Investitionen und anderen Ausgaben (Verwaltung, Reisekosten, Veranstaltungen, Tagungen, Ausstattungen, Werterhaltung, Erweiterung der Leistungen) liegen die volkswirtschaftlichen Möglichkeiten des Jahres 1971 zugrunde.

Um diese Ausgaben des Staatshaushaltes mit höchstem gesellschaftlichem Nutzen einzusetzen, sind bei ihrer Planung und Finanzierung verbindliche **Aufwands- und Leistungsnormative** anzuwenden, die nicht überschritten werden dürfen.

Das Ministerium der Finanzen ist verantwortlich, daß mit der Beschlußfassung über den Staatshaushaltsplan vom Plan her Festlegungen erfolgen über die mögliche Inspruchnahme geplanter Haushaltsmittel in einzelnen Quartalen. Das hat sowohl für bestimmte Bereiche als auch

Anhang 159

bestimmte Ausgabepositionen zu erfolgen. In allen Einrichtungen ist eine wirksame staatliche Kontrolle durchzuführen, damit die Mittel und Materialien nur für solche Zwecke verwendet werden, für die sie planmäßig vorgesehen sind. Eine anderweitige Verwendung, z. B. durch Umverteilungen, ist nicht gestattet.

Zur weiteren Stärkung der Plan- und Finanzdisziplin ist es notwendig, daß die planmäßige Erwirtschaftung und Realisierung der Einnahmen des Staates sowie die Verwendung staatlicher Mittel auf allen Ebenen ausgehend vom Plan straffer kontrolliert wird.

Zu diesem Zweck ist die **Quartalskassenplanung** auf allen Ebenen der zentralen und örtlichen Staatsorgane und staatlichen Einrichtungen zu einem entscheidenden Leitungs- und Kontrollinstrument zu machen. Grundlage dafür sind das Gesetz über den Staatshaushaltsplan 1971 und die von den örtlichen Volksvertretungen beschlossenen Haushaltspläne. Dabei sind für kleine Gemeinden bzw. staatliche Einrichtungen mit geringem Haushaltsvolumen vereinfachte Regelungen anzuwenden. Die Erfüllung der im Volkswirtschaftsplan 1971 und im Staatshaushaltsplan 1971 beschlossenen Aufgaben erfordert die konsequente Anwendung der Maßnahmen zur Durchführung des ökonomischen Systems des Sozialismus in allen volkseigenen Betrieben und Kombinaten der Industrie und des Bauwesens, den Einrichtungen des sozialistischen Handels, des Außenhandels, des Verkehrswesens, der Landwirtschaft, des Hoch- und Fachschulwesens, der Kultur und in den Staats- und Wirtschaftsorganen.

Die zuständigen Leiter tragen eine hohe politische Verantwortung für die erfolgreiche Durchführung des Volkswirtschaftsplanes 1971. Es ist erforderlich, auf allen Gebieten dafür zu sorgen, daß die dazu erforderlichen Aufgaben und Maßnahmen mit den Arbeitern, Genossenschaftsbauern, Ingenieuren, Ökonomen und Wissenschaftlern gründlich beraten werden, damit jeder einzelne seinen konkreten Auftrag kennt und sich seiner Verantwortung bewußt wird.

Dieser Beschluß tritt am 1. Januar 1971 in Kraft.

Berlin, den 1. Dezember 1970

**Der Ministerrat
der Deutschen Demokratischen Republik**

S t o p h
Vorsitzender

Printed by Libri Plureos GmbH
in Hamburg, Germany